Das resiliente Unternehmen – Die Krisen der Zukunft erfolgreich meistern

Achim Röhe

Das resiliente Unternehmen – Die Krisen der Zukunft erfolgreich meistern

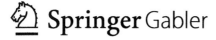

Achim Röhe
ReqPOOL Deutschland GmbH
Berlin, Deutschland

ISBN 978-3-662-64814-8   ISBN 978-3-662-64815-5 (eBook)
https://doi.org/10.1007/978-3-662-64815-5

Die Deutsche Nationalbibliothek verzeichnet diese Publikation in der Deutschen Nationalbibliografie; detaillierte bibliografische Daten sind im Internet über http://dnb.d-nb.de abrufbar.

Lektorat/Planung: Christine Sheppard
Springer Gabler ist ein Imprint der eingetragenen Gesellschaft Springer-Verlag GmbH, DE und ist ein Teil von Springer Nature.
Die Anschrift der Gesellschaft ist: Heidelberger Platz 3, 14197 Berlin, Germany

„Die Impfung gegen Covid-19, die Rückkehr der Vereinigten Staaten zum Pariser Abkommen, eine mögliche wirtschaftliche und sozialpolitische Erholung: 2021 kann das Jahr werden, in dem wir den Weg zu einer neuen, resilienteren und nachhaltigeren Normalität beginnen."

Roland Busch, Vorstandsvorsitzender von Siemens

Vorwort

Die Geschichte unserer Wirtschaft, aber auch unsere Gesellschaft ist gekennzeichnet von technischen Innovationen. Dieser Erfindergeist wurde vorangetrieben von großen Träumen, von Begeisterung aber auch von Problemen, die es zu lösen galt. Den Römern gelang es mit ihren gut gepflasterten, modernen Straßen, große Strecken quer durch Europa in kurzer Zeit zu bewältigen. Mit der Erfindung des Buchdrucks wurde es erstmals möglich, Bücher auch einfachen Menschen zugänglich zu machen und damit eine Grundlage für die Alphabetisierung breiter Teile der Weltbevölkerung zu schaffen. Die Dampfmaschine leistete einen erheblichen Beitrag, um beschwerliche menschliche Tätigkeiten zu ersetzen und schließlich mit dem Zug und dem Dampfschiff einen weltweiten Siegeszug zu feiern, der sich vom Westen der USA bis nach Ostindien erstreckte.

Mit der Industrialisierung entstanden jedoch neue Herausforderungen, vor allem durch die Monotonie der industriellen Serienfertigung und die daraus resultierenden einseitigen Belastungen der Menschen. Hier konnten im 20. Jahrhundert mit der Entwicklung des Computers viele Arbeitsplätze aufgewertet werden. Am Workfloor kam es zunehmend zum Einsatz von Industrierobotern – und in den Büros war es der PC, der immer mehr ermüdende Routinetätigkeiten übernehmen konnte.

Während all diese Entwicklungen mit Skepsis, aber auch großem Erstaunen von einer breiten Öffentlichkeit beobachtet wurden, kommt es seit dem Einzug des Internets zu den vielleicht weitreichendsten technologischen Veränderungen der gesamten Menschheitsgeschichte. Diese beruhen auf den annähernd unbegrenzten Möglichkeiten des weltweiten Datenaustausches und der globalen Echtzeit-Kommunikation, weiterhin stark steigenden Rechnerleistungen und den immer vielfältigeren selbstlernenden Algorithmen der künstlichen Intelligenz.

Wiederum sind es die lähmenden Routinen, von denen die Menschen mittels des Einsatzes dieser neuen Technologien entlastet werden. Nur, dass diesmal fast alle ehemaligen End-to-End-Prozesse in den Unternehmen von diesen faszinierenden Möglichkeiten erfasst sind. Wie immer in der Geschichte, wird auch diesmal alles, was technisch möglich ist, früher oder später auch umgesetzt sein. Es liegt an uns, dafür die richtigen Rahmenbedingungen zu schaffen.

In meinem Buch „Das selbstfahrende Unternehmen" (Schnitzhofer 2021) habe ich beschrieben, wie im Jahr 2035 innovative Unternehmen annähernd vollkommen automatisiert sind. Die Menschen in diesen Organisationen sind freigespielt für kreative, empathische und vorausschauende strategische Tätigkeiten. Viele Beispiele erfolgreicher Unternehmen zeigen, wie die Voraussetzungen dafür geschaffen werden können. So haben die erfolgreichsten Unternehmen der Welt bereits heute diesen Weg eingeschlagen und verfolgen ihn kontinuierlich weiter.

Ein entscheidender Erfolgsfaktor dabei ist das Risikomanagement. So, wie wir es bisher kennen, ist es für die heutigen analogen und teildigitalisierten Unternehmen gedacht. Selbstfahrende Unternehmen benötigen etwas anderes: Hier ist es notwendig, erhebliche kognitive und rationale Fähigkeiten, die bis jetzt nur Menschen hatten an Software zu übergeben. In Folge sind diese konsequent zur Steuerung von Unternehmen einzusetzen.

Wenn wir das tun, ist es folgerichtig, ihnen auch die Fähigkeit zu geben „selbstfahrend resilient" zu sein. Das heißt: Auch das Risikomanagement muss selbstfahrend werden. Dann wird aus dem Risikomanagement von heute die unternehmerische oder organisationale Resilienz der Zukunft.

Eine Grundlage dafür sind die in diesem Buch im Rahmen des „Winning Wheels" genannten Prinzipien Resilienz, Humanität, Autonomie und Nachhaltigkeit. Diese Erkenntnis spiegelt sich auch der Inhaltsanalyse eines Interviews mit VW-Chef Herbert Diess (siehe Kap. 4) wider. Ein Großteil der Aussagen des Vorstandsvorsitzenden lässt sich diesen Dimensionen zuordnen:

- *„Die Werte des VW-Konzerns beruhen vorrangig auf Autonomie und Humanität"*
- *„Motivation zur Steigerung der unternehmerischen Resilienz"*
- *„Die Zukunft von Volkswagen liegt in der Stärkung der Autonomie"*
- *„[…] globale Herausforderungen wie die Bekämpfung des Klimawandels"* (Nachhaltigkeit)

Wie immer in der Geschichte wird also auch das selbstfahrende Unternehmen mit neuen fordernden Bedingungen konfrontiert sein. Auch in Zukunft wird es keine stabilen Rahmenverhältnisse geben. Mehr denn je werden also selbstfahrende Unternehmen resilient sein müssen, um auf diese Veränderungen reagieren zu können, die sich global und regional immer schneller ändern.

In diesem Buch zeigt Achim Röhe, wie sich Unternehmen auf diesem Weg zur vollständigen Autonomie rüsten können, um diese Herausforderungen erfolgreich zu meistern. Sind die richtigen Schritte einmal gesetzt, geht die Erfolgskurve steil nach oben. Auf Basis des Grundverständnisses von Resilienz als Teil des Winning Wheels können diese Unternehmen mittels des Einsatzes ihres Resilienz-Dashboards auch in Zukunft, mit nie dagewesener Wertschöpfung ihre Verantwortung gegenüber den Menschen und der Umwelt erfüllen.

Literatur

Frankfurter Allgemeine Zeitung (2021a): Was Top-Manager von 2021 erwarten. URL: https://www.faz.net/aktuell/wirtschaft/unternehmen/so-wird-2021-top-manager-verschiedener-branchen-schauen-voraus-17126649.html [Abfrage vom 27.05.2021]

Schnitzhofer, Florian (2021): Das Selbstfahrende Unternehmen. Ein Denkmodell für Organisationen der Zukunft. Wiesbaden: Springer Gabler

Linz, Austria   Florian Schnitzhofer
September 2021

Dank

Herzlichen Dank möchte ich allen ReqPOOL-Kolleginnen und -Kollegen, meinen Freunden und meiner Familie sagen, mit denen ich gute Diskussionen, Gespräche und vertiefenden Austausch zu meinen Überlegungen bezogen auf das resiliente Unternehmen hatte.

Ganz herzlich danken möchte ich meinem Freund und Kollegen Florian Schnitzhofer, dessen Vision vom selbstfahrenden Unternehmen eine Inspiration zu diesem Buch war.

Mein tiefempfundener Dank gilt ferner meiner Kollegin Natalie Hutterer, die mein Buch mit der überwiegenden Anzahl der Illustrationen bereichert hat.

Ein herzlicher Dank geht überdies an meinen engagierten Lektor Dr. Bernhard Ulrich, der mir beim Verfassen dieses Buches eine sehr große Stütze war.

Ganz besonders möchte ich meinem Mann Nils Thamm danken, dass er mir die Zeit für die Erstellung dieses Buchs schenkte und mich bei meinem Vorhaben, dieses Buch zu schreiben und zu veröffentlichen bekräftigte und unterstützte.

Inhaltsverzeichnis

1	**Einleitung**...	1
	Literatur..	4
2	**Was bedeutet Resilienz?**................................	5
	2.1 Resilienz in der Psychologie	6
	2.2 Unternehmerische Resilienz	6
	2.2.1 Problemfall: Das selbstfahrende Unternehmen	7
	2.2.2 Bedeutung für die unternehmerische Resilienz.......	12
	2.3 Resilienz in der Soziologie	13
	2.4 Kernforderungen an die unternehmerische Resilienz	14
	Literatur..	15
3	**Unternehmerische Resilienz als Teil des „Winning Wheels"**	17
	3.1 Definition des Winning Wheels........................	19
	3.1.1 Autonomie..................................	20
	3.1.2 Nachhaltigkeit	21
	3.1.3 Humanität..................................	24
	3.1.4 Resilienz..................................	27
	3.2 Erweiterung des Winning Wheels	29
	3.2.1 Die Sektoren des Winning Wheels................	30
	3.2.2 Die Hemisphären des Winning Wheels	34
	3.2.3 Resilienzfreundliche Positionen im Winning Wheel...	35
	3.3 Die „Truthahn-Illusion".............................	37
	3.4 Das Winning Wheel als Messinstrument	38

3.5   Fazit   40
Literatur.   41

4   Erste Fallstudie: Interviews auswerten mit dem Winning Wheel . . .   43
Literatur.   49

5   Kennzeichen resilienter Organisationen   51
5.1   Beispiel: Arpanet   52
5.2   Merkmale für unternehmerische Resilienz   53
        5.2.1   Robustheit   54
        5.2.2   Redundanz   54
        5.2.3   Dezentralisierung   55
        5.2.4   Diversifizierung   56
        5.2.5   Fehlerfreundlichkeit   57
5.3   Wertende Betrachtung der Merkmale resilienter Organisationen . . .   57
5.4   Organisationale Resilienz nach ISO-Norm 22316   58
5.5   Weitere Kennzeichen resilienter selbstfahrender
        Organisationen   60
        5.5.1   Digitalität   60
        5.5.2   Agilität   61
        5.5.3   Kooperation   62
        5.5.4   Softwareresilienz   62
        5.5.5   Prozessresilienz   65
5.6   Fazit   66
Literatur.   66

6   Herleitung der Resilienzmaßnahmen   69
6.1   Reisende Joghurtgläser und Kleidungsstücke   70
6.2   Risikoklassen und Risikowahrnehmung   74
6.3   Zwischenfazit   79
6.4   Das risikobasierte Resilienzmodell   80
6.5   Besondere Risiken   86
        6.5.1   Systemische Risiken   86
        6.5.2   Fat-tailed Risks   88
        6.5.3   Algorithmen und Resilienz   92
6.6   Risikobewusstsein   94
6.7   Fazit   96
Literatur.   96

7 Das Resilienz-Prüfschema 99
  7.1 Ziel und Umfang von Resilienz 100
  7.2 Resilienzkennzeichen. 101
  7.3 Ableitung von Maßnahmen 102
  7.4 Simulation (Stresstest) und Quantifizierung 102
  7.5 Besonderheiten der Quantifizierung 105
  7.6 Fazit 107
  Literatur. 107

8 Zweite Fallstudie: Der resiliente Finanzdienstleister. 109
  8.1 Agile Entwicklung & Co-Creation-Modus 110
  8.2 Agilität im Technologiestack 111
  8.3 Fazit 113

9 Das resiliente Unternehmen entsteht. 115
  9.1 Unternehmen 2035 – selbstfahrend und resilient. 116
    9.1.1 Analoges Resilienzmanagement 116
    9.1.2 Digitales Resilienzmanagement. 118
    9.1.3 Teilautomatisierte Wertschöpfung und automatisiertes
        Unternehmen 120
    9.1.4 Selbstfahrendes Unternehmen 121
    9.1.5 Zwischenfazit. 123
  9.2 Spezifikation eines Resilienzdashboards 123
    9.2.1 Projektvorbereitung 124
    9.2.2 Initiale Zieldefinition 129
    9.2.3 Konfigurationsphase. 131
    9.2.4 Maßnahmenerhebung. 144
    9.2.5 Funktionale Anforderungen 146
    9.2.6 Resilienzspezifische funktionale Anforderungen 147
    9.2.7 Generische funktionale Anforderungen. 148
    9.2.8 Nicht-funktionale Anforderungen 150
  9.3 Abgrenzung des Resilienzdashboards von Bestandssystemen ... 151
    9.3.1 Risikomanagement. 151
    9.3.2 Strategische Planung 152
    9.3.3 Business Intelligence-Systeme. 153
  9.4 Erstellung eines Scope-Dokuments 154
    9.4.1 Wasserfall-Modell 155

9.4.2   Lastenheft. 155
9.4.3   Agile Vorgehensweisen 155
9.4.4   Scope-Dokument 156
9.4.5   Anforderungsdokumentation 157
Literatur. 164

10   Implementierung eines Resilienzdashboards 167
10.1   Make or Buy eines Resilienzdashboards 167
10.2   Einsatz von Standardsoftware 168
10.3   Individualentwicklung 174
Literatur. 180

**11   Dritte Fallstudie: Umsetzung eines Resilienzdashboards
        mithilfe von Standardsoftware auf Basis der
        Solyp-Plattform** 181
11.1   Crowd Intelligence. 183
11.2   Krisenmanagement 184
11.3   Neuer Business Plan 185
11.4   Fazit 185

12   Zusammenfassung. 187

Glossar 191

Einleitung

Zusammenfassung

In seinem Buch „Das selbstfahrende Unternehmen – Denkmodell für Organisationen" entwickelt Florian Schnitzhofer eine Vision 2035, die als ein vorläufiges Zielbild für die digitale Transformation dient. Während letztere seit einigen Jahren in aller Munde ist, fehlt immer noch ein Überblick, wohin die aktuelle Entwicklung führt.

Diese Lücke ist nunmehr gefüllt, sodass sich endlich weitergehende Fragen stellen lassen: Wollen wir eigentlich selbstfahrende Unternehmen? Wie können wir derartigen Unternehmen vertrauen? Und wie verhindern wir, dass „Unternehmen auf Autopilot" bei nächster Gelegenheit gegen die Wand fahren?

Die Frage, der in diesem Buch nachgegangen wird, lautet: Wie können selbstfahrende Unternehmen resilient sein und die Krisen der Zukunft meistern?

In den letzten Jahren hat sich die Digitalisierung in den Unternehmen mit weitreichenden Folgen deutlich beschleunigt: Papierbehaftete Prozesse gehören zunehmend der Vergangenheit an, die Automation in Unternehmen nimmt zu, sei es mithilfe von Software-Robotern oder durch Algorithmen, die vielfach menschliche Interaktionen überflüssig machen. Die Kommunikation ändert sich gleichermaßen schnell: So sind digitale Sprachassistenten wie Siri oder Alexa, die in Echtzeit menschliche Sprache erkennen und analysieren können beinahe schon alltäglich, ebenso wie leistungsfähige Chatsysteme, die ohne menschliches Zutun Fragen beantworten und bei Problemen helfen können.

© Der/die Autor(en), exklusiv lizenziert durch Springer-Verlag GmbH, DE, ein Teil von Springer Nature 2022
A. Röhe, *Das resiliente Unternehmen – Die Krisen der Zukunft erfolgreich meistern*, https://doi.org/10.1007/978-3-662-64815-5_1

Wo wird all das enden? In seinem Buch „Das selbstfahrende Unternehmen"
(Schnitzhofer 2021) beschreibt Florian Schnitzhofer das Unternehmen 2035, welches verschiedene Entwicklungsstufen hin zu einer Organisation durchlaufen hat,
die ein Höchstmaß an Automation kennzeichnet. Sie beschäftigt weniger
Menschen – diese werden von Routineaufgaben befreit und von operativen Entscheidungen ausgeschlossen sein, werden aber ihren strategischen Weitblick, ihre
Kreativität und Empathie einbringen.

Die Frage, die sich stellt, ist: Können wir solchen Unternehmen trauen? Für
manchen Leser dürfte es an eine Ungeheuerlichkeit grenzen, diese Frage zuerst zu
stellen und die näherliegenden Fragen „Wollen wir überhaupt selbstfahrende Unternehmen?" und „Können wir sie verhindern?" zu ignorieren.

Daher die schlechte Nachricht zuerst: Wir können selbstfahrende Unternehmen
nicht verhindern – und es ist auch zu oberflächlich gedacht, wenn wir uns fragen,
ob wir sie überhaupt wollen. Wir werden sie aus verschiedenen, noch darzulegen-
den Gründen haben müssen und womöglich gezwungen sein, ihre Entstehung aktiv
zu fördern.

Also nochmal: Können wir selbstfahrenden Unternehmen trauen?

Zur Beantwortung dieser Frage ist es unerlässlich zu ermitteln, wie selbstfahrende Unternehmen die Krisen der Zukunft meistern können. Dies gilt umso mehr,
als wir uns in einer VUCA-Welt befinden. Dieses im Jahr 1987 erstmals verwendete Kunstwort beschrieb die Bedingungen des modernen, asymmetrischen Krie-
ges (Gläser 2020), welcher durch die nachfolgenden Bedingungen gekennzeichnet ist:

- Volatilität (gemeint ist hier die Schwankungsintensität und -breite)
- Unsicherheit
- Komplexität (Complexity)
- Ambiguität (Mehrdeutigkeit)

Was zunächst dem Militärjargon entlehnt wurde, lässt sich ohne Weiteres auch auf
die moderne Welt ausdehnen: Wirtschafts- und Finanzkrisen, eine multipolare
Weltordnung, Pandemien, lange und verschachtelte Lieferketten und der hohe In-
novationsdruck im Zuge der Digitalisierung haben das Potenzial, unser Leben völlig auf den Kopf zu stellen. Positiv ausgedrückt machen sie die Gegenwart für uns
lebhafter, aber eben auch unberechenbarer.

Mithin lauten die richtigen Fragen: Werden selbstfahrende Unternehmen in Zukunft gegenüber inneren und äußeren Änderungen oder gar Krisen resilient sein?
Welche Rahmenbedingungen sind erforderlich, um die notwendige Resilienz sicherstellen zu können? Und werden in einem hohen Grad technisierte, automati-

sierte und digitalisierte Unternehmen – genau das sind ja selbstfahrende Unternehmen – den Herausforderungen in einer VUCA-Welt standhalten können? Nicht auszudenken, was passieren würde, wenn selbstfahrende Unternehmen reihenweise von plötzlichen Störungen aus der Bahn geworfen würden. Im Zweifel wären dann nicht einmal ausreichend Menschen zur Stelle, das Schlimmste zu verhindern. Dies würde schließlich zu Szenarien führen, die wir aus düsteren Science-Fiction-Filmen kennen.

In diesem Buch nähern wir uns zunächst der Resilienz anhand ihrer Wortbedeutung. Daraufhin fokussieren wir unsere Betrachtung auf die unternehmerische (oder etwas sperriger: organisationale) Resilienz, so wie sie derzeit in der Literatur bekannt ist. Dann ergänzen wir den Begriff durch die Besonderheiten, die im Rahmen der Entwicklung zum selbstfahrenden Unternehmen hinzukommen werden. Der somit in Teilen neu definierte Begriff der unternehmerischen Resilienz bildet dann die Grundlage für ein differenziertes Instrumentarium, das die Unternehmen in die Lage versetzt, die Krisen der Zukunft zu meistern.

Resilienz ist ursprünglich ein Begriff aus der Physik, der die Eigenschaft von Werkstoffen beschreibt, nach Belastung wieder die ursprüngliche Form anzunehmen. Dann wurde er in der Psychologie für die Fähigkeit von Menschen verwendet, die trotz enormer Widrigkeiten ihre psychologische Gesundheit wiederherstellen bzw. aufrechterhalten können. In Bezug auf unternehmerische Resilienz wird vielfach auf die Manager von Unternehmen abgezielt und was sie als resilient kennzeichnet. Aber kann es per se resiliente Unternehmen geben, die mit einem Minimum an menschlicher Arbeitskraft auskommen werden? In denen der CEO womöglich gar nicht mehr die wichtigste Entscheidungsinstanz sein wird?

Wie sich zeigt, ist ein wesentlicher Faktor für Resilienz das Erkennen und Behandeln von Risiken. Wenn wir diese Risiken kennen und bewerten können, werden wir in der Lage sein, unternehmerische Resilienz zutreffend und zukunftssicher zu definieren. Dann wird es Unternehmen möglich sein, resilienzfördernde Maßnahmen zu identifizieren, den Grad der Resilienz zu berechnen und letztlich ein Resilienzmanagement aufzubauen, das die Entwicklung hin zum selbstfahrenden Unternehmen begleitet und unterstützt. Die spezifischen Risiken eines Unternehmens zu identifizieren ist allerdings leichter gesagt als getan. Die Transformation hin zu resilienten (selbstfahrenden) Unternehmen bedarf durchaus einiger Vorüberlegungen.

Anschließend werden wir darlegen, dass die unternehmerische Resilienz für selbstfahrende Unternehmen kein fernes Zukunftsthema ist. Schon ab der Schwelle zum digitalen Unternehmen, in dem Daten zu 80 % elektronisch vorliegen und einer rechnerischen und semantischen Analyse zugänglich sind, verändern sich die Anforderungen an die Resilienz. In einem Modell zeigen wir auf, wie das Resilienzmanagement parallel zu den weiteren Entwicklungen der Unternehmen wachsen muss, um adäquat auf Krisen und Störungen reagieren zu können.

Schließlich werden wir ganz praktisch: Das Resilienzdashboard wird die Schaltzentrale rund um die unternehmerische Resilienz darstellen. Doch wie soll es erstellt werden? Wird eine Individualentwicklung erforderlich sein oder wird es eine passende Standardsoftware geben? Und welche Daten muss das Resilienzdashboard bereitstellen, sodass Unternehmen resilient werden können? Diese und weitere Fragen werden wir im Rahmen dieses Buches erarbeiten und anhand von anschaulichen Praxisbeispielen darstellen.

Literatur

Gläser, Waltraud (2020): Der Begriff „VUCA"? URL: https://www.vuca-welt.de/woher-vuca/ [Abfrage vom 29. 5. 2021]
Schnitzhofer, Florian (2021): Das Selbstfahrende Unternehmen. Ein Denkmodell für Organisationen der Zukunft. Wiesbaden: Springer Gabler.

Was bedeutet Resilienz?

Zusammenfassung

Das Wort Resilienz kommt aus dem Lateinischen und bedeutet so viel wie „abprallen" oder „zurückspringen". Dabei wird das Wort vielgestaltig verwendet, sodass eine griffige Universaldefinition schwerfällt. Resilienz findet man in der Werkstofftechnik, Psychologie und der Soziologie.

Was aber kennzeichnet resiliente Unternehmen? In den letzten Jahren konnte man weltweit Unternehmen im Kampf gegen schwerwiegende Störungen beobachten. In der Finanzkrise infolge der Lehman-Pleite (2008), der Eurokrise (2010), dem Brexit (2016–2020) und der Coronapandemie ab 2020 konnte der wechselhafte Erfolg bei der Abwehr dieser Krisen festgestellt werden.

Das Wort Resilienz kommt aus dem Lateinischen und bedeutet so viel wie „abprallen" oder „zurückspringen". Dabei wird das Wort vielgestaltig verwendet, sodass eine griffige Universaldefinition schwerfällt. Resilienz findet man in der Werkstofftechnik, Psychologie, der Soziologie, aber auch in der Energiewirtschaft, dem Ingenieurwesen, Ökosystemen bis hin zur Zahnmedizin.

Als generischer Begriff umschreibt Resilienz zunächst einmal die Widerstandsfähigkeit gegenüber äußeren Widrigkeiten und im physikalischen Sinne die Fähigkeit, nach der Veränderung der Form die Ursprungsform wieder annehmen zu können (Thun-Hohenstein et al. 2020, S. 7).

2.1   Resilienz in der Psychologie

In der Psychologie wird der Begriff Resilienz bereits seit den 1950er-Jahren verwendet. Geprägt wurde er durch den US-amerikanischen Psychologen Jack Block,
der die Persönlichkeitsentwicklung von Kindern in einer Langzeitstudie untersuchte. Im Gegensatz zur späteren Bedeutung des Worts in der Psychologie beschrieb er Resilienz als Anpassungsfähigkeit auf der Grundlage von Charakterei-
genschaften, die unabhängig von außerordentlichen Herausforderungen bestehen
(Thun-Hohenstein et al. 2020).

Als Beginn der Resilienzforschung gilt eine Langzeitstudie, die auf Kaua'i, einer der südöstlichen Hawaii-Inseln, durchgeführt wurde. Die beiden Leiterinnen
Emmy Werner und Ruth Smith stellten fest, dass etwa ein Drittel einer Altersko-
horte von Kindern, die mehrfachen erheblichen Entwicklungsrisiken (z. B. psychologische Störungen der Eltern, Gewalt und Misshandlung, ungünstiges Erzie-
hungsverhalten) im frühen Alter ausgesetzt waren, unbeschadet überstanden,
während andere verhaltensauffällig wurden. Als resilient galten diejenigen Kinder,
die im späteren Leben eine glückliche Beziehung führten, beruflich erfolgreich und
auch sonst sozial integriert waren (Lengyel 2021). Zu ähnlichen Erkenntnissen ge-
langte James E. Anthony, der beobachtete, dass sich ein kleiner Teil von Kindern
manisch-depressiver und schizophrener Eltern trotz dieser Widrigkeiten völlig ge-
sund entwickelte (Zander 2018).

2.2   Unternehmerische Resilienz

Was aber kennzeichnet resiliente Unternehmen? In der jüngeren Vergangenheit
konnte man weltweit Unternehmen im Kampf gegen schwerwiegende Störungen
beobachten. In der Finanzkrise infolge der Lehman-Pleite (2008), der Eurokrise
(2010), dem Brexit (2016–2020) und der Coronapandemie 2020 konnte der wechselhafte Erfolg bei der Abwehr dieser Krisen festgestellt werden.

Einfache Antworten auf diese Frage sind hier nicht zu erwarten, zudem gibt es
nur wenig Literatur zu diesem Thema. Diese tendiert dazu, den Unternehmer und
die in seiner Person liegenden Resilienz in den Vordergrund zu stellen (Rühl 2021),
Resilienz hat demnach als zentralen Baustein „[…] das Austarieren von Zielen
durch einen unternehmerischen Kaufmann." (Pedell et al. 2020, S. 36)

Im Rahmen unserer Untersuchungen geht es jedoch um die unternehmerische
oder organisationale Resilienz. Diese lässt sich als Befähigung eines Unternehmens definieren, widerstandsfähig gegen unvorhergesehene Ereignisse zu sein.

Diese können derart schwerwiegend sein, dass sie das Unternehmen in seinem Bestand gefährden. Resilienz führt jedoch auch dazu, dass aus der Widerstandskraft gegen Bedrohungen Kompetenzen aufgebaut werden können, welche zu einer Erhöhung der Wettbewerbsfähigkeit des Unternehmens führen (Pedell 2014, S. 208 ff.; Pedell und Seidenschwarz 2011, S. 152 ff.).

Wir suchen also nach Fähigkeiten eines Unternehmens, Krisen zu meistern und daraus gestärkt hervorzugehen. So klar die Definition, so unklar ist zum jetzigen Zeitpunkt, wie selbstfahrende Unternehmen eine solche Resilienz erreichen können, wenn zahlreiche Unternehmensentscheidungen digitalisiert und automatisiert sind, womit Unternehmer und Manager im Hinblick auf die Handlungsfähigkeit von Unternehmen ein Stück weit marginalisiert werden. Um es einmal prägnant auszudrücken: Können Algorithmen resilient sein?

Um uns dieser Frage zu nähern, betrachten wir die Entwicklungsstufen, die Unternehmen im Hinblick auf Automatisierung und Digitalisierung bei der Evolution zum selbstfahrenden Unternehmen (Schnitzhofer 2021, S. 8–10) durchlaufen werden und warum es so wichtig ist, die Resilienz selbstfahrender Unternehmen näher zu betrachten.

2.2.1 Problemfall: Das selbstfahrende Unternehmen

Ausgangspunkt für die Entwicklung von Unternehmen ist das **analoge Unternehmen** wie in Abb. 2.1 dargestellt: In diesem Entwicklungsstadium liegen Daten in analoger Form vor, z. B. als Akten, sodass diese von Software (noch) nicht sinnhaft verarbeitet werden können. Prozesse laufen ebenfalls analog. Bei manchen Unternehmen erlebt man dies bereits am Empfangstresen, wenn man sich in die Besucherliste einträgt. Analoge Prozesse sind in der heutigen Welt jedoch problematisch: Zum einen ist die Speicherung analoger Daten kostenintensiv. Denn, sobald sie einen Geschäftsvorfall betreffen – und das dürfte bei den meisten analogen Daten von Unternehmen der Fall sein – gelten für Dokumente (Rechnungen, Geschäftsbriefe und Buchungsbelege) mehrjährige Aufbewahrungspflichten.[1] Zum anderen ist dann, je nach Art des Dokuments, die physische Aufbewahrung vorgeschrieben. Diese macht es erforderlich, dass Gebäude, in welchem aufbewahrungspflichtige Dokumente lagern, vor Feuer, Wasser sowie Feuchtigkeit zu schützen sind. Zum Glück ist die physische Aufbewahrung nur für bestimmte Dokumente wie Jahresabschlüsse und Eröffnungsbilanzen vorgeschrieben.

---

[1] Rechtsgrundlagen z. B. § 147 Abgabenordnung (steuerrechtliche Aufbewahrungspflichten), § 257 i. V. m. § 238 HGB (handelsrechtliche Aufbewahrungspflicht).

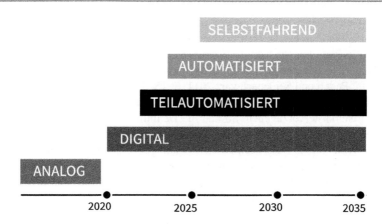

Abb. 2.1 Entwicklung zum selbstfahrenden Unternehmen (Schnitzhofer 2021, S. 8)

Weitaus häufiger reicht es aus, wenn Dokumente in Übereinstimmung mit dem Original bildlich wiedergegeben werden können. Es ist also möglich, die Dokumente zu scannen und auf einem digitalen Speicher abzulegen.

Analoge Prozesse haben mithin gewichtige Nachteile:

- Sie sind teuer und langsam – Daten liegen mitunter physisch vor und müssen umfangreich gesichert werden (Archiv oder Scan).
- Datenrecherchen sind zeitaufwendig.
- Auswertungen sind nur manuell möglich und daher gleichfalls teuer und unflexibel.

Als eine Möglichkeit haben Unternehmen daher schon vor geraumer Zeit die Vorteile der Digitalisierung erkannt, ein Stichwort, das uns schon seit geraumer Zeit begleitet. Ein Unternehmen gilt nach dem Modell des selbstfahrenden Unternehmens dann als **digitales Unternehmen**, wenn Softwarelösungen Daten verarbeiten sowie syntaktisch und semantisch verstehen können (vgl. Schnitzhofer 2021, S. 9).

In diesem Sinne sind viele Unternehmen auch heute noch nicht digital, und auch das Scannen von Rechnungen oder Buchungsbelegen aus dem obigen Beispiel ist noch keine Digitalisierung. Um aus einer papierbehafteten Rechnung ein digitales Dokument zu machen, bedarf es auf dieser Entwicklungsstufe zunächst einmal einer Texterkennung (OCR), gefolgt von einer semantischen Schicht, die Informationen wie Kreditor, Rechnungsposten und -beträge ermittelt und digital ablegt.

Nach der Zwischenstufe des teilautomatisierten Unternehmens, das durch die selbständige Planung und Ausführung einzelner Geschäftsaufgaben durch Software gekennzeichnet ist (vgl. Schnitzhofer 2021, S. 9), entsteht in der Folge das **automatisierte Unternehmen**. Auf dieser Entwicklungsstufe sind 80 % der End-to-End-Prozesse automatisiert und werden durch Software-Algorithmen ersetzt (vgl. Schnitzhofer 2021, S. 9–10). In der Folge werden aufwendige, repetitive Aufgaben wie zum Beispiel Vertragsmanagement, Angebotslegung oder Reisekosten automatisiert. Während also die administrativen Prozesse zunehmend automatisiert werden, können die automatisierten Unternehmen die freiwerdenden Ressourcen nutzen, um Kundenbedürfnisse in den Fokus zu nehmen, zum Beispiel indem sie Bedürfnisse frühzeitig identifizieren und Verkaufschancen transparent und dokumentiert bearbeiten können.

Das Ergebnis ist überraschend: Mit Kunden interagiert das automatisierte Unternehmen nicht weniger, sondern mehr: Während im analogen Unternehmen die Mitarbeiter vorrangig Routinearbeiten erledigen, ist ihr Fokus nunmehr die direkte Ansprache von Kunden und Neukunden und so eine Hinwendung zu gezielterer Kommunikation, individualisierter Abstimmung und schließlich mehr Wertschöpfung.

Der Abschluss der prognostizierten Entwicklung wird das **selbstfahrende Unternehmen** sein. Während das automatisierte Unternehmen noch die Einführung von Software-Algorithmen genutzt hat, um administrative Prozesse zu flexibilisieren und zu beschleunigen, nimmt das selbstfahrende Unternehmen die unternehmerischen Entscheidungen ins Visier. Per Definition sind im selbstfahrenden Unternehmen 80 % der Entscheidungen softwarebasiert, das heißt sie werden von Software-Algorithmen getroffen (vgl. Schnitzhofer 2021, S. 10).

Dies mag zunächst unheimlich erscheinen, ist jedoch eine logische Konsequenz, die auf die Prozessautomatisierung folgt.

Als Beispiel betrachten wir einen üblichen administrativen Prozess – die Abrechnung von Reisekosten.

Die Darstellung des Prozesses in Tab. 2.1 ist natürlich vereinfacht. In manchen Unternehmen ist die Erstattung von Reisekosten ein recht aufwendiges Verfahren. Es geht hier vorrangig um die Ermittlung der Qualität der Entscheidungen und den Bedürfnissen, die ihnen zugrunde liegen. Warum also ist in vielen Unternehmen die Erteilung der Genehmigung einer Geschäftsreise wichtig?

Mögliche Motive:

- Bedarfsprüfung – ist die Reise wirklich notwendig?
- Kostenkontrolle – gibt es kostengünstigere Alternativen?
- Effizienzkontrolle – gibt es zeitsparendere Alternativen?

Tab. 2.1 Vereinfachter Prozess zur Reisekostenabrechnung

Prozess-Schritt (P)	Entscheidung (E)	Prozessbeteiligte
Beantragung einer Geschäftsreise	Genehmigung einer Geschäftsreise	Mitarbeiter (P) Vorgesetzter (E)
Einreichung von Ausgabenbelegen nach Abschluss		Mitarbeiter (P)
Prüfung der Belege	Belege sind im Einklang mit den Richtlinien	Reisekostenstelle (P, E)
Weiterleitung an Vorgesetzten	Genehmigung der Erstattung	Reisekostenstelle (P), Vorgesetzter (E)
Erstattung	Freigabe der Zahlung	Zahlstelle (E)

Gleiches gilt für Prüfschritte und die dazugehörigen Entscheidungen. Mögliche Motive:

- Betrugserkennung
- Einhaltung der Firmenrichtlinien
- Buchhalterische Erfordernisse (z. B. Prüfung der Korrektheit des Vorsteuerabzugs)
- Sicherheitsbedürfnisse bei Zahlungen (Vier-Augen-Prinzip)

Was aber ist diesen Entscheidungen gemeinsam? Bevor wir diese Frage beantworten, ist es interessant sich eine viel grundlegendere Frage zu stellen: Was sind eigentlich Entscheidungen?

Um uns dieser Frage zu nähern, betrachten wir zwei Fragen, die jeweils einer Entscheidung bedürfen (Beck 2018):

1. Frage: Was ist 87 x 24?
2. Frage: Soll ich heiraten oder nicht?

Der Unterschied zwischen diesen beiden Fragen ist unmittelbar einleuchtend: Die erste Frage löst eine Rechenaufgabe, es gibt keine Alternativen zu ermitteln, während die Entscheidung im Falle der zweiten Frage keinesfalls alternativlos und bezüglich der Entscheidungsfindung deutlich komplexer ist. Würde man die Beantwortung der zweiten Frage an einen Algorithmus delegieren? Wohl kaum.

Und damit kommen wir zu einem zentralen Punkt: Software kann keine Entscheidungen im eigentlichen Sinn treffen, denn ihr fehlt die Fähigkeit zur menschlichen Intuition. Eine Bauchentscheidung ist mit Computern nicht zu treffen, aber im privaten und geschäftlichen Umfeld gelegentlich notwendig.

Gleichwohl sind „Rechenaufgaben" in Unternehmen häufig sehr viel komplexer als im obigen Beispiel, sodass es oftmals nur so aussieht, als träfe ein Computer eine Entscheidung. Festzuhalten bleibt: Verfügt eine Software über genügend Daten und ein solides Rechenschema, so wird sie ein Ergebnis ermitteln – und keine Entscheidung treffen (Renn 2014, S. 167).

Also machen wir uns auf die Suche nach solchen „Quasi-Entscheidungen", die Software treffen kann. Was dies für unser Reisekostenbeispiel bedeutet, zeigt Tab. 2.2.

Bei der Entwicklung zum selbstfahrenden Unternehmen geht es mithin um die folgenden Schritte:

- Möglichst umfassende Digitalisierung von Daten
- Möglichst umfassende Automatisierung von Prozessen
- Ersetzung arithmetisch herleitbarer „Entscheidungen" durch Software

Es soll nicht verschwiegen werden, dass in dieser Entwicklung auch ein autonomes Unternehmen denkbar ist. Das wäre ein Unternehmen, das gänzlich von Software gesteuert wird und ohne Menschen auskommt. Dass es in absehbarer Zeit derartige Unternehmen geben wird, ist indes nicht anzunehmen. Zum einen liegt das an rechtlichen Grundlagen, die hierfür nicht gegeben sind. Ein GmbH-Geschäftsführer

Tab. 2.2 Ermittlung softwarebasierter „Entscheidungen"

Entscheidung (E)	Software-basierte Berechnung möglich?	Ausnahmen
Genehmigung einer Geschäftsreise	Ja, denn Software kann aufgrund vorgegebener Kriterien eine Reise genehmigen	Sonderfälle, Stichproben
Belege sind im Einklang mit den Richtlinien	Ja, denn Software kann aufgrund vorgegebener Kriterien „entscheiden". Selbstlernende Algorithmen können Betrug erkennen.	Sonderfälle, Prüfung wenn selbstlernende Algorithmen eine Ausnahme erkennen
Genehmigung der Erstattung	Ja, denn Software kann aufgrund vorgegebener Kriterien „entscheiden".	Sonderfälle, z. B. bei außergewöhnlich hohen Beträgen.
Freigabe der Zahlung	Ja, denn Software kann aufgrund vorgegebener Kriterien „entscheiden".	

ist in letzter Konsequenz immer ein Mensch und kann keine Software sein. Zum anderen ist nicht zu erwarten, dass derartige Unternehmen in den nächsten Jahren politisch und gesellschaftlich gewollt und akzeptiert würden.

2.2.2 Bedeutung für die unternehmerische Resilienz

Was bedeuten also die Erkenntnisse aus dem Modell des selbstfahrenden Unternehmens für die Resilienz solcher Unternehmen?

Tab. 2.3 Risiken auf dem Weg zum selbstfahrenden Unternehmen

Entwicklungsschritt	Innere Risiken	Äußere Risiken
Digitalisierung	Generelle Angst vor Jobabbau Generell fehlende Akzeptanz von organisatorischen Änderungen Fehlendes Software-Know-how	Sicherheitsrisiken Abhängigkeit von externen Parteien (Software-, Infrastrukturanbieter, Berater)
Prozessautomatisierung	Angst vor Jobabbau in den Fachabteilungen Fehlende Akzeptanz von organisatorischen Änderungen im unteren Management Fehlendes Software-Know-how Komplexer werdende IT-Landschaft Erhöhte Anforderungen an unternehmensinterne Kommunikation	Abhängigkeit von externen Parteien (Software-, Infrastrukturanbieter, Berater) Tendenziell abnehmende Fehlertoleranz
Einsatz softwarebasierter „Entscheidungen"	Angst vor Jobabbau im Management Fehlende Akzeptanz von organisatorischen Änderungen im mittleren Management Fehlendes Software-Know-how Komplexer werdende IT-Landschaft Abnehmende Einsatzfähigkeit von freiwerdenden Ressourcen	Extreme Abhängigkeit von externen Parteien (Software-, Infrastrukturanbieter, Berater) Abnehmende Fehlertoleranz Möglicher Vertrauensverlust gegenüber Partnern und Kunden

Tab. 2.4 Risikocluster selbstfahrender Unternehmen

Risikocluster	Auswirkung
Jobabbau	Sich verschlechterndes Betriebsklima, betriebsinterne Konflikte, geringere Produktivität, Vertrauensverlust gegenüber den jeweiligen Managementebenen, mögliche Rufschädigung bei Partnern und Kunden, freiwerdende Ressourcen können eventuell neue Aufgaben nicht erfüllen
Organisatorische Änderungen	Effizienzverluste, Zeitverzögerungen, erhöhte Kommunikationsaufwände, Rechtliche Auseinandersetzungen
IT	Erhöhte Aufwände für Planung, Entwicklung, Support, Wartung, Sicherheit, höhere Abhängigkeiten zwischen einzelnen Komponenten, tendenziell geringer werdende Flexibilität und damit nachlassende Innovationsfähigkeit, Ausfälle bedeuten massive finanzielle Verluste, steigende Abhängigkeit von externem Know-how
Externe Beziehungen	Hohe Abhängigkeiten, zeitkritische Abhängigkeiten, hohes Schadenspotenzial (finanziell und Reputation)

Zunächst einmal wird deutlich, dass die beschriebene Entwicklung verschiedene Risiken birgt, welche sowohl im Inneren der Organisation liegen, oder das Unternehmen von außen treffen können.

Tab. 2.3 erläutert die wesentlichen Risiken, die durch die Entwicklung zum selbstfahrenden Unternehmen entstehen.

Wie rasch erkannt werden kann, bestehen die Risiken vorrangig aus wiederkehrenden Clustern, die sich jedoch in der Ausprägung verändern. Schauen wir in Tab. 2.4 einmal genauer nach.

Diese Risikocluster bergen ein enormes Schadenspotenzial. Mit zunehmender Entwicklung auf dem Weg zum selbstfahrenden Unternehmen geraten zudem immer höhere Ebenen des Unternehmens unter Veränderungszwang, sodass schädigende Ereignisse rasch höchste Verantwortungsträger betreffen.

2.3 Resilienz in der Soziologie

Innerhalb der neueren Soziologie bezeichnet Resilienz die Fähigkeit von Gesellschaften, auf externe Störungen so zu reagieren, dass wesentliche Systemfunktionen weitgehend intakt bleiben. Unter Störungen werden hier gravierende Ereignisse im Sinne von Katastrophen verstanden. Grundsätzlich lassen sich Gesellschaften in hoch- und niedrigresiliente Systeme einteilen. Hochresiliente Systeme zeichnen sich durch Anpassungsfähigkeit und Flexibilität aus. Ihre Kernelemente sind die Anwendung eines strategischen Risikomanagements sowie das Vorhandensein einer Risikokommunikationsstrategie. Ihnen stehen niedrig resiliente Systeme gegenüber, die Störungen nur ungenügend absorbieren können.

Beschrieben wurden die Charakteristika hochresilienter Gesellschaften im Rahmen des 4R-Modells von Charlie Edwards (Trachsler 2009, S. 2):

- **Robustheit** (robustness) versetzt ein System in die Lage, Belastungen standzuhalten.
- **Redundanz** (redundancy) eröffnet Handlungsalternativen bezüglich kritischer Systemaufgaben.
- **Genialität** (resourcefulness) bezeichnet die Kapazität eines Systems zur kreativen und angemessenen Reaktion auf ein Schadenereignis.
- **Schnelligkeit** (rapidity) ermöglicht rasche Reaktionen im Katastrophenfall und gewährleistet so die Regenerationsfähigkeit eines Systems.

2.4   Kernforderungen an die unternehmerische Resilienz

Die Behandlung dieser Risikocluster ist eine zentrale Aufgabe für die Unternehmen der Zukunft. Bei genauerer Überlegung fehlen jedoch weitere Risikokategorien, die nicht eindeutig den inneren und äußeren Ebenen zuzuordnen sind und deren Eintrittswahrscheinlichkeit und Schadenspotenzial sehr unsicher beziehungsweise äußerst kontrovers diskutiert werden: Die systemischen Risiken, also schleichende Risiken wie z. B. der Klimawandel. Auch diese werden noch im Weiteren zu betrachten sein.

Somit ist es am Ende dieses Kapitels an der Zeit, einige Kernforderungen an die unternehmerische Resilienz zu stellen, sodass wir diese in umfassende Sachzusammenhänge stellen, weiter verfeinern und mit entsprechenden Maßnahmen hinterlegen können:

> **Kernforderungen**
> 1. Unternehmerische Resilienz muss als zentraler Baustein der Unternehmensstrategie die Entwicklung zum selbstfahrenden Unternehmen berücksichtigen.
> 2. Sie muss alle wesentlichen unternehmensinternen, -externen und systemischen Risiken im Blick haben und darauf reagieren können.

3. Unternehmerische Resilienz muss berechenbar im Sinne von kalkulierbar, bzw. zahlenbasiert sein.
4. Unternehmerische Resilienz muss mithilfe von IT-gestützten Maßnahmen umsetzbar und steuerbar sein.
5. Unternehmerische Resilienz muss im selben Umfang wie das betrachtete
   Unternehmen selbstfahrend werden.

Literatur

Beck, Henning (2018): Irren ist nützlich! Warum die Schwächen des Gehirns unsere Stärken sind. München: Goldmann.

Lengyel, Ronald (2021): Geschichte und Forschung zu dem Fachgebiet Resilienz URL: https://resilienz.at/geschichte-zur-resilienz/ [Abfrage vom 30. 5. 2021]

Pedell, Burkhard (2014): Führung im Umgang mit schwerwiegenden Risiken – Strategien für die Verbesserung der Resilienz von Unternehmen, in: Controlling, 26. Jg. (2014), H. 11, S. 608–615.

Pedell, Burkhard; Seidenschwarz, Werner; Sondermann, Hans (2020): Vorausschauend Resilienz aufbauen, statt das Unternehmen durch kurzsichtiges Cost Cutting in einen Organizational Burnout zu treiben, in: Controlling – Zeitschrift für erfolgsorientierte Unternehmenssteuerung 2/2020, S. 36–39.

Pedell, Burkhard; Seidenschwarz, Werner (2011)

Renn, Ortwin (2014): Das Risikoparadox: Warum wir uns vor dem Falschen fürchten, Frankfurt a. M.: Fischer.

Rühl, Uwe (2021): 10 Tipps für Unternehmerische Resilienz von Uwe Rühl. URL: https://rucon-group.com/10-tipps-fuer-unternehmerische-resilienz-von-uwe-ruehl/ [Abfrage vom 31. 5. 2021]

Schnitzhofer, Florian (2021): Das Selbstfahrende Unternehmen. Ein Denkmodell für Organisationen der Zukunft. Wiesbaden: Springer Gabler.

Thun-Hohenstein, Leonhard; Lampert, Kerstin; Altendorfer-Kling, Ulrike (2020): Resilienz – Geschichte, Modelle und Anwendung, in: Zeitschrift für Psychodrama und Soziometrie, Volume 19, S. 7–20.

Trachsler, Daniel (2009): Resilienz: Konzept zur Krisen- und Katastrophenbewältigung, in: CSS-Analysen zur Sicherheitspolitik, Nr. 60, September 2009, ETH Zürich: Center for Security Studies (CSS), S. 1–3.

Zander, Margeritha (2018): Resilienz. URL: https://www.socialnet.de/lexikon/Resilienz#toc_4_2 [Abfrage vom 29. 5. 2021]

Unternehmerische Resilienz als Teil des „Winning Wheels"

3

Zusammenfassung

In der Corona-Krise zeigte sich, dass Unternehmen quasi unbeabsichtigt resilient gegen die wichtigste Krise der jüngeren Vergangenheit waren, wenn sie die wichtigsten Anforderungen aus der eigenen Organisation und ihrer Umwelt in Ausgleich bringen konnten.

Diese Erkenntnis wurde zur Grundlage eines ersten Resilienzmodells, dem „Winning Wheel", ein Modell, das die Welt in vier Dimensionen einteilt: Autonomie, Nachhaltigkeit, Humanität und Resilienz. Das Modell lässt sich als intuitives Modell zur Identifikation von Schwächen in Bezug auf die Resilienz nutzen. Wem dies zu oberflächlich ist, kann es überdies als „Messinstrument" für Resilienz einsetzen.

Als im März 2020 Deutschland und Österreich aufgrund der Covid-19-Pandemie in den ersten Lockdown gehen mussten, war die Sorge in unserem Unternehmen groß. Wie sollte es weitergehen, wenn sich unsere Kunden dazu entscheiden, externe Mitarbeiter nicht mehr in ihre Räumlichkeiten zu lassen? Werden alle Projekte gestoppt? Die Frage der Fragen war: Stehen wir womöglich sogar als Unternehmensberatung vor dem Aus?

Da ich zu den Ältesten im Unternehmen zähle, konnte ich meinen Kolleginnen und Kollegen zwei Dinge raten:

© Der/die Autor(en), exklusiv lizenziert durch Springer-Verlag GmbH, DE, ein Teil von Springer Nature 2022
A. Röhe, *Das resiliente Unternehmen – Die Krisen der Zukunft erfolgreich meistern*, https://doi.org/10.1007/978-3-662-64815-5_3

1. Diese Krise ist nicht meine erste, die sich bedrohlich vor mir aufbaut. Da waren bereits die Wirtschaftskrise nach der Wiedervereinigung, das Ende der New Economy, die Finanzkrise, die Eurokrise. Jede dieser Krisen bedeutete deutliche Einschnitte für die Wirtschaft und hatte das Potenzial, alles bisher Erreichte zu zerstören. Aber das Verblüffende war: Nicht nur hatte ich alle diese Krisen überstanden, am Ende war ich überzeugt, gestärkt daraus hervorzukommen und etwas gelernt zu haben, das mich auf weitere Unsicherheiten in der Zukunft vorbereitet hatte.

2. Ich schlug vor, alle Kanäle zu unseren Kunden zu öffnen und ihnen mit Rat und Tat zur Seite zu stehen. So boten wir in Folge Telefonkonferenzen, Webkonferenzen und auch persönliche Meetings an, soweit diese unbedingt nötig waren und den rechtlichen Bestimmungen entsprachen.

Schon nach kurzer Zeit war klar: Das Geschäft geht weiter, und nicht nur das. Wir würden unsere Jahresziele erreichen. Am Ende des Jahres war klar: Wir hatten sie sogar übertroffen. Wie konnte das sein?

Unter Resilienzaspekten muss man feststellen, dass wir in der Krise resilient gegen die negativen Folgen waren, da wir alle wichtigen Voraussetzungen mitbrachten, von den Kontaktbeschränkungen wenig betroffen zu sein. Alle unsere Kolleginnen und Kollegen verfügten über Laptops und Handys. Wir haben schon vor der Krise überwiegend zuhause gearbeitet und verfügten dort über alle notwendigen Arbeitsmittel. Unsere Arbeitsweise sah vor, bei Kunden vornehmlich in Form von Workshops zu arbeiten. Diese zu „digitalisieren", erwies sich als vergleichsweise einfach.

Nach kurzer Reflexion zeigte sich etwas, das Grundlage zur Idee des Winning Wheels werden sollte: Aufgrund unserer beschriebenen Aufstellung waren wir quasi unbeabsichtigt resilient gegen die wichtigste Krise der jüngeren Vergangenheit, was zu der folgenden These führte:

▶   **Bringt ein Unternehmen die wichtigsten Anforderungen aus der eigenen Organisation und seiner Umwelt in Ausgleich, so kann es als resilient gelten.**

Um dies weiter zu diversifizieren, wurden die wichtigsten Dimensionen definiert, die ein Spannungsfeld erzeugen: Autonomie, also das Streben von Unternehmen nach Effizienz, Innovation, Marktmacht sowie Nachhaltigkeit (Ressourcenschonendes, umweltverträgliches Handeln) und Humanität (menschliches Handeln, Lindern von menschlichem Leid).

Es sollte also ein Modell zur Positionierung von Unternehmen geschaffen werden – und das Modell sollte im Sinne der o. g. These wie eine Zwickmühle funktionieren: Bei idealem Ausgleich gilt automatisch ein idealer Zustand von Resilienz. Dies war der Ausgangspunkt des Winning Wheels. Bei uns hatte es funktioniert, ohne dass wir uns eines ausgefeilten Resilienzmanagements rühmen konnten. Im Kap. 8 werden wir noch ein weiteres Unternehmen kennenlernen, das durch seine Entscheidungen, die weit vor der Corona-Krise getroffen wurden, eine solche Balance hergestellt hatte und damit resilient wurde. Es ist also an der Zeit, das Winning Wheel genauer vorzustellen.

3.1 Definition des Winning Wheels

Das Winning Wheel ist im Wesentlichen ein Diagramm mit vier elementaren Dimensionen (vgl. Abb. 3.1). Unternehmen sind bereits heute Erwartungen und Risiken der einzelnen Dimensionen ausgesetzt und können sich innerhalb des Diagramms frei positionieren. Allerdings bieten verschiedene Positionierungen auch unterschiedliche Risiken und Gewinnaussichten. So ist es ratsam, eine Position anzustreben, die Chancen und Risiken der einzelnen Dimensionen in Ausgleich bringt.

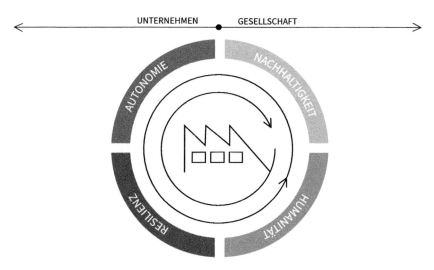

Abb. 3.1 Das Winning Wheel

Das Winning Wheel besteht zunächst aus zwei Hemisphären, die globale Anforderungen und Bestrebungen von Unternehmen im Hinblick auf diejenigen Parteien trennen, die ebenjene Anforderungen stellen: Das sind zum einen die Unternehmen selbst, zum anderen ist es die Gesellschaft als Ganzes.

3.1.1 Autonomie

Die Aktivitäten von Unternehmen im Hinblick auf Automation, Globalisierung und letztlich der Digitalisierung, die beim selbstfahrenden Unternehmen enden wird, lässt sich der Dimension der „Autonomie" zuordnen. Autonomie bedeutet generell eine Fokussierung auf die Steigerung von **Effizienz** und **Wertschöpfung**. Sie sind elementar für Unternehmen, denn sie sichern letztlich deren Erfolg und Fortbestand. Dieser Dimension zugeordnet ist ferner das Streben von Unternehmen nach **Innovation**, denn diese sorgt stets dafür, dass Unternehmen sich Wettbewerbsvorteile erkämpfen können. Ohne Innovation sind Produkte und Dienstleistungen langfristig nicht marktfähig. Ferner ist auch das Element der **Konzentration** Kern der Autonomie. Zur Sicherung ihrer Marktmacht streben die Unternehmen nach Wachstum, das sie einerseits organisch erreichen können, oder andererseits durch Verschmelzung und Kauf von Konkurrenten oder komplementären Unternehmen.

Das heutige wesentliche Schmiermittel der Autonomie ist Software, denn sie ermöglicht Automation in bisher nicht gekanntem Ausmaß. Ferner entstehen durch Software neue Geschäftsmodelle und ganze digitale Ökosysteme, die den Vorteil haben, dass sie nahezu unbegrenzt skaliert werden können, da sie unabhängig von physischen Produkten sind. So entfallen bei diesen Geschäftsmodellen wesentliche Kostenblöcke produzierender Unternehmen wie Rohstoffe, Rüst- und Herstellkosten, Logistik und zu einem großen Teil auch menschliche Arbeit. Typische Vertreter von Unternehmungen dieser neuen softwarebasierten oder sogar softwarezentrierten Gattung sind Facebook, Twitter, aber auch Netflix und Spotify. Die letzteren haben vorhandene Geschäftsmodelle (DVD-Verkauf, Videoverleih, CD-Verkauf) zudem umfangreich verändert und an den Rand der Wirtschaftlichkeit gedrängt, sodass wir dieser Dimension noch die **Disruption** (von „Störung") zuordnen müssen, die völlige Neugestaltung von Märkten.

Gleichzeitig sind dieser Dimension auch neue Risiken zuzuordnen, die ohne die ausgeprägte Nutzung von Software nicht denkbar wären: Hierzu gehören Angriffe auf Software, Datendiebstahl und Phishing. Dass Software zugleich Fluch und Segen sein kann, zeigt das Beispiel der Künstlichen Intelligenz: Sie kann einerseits eingesetzt werden, die Cybersicherheit zu erhöhen, z. B. durch Gesichtserkennung.

Andererseits wird sie genutzt, indem sie Cyberangriffe dadurch beschleunigt, dass Inhalte wesentlich überzeugender und die Angriffsmethodik von Phishing-Attacken sehr viel präziser werden (Globalsign 2019).

Neben diesen technikspezifischen Risiken gibt es noch weitere Unwägbarkeiten: Gerade der abnehmende Faktor Mensch oder genauer der zunehmende Verzicht auf menschliche Arbeit wird seit jeher von der Gesellschaft kritisch beäugt (z. B. Eckert 2018). Auch Themen wie die Disruption traditioneller Geschäftsmodelle wird kontrovers diskutiert und resultiert in politischen Risiken, nämlich der Gefahr der Regulierung. Ein Beispiel für Disruption ist das Unternehmen Uber, das die traditionellen Geschäftsmodelle der Taxibranche hierzulande durcheinanderwirbelt: Fahrer und Kunden organisieren sich über die digitale Uber-Plattform selbst und werden Teil der Wertschöpfung. Zwar hat die Politik Uber Rechtssicherheit dadurch gebracht, dass der Fahrdienst nunmehr dauerhaft und nicht nur per Ausnahmegenehmigung erlaubt ist. Andererseits hat der Gesetzgeber Regeln erlassen, die es Uber schwermachen dürften, sich zügig gegen die Taxibranche durchzusetzen (Manager Magazin 2020).

Die Regulierung ist der natürliche Feind der Autonomie, denn sie schränkt die unternehmerische Handlungsfähigkeit ein und resultiert in geringerem Gewinn, zusätzlicher Bürokratie (z. B. Dokumentationspflichten), der Gefahr rechtlicher Auseinandersetzungen sowie möglichen Schadensersatzforderungen und damit in zusätzlichen Kosten.

3.1.2 Nachhaltigkeit

Interessanterweise gibt es keine allgemeingültige Definition von Nachhaltigkeit, dabei ist der Begriff seit Jahren zunehmend in aller Munde. Gemeinhin wird unter dem Begriff verstanden, dass etwas dann nachhaltig ist, wenn es „dauerhaft, langlebig, umweltverträglich oder auch vernünftig" (Wegner 2020) ist.

Im allgemeinen Sprachgebrauch wird Nachhaltigkeit insbesondere dann verwendet, wenn es um ökologische Verantwortung geht. Ein Beispiel für nachhaltiges Wirtschaften ist die Forstwirtschaft. Holz ist ein langsam nachwachsender Rohstoff, sodass Gewinnstreben immer damit verbunden sein muss, auch in Zukunft noch eine wirtschaftliche Grundlage zu haben. Ein rigoroses Abholzen böte zwar kurzfristigen Gewinn, aber es würde bis zu zwei Generationen dauern, bis mit der Holzwirtschaft wieder Geld verdient werden kann. Es ist also sinnvoll, nur so viel Holz zu schlagen, wie natürlich nachwächst – ein Prinzip, das bereits im Jahre 1713 vom sächsischen Oberberghauptmann Hans Carl von Carlowitz formuliert wurde (Wegner 2020).

Im Frühjahr 1972 formulierte Dennis Meadows für den Club of Rome eine apokalyptische Botschaft:

„Wenn die gegenwärtige Zunahme der Weltbevölkerung, der Industrialisierung, der Umweltverschmutzung, der Nahrungsmittelproduktion und der Ausbeutung von natürlichen Rohstoffen unverändert anhält, werden die absoluten Wachstumsgrenzen auf der Erde im Laufe der nächsten hundert Jahre erreicht. Mit großer Wahrscheinlichkeit führt dies zu einem ziemlich raschen und nicht aufhaltbaren Absinken der Bevölkerungszahl und der industriellen Kapazität." (Meadows et al. 1972, S. 17)

Nur durch rasches und entschiedenes Handeln, so Meadows, könne ein Gleichgewicht hergestellt und die beschriebenen gravierenden Folgen verhindert werden.

Meadows' Appell ist daher so wichtig, weil hier erstmals Nachhaltigkeit im 20. Jahrhundert größere Beachtung fand. Der Brundtland-Bericht der Vereinten Nationen brachte schließlich im Jahr 1987 den heute verwendeten Begriff auf den Punkt. Nachhaltigkeit ist demnach das Prinzip *„[…] die Entwicklung nachhaltig zu gestalten, um sicherzustellen, dass sie die Bedürfnisse der Gegenwart erfüllt, ohne die Fähigkeit zukünftiger Generationen zu gefährden, ihre eigenen Bedürfnisse zu erfüllen."* (United Nations 1987, S. 25)

Heute ist wie gesagt Nachhaltigkeit in aller Munde. Spätestens seit den Klimaprotesten, initiiert durch Greta Thunberg und ihre Initiative „Fridays for Future", hat das Thema seit 2018 breite Aufmerksamkeit in der Öffentlichkeit erlangt. Unternehmen werden seither noch genauer dahingehend beobachtet, inwieweit ihr Handeln nachhaltig ist.

In diesem Zusammenhang rückt vermehrt der Begriff „Corporate Social Responsibility" (CSR) in den Blick. Im Grunde genommen blickt die CSR auf eine über hundertjährige Geschichte zurück, als Unternehmer im Zuge der Industrialisierung bereits im 19. Jahrhundert begannen, in Zusammenarbeit mit ihren Mitarbeitern Wohnungsbaumaßnahmen oder die Einrichtung von Schulen und Kulturinstitutionen in der Nähe von Produktionsstätten ihre direkten sozialen Umweltaufgaben zu übernehmen. Aus dieser Zeit stammt auch die starke Sozialpartnerschaft zwischen Arbeitgebern und Arbeitnehmerverbänden, ebenso wie das duale Ausbildungssystem, welches in den letzten Jahrzehnten zu einem wichtigen Bestandteil der deutschen Wirtschaft geworden ist (Bundesministerium für Arbeit und Soziales 2021).

Nachdem in den 1970er-Jahren der Umweltschutz größere Beachtung fand, werden unternehmerische Aktivitäten zunehmend auf der Grundlage ihrer ökologischen Auswirkungen bewertet und politisch reguliert, beispielsweise durch das Bundesemissionsschutzgesetz. Die EU-Definition von Corporate Social Responsibility betont die Verantwortung des Unternehmens für soziale Angelegenheiten und beeinflusst auch entscheidend die nationalen Debatten. Unternehmen sollten wirtschaftliche, ökologische und soziale Aspekte in ihre gesamte Lieferkette integrieren, sich an Zielgruppen (Stakeholdern) ausrichten und die soziale Verantwortung der Unternehmen als Grundlage für langfristig erfolgreiches Handeln verstehen. Der Ausschuss definierte relevante Bereiche, in denen die soziale Verantwortung von Unternehmen gelten sollte: Menschenrechte, Arbeits- und Beschäftigungspraktiken, Vielfalt, Ökologie, Ressourceneffizienz und Korruptionsbekämpfung. Die EU ermutigt börsennotierte Unternehmen, ihre Strategien und Aktivitäten zur sozialen Verantwortung von Unternehmen offenzulegen (Bundesministerium für Arbeit und Soziales 2021).

Seit Anfang 2017 besteht für deutsche DAX-Unternehmen eine Berichtspflicht für CSR-Strategien und -aktivitäten. Dies bedeutet zum einen, dass ein Teil der deutschen Unternehmen verpflichtet ist, Auskunft über ihre CSR-Aktivitäten zu geben. Die Unterdrückung von CSR-Informationen oder unrichtige Angaben sind für diese Unternehmen eine Ordnungswidrigkeit, die eine Geldbuße von bis zu 10 Millionen Euro nach sich ziehen kann, abhängig von Umsatz und Gewinn des Unternehmens. Zum anderen veröffentlichen weitere Unternehmen freiwillig CSR-Berichte.

Die Risiken, die aus mangelnder nachhaltiger Tätigkeit für Unternehmen erwachsen, sind umfangreich. Dazu zählen:

- Bußgelder bei Verletzung von Berichtspflichten
- Reputationsschäden, insbesondere durch „Greenwashing"[1]
- So genannte „Shitstorms" in sozialen Netzwerken
- Ausschluss von Finanzinstrumenten z. B. ETF-Fonds

Eine wichtige Frage ist an dieser Stelle zu erörtern: Darf der im Rahmen des Winning Wheels verwendete Begriff Nachhaltigkeit mit den Themen der CSR-Berichte gleichgesetzt werden? Die Definition von CSR ist sehr breit gefasst. Schaut man auf die bereits erwähnten Felder Menschenrechte, Arbeits- und Beschäftigungspraktiken, Vielfalt, Ökologie, Ressourceneffizienz und Korruptionsbekämpfung, so ist es sinnvoll, die Umwelt- und Ressourcenaspekte getrennt von den Tätigkeiten zu betrachten, die menschliches Tun zum Inhalt haben. Folgerichtig unterscheidet das Modell auch die Themen Nachhaltigkeit und Humanität.

---

[1] Der Versuch von Unternehmen durch Marketing- und PR-Maßnahmen ein „grünes Image" zu erlangen, ohne adäquate Maßnahmen im Rahmen der Wertschöpfung umzusetzen, vgl. Lin-Hi 2021.

Wir halten also fest, dass die Nachhaltigkeitsdimension vorrangig der Definition des Brundtland-Reports folgen sollte. Nachhaltigkeit sollte dahingehend beurteilt werden, ob das Wirtschaften von Unternehmen zukünftigen Generationen möglicherweise schadet. Wird der Begriff auf diese Weise verengt, so rücken die folgenden Themen zur Untersuchung der Positionierung von Unternehmen innerhalb dieser Dimension in den Mittelpunkt:

- Ressourcennutzung und -effizienz
- Ökologie, insbesondere Fragen des Umwelt-, Klima- und Naturschutzes
- Finanzen, insbesondere die Nachhaltigkeit langfristiger Verbindlichkeiten und Korruptionsbekämpfung

Soziale Themen, wie Arbeits- und Beschäftigungspraktiken sowie Menschenrechte werden in der nachfolgenden Dimension „Humanität" betrachtet. Insofern sind die Themen der CSR im Rahmen des Winning Wheels dimensionsüberlappend.

Für Unternehmen ist die Nachhaltigkeitsdimension in dem oben festgelegten Themenkreis immens wichtig. Im Hinblick auf Initiativen wie Fridays for Future wird deutlich, dass die so genannte Generation Z, also die Bevölkerungskohorte, die nach 1999 geboren wurde, vermehrt Wert auf gesellschaftliche Verantwortung, Eigeninitiative sowie Nachhaltigkeit legt. Diese Haltung färbt zudem auf die zuvor geborene Generation Y ab (Scholz 2021), sodass schon aus demografischen Gründen davon ausgegangen werden muss, dass Themen wie nachhaltiges Wirtschaften, Umwelt- und Klimaschutz fortlaufend wichtiger für immer größere Teile der Bevölkerung werden.

Unternehmen werden es sich daher immer weniger leisten können, nachhaltiges Wirtschaften zu vernachlässigen. Im Rahmen des Winning Wheels ist mithin davon auszugehen, dass die Dimension der Nachhaltigkeit einen erheblichen Effekt auf die Autonomiedimension hat. Wirtschaftliche Tätigkeiten können also nicht ohne Berücksichtigung der Nachhaltigkeit erfolgen. Insofern müssen sich Unternehmen zwischen den Dimensionen positionieren, wenn das Winning Wheel als Diagramm betrachtet wird.

3.1.3 Humanität

Wirtschaftliches Handeln ist ohne menschliches Tun nicht denkbar. Insofern ist es geboten, den Menschen im Modell des Winning Wheels eine eigene Dimension zu widmen. Zunächst ist zu klären, was mit „Humanität" genau gemeint ist.

Humanität (von lateinisch „humanitas") beschreibt die Entwicklung der Menschheit entlang einer Idealvorstellung des Menschseins. Kernpunkte der Humanität sind die geistig-seelische Entwicklung des Menschen durch Bildung und die Entwicklung einer sittlichen Haltung. Eine weitere Bedeutung kommt der Humanität insbesondere bei der Verwendung des Adjektivs human zu, das so viel wie „menschenwürdig" bedeutet (Metzlers Lexikon Philosophie 2008).

Eng verwandt ist wiederum das Wort „humanitär", das so viel bedeutet wie das Lindern von menschlichem Leid. Alle drei Definitionen sind Grundlage von Betrachtungen im Rahmen dieser Dimension.

Wie gesehen sind die Themen gemischt, die unter dem Stichwort „Corporate Social Responsibility" betrachtet werden. Die sozialen Aspekte haben wir von der oben erläuterten Nachhaltigkeits-Dimension abgetrennt, um sie im Rahmen der optimalen Positionierung von Unternehmen im Winning Wheel differenziert betrachten zu können. Dies ist umso mehr geboten, als das Winning Wheel ein Spannungsfeld darstellt, dessen Schwerpunkte sich von Zeit zu Zeit ändern können. Als Beispiel wäre hier die Pandemie-Situation des Jahres 2020 zu nennen: In der akuten Phase der Pandemie stehen Fragen des Gesundheitsschutzes (Humanität) im Vordergrund, während nach dem Abflauen Fragen wichtig werden, wie sich solche Situationen in Zukunft vermeiden lassen, zum Beispiel bei Bestimmungen zum Schutz wilder Tiere.

Welches sind also die Themen, die im Rahmen dieser Dimension zu betrachten sind? Hierzu unterscheiden wir zwischen „humanen" und „humanitären" Themen (vgl. Tab. 3.1).

Zu Themen, die Unternehmen in dieser Dimension erheblichen Schaden zufügen können zählen insbesondere:

- Lohndumping
- Umgehung von sozialen Standards z. B. durch Leiharbeit
- Tolerierung unerwünschter Verhaltensweisen (z. B. Mobbing)
- Massenentlassungen
- Hohe und ggf. nicht durch die wirtschaftliche Situation der Unternehmung begründbare Vergütungen

Diese Themen haben in breiten Teilen der Bevölkerung das Potenzial, Beachtung zu finden und zu einer negativen Einstellung gegenüber dem Unternehmen zu führen. Die Umgehung von Gesetzen und Regeln sowie das Ausnutzen von Regelungslücken führen überdies zum Risiko der Regulierung, welche nicht nur den unternehmerischen Handlungsspielraum ganzer Branchen einengt, sondern auch

Tab. 3.1 „Humane" Themen:

Leitfragen	Detailthemen (Auswahl)
Wie behandelt das Unternehmen seine Mitarbeiter?	Einhaltung gesetzlicher und sozialer Standards
	Gerechte Bezahlung
	Kultur geprägt von Transparenz und Gleichbehandlung (Gendergerechtigkeit, Diversity)
	Bei Werksunterkünften: Menschenwürdige Unterkunft
Wie behandelt das Unternehmen seine Kunden?	Sicherheit von Produkten
	Gesundheitliche Unbedenklichkeit von Produkten (bei Lebensmitteln zudem Zutaten, Zusatzstoffe)
	Ehrlichkeit von Produkten (Transparenz von Inhaltsstoffen, einheitliche Verpackungsgrößen, Funktionsdauer)
	Kundenkommunikation (Hotlines, Kundendienst, auch Kulanz bei Ansprüchen von Kunden)
	Fairness im Umgang mit Kunden (z. B. die Ächtung von Abmahnungen privater Ebay-Verkäufer)
Wie behandelt das Unternehmen die Gesellschaft?	Steuerehrlichkeit und Gerechtigkeit
	Transparente Unternehmensstrukturen
	Freiwilliges gesellschaftliches Engagement

zu weiteren Kosten (Bürokratie durch Dokumentationspflichten, Rechtsberatung, Bußgelder) führen kann.

Humanitäre Fragen stellen sich dann, wenn Unternehmen in Schwellenländern aktiv sind, weil sie dort entweder ihre Produkte verkaufen oder produzieren lassen.

Auch die humanitären Fragestellungen werden für Unternehmer immer wichtiger (vgl. Tab. 3.2). Wie auch in den „humanen" Themen haben diese ein hohes Aufmerksamkeitspotenzial. Verstöße gegen die Menschenwürde sind oft Gegenstand ausführlicher Berichterstattung in den Medien. In diesen werden zumeist „Ross und Reiter" genannt, sodass insbesondere eklatante Missstände der Reputation von Unternehmen diesen enormen Schaden zufügen können.

Wie beim „Greenwashing" im Bereich Nachhaltigkeit werden auch Versuche, humanitäre Fragen zu schönen oder Missstände zu vertuschen regelmäßig veröffentlicht. Auch durch solche Maßnahmen können Reputation und Glaubwürdigkeit von Unternehmen Schaden nehmen. Ausführliche Berichterstattung vergrößert den Kreis derer, die von Verstößen Kenntnis erhält. Zudem sind die Artikel nicht auf die linearen Medien wie Fernsehen oder Radio beschränkt, sondern mitunter auch in länger verfügbaren Medien zu finden (Mediatheken, Youtube, Weblogs), sodass ihre Wirkung lange nachhallt.

Darüber hinaus ist in solchen Fällen häufig eine Zweit- oder sogar Drittberichterstattung zu beobachten, die das Potenzial negativer Folgen weiter vergrößert. Zur Zweit- und Drittberichterstattung zählen klassische Medien, die Meldungen ande-

Tab. 3.2 Humanitäre Leitfragen

Leitfragen	Detailthemen
Bei Unternehmen, die in Schwellenländern Produkte anbieten: Wie sachgerecht und fair ist das Produktangebot des Unternehmens?	Mögliche Verdrängung lokaler Produkte Beeinträchtigung der Lebensgrundlage der lokalen Bevölkerung Unfairer Wettbewerb durch den Absatz subventionierter Produkte Entstehung von volkswirtschaftlich relevanten Abhängigkeiten Wohlstandsverluste im Zielmarkt Ethische Vertretbarkeit des Produktangebots (z. B. Waffensysteme)
Bei Unternehmen, die in Schwellenländern produzieren (lassen): Wie fair und menschenwürdig werden die Produkte produziert?	Menschenwürdige Arbeitsbedingungen Arbeitsschutzmaßnahmen Faire Bezahlung Vorhandensein fundamentaler Arbeitnehmerrechte

rer Medien aufgreifen, ferner die sozialen Medien sowie Blogger, die teilweise über eine erhebliche Reichweite verfügen.

Nachfolgend ein Überblick über Risiken, die Unternehmen aus Versäumnissen oder Verstößen in dieser Dimension erwachsen:

- Negative öffentliche Wahrnehmung, Reputationsschäden
- Kundenabwanderung
- Protestmaßnahmen, Boykotte, Streiks
- Bußgelder und Strafen
- Regulierungsmaßnahmen

Wie bereits oben dargestellt, ist auch im Rahmen der Humanität von einer zunehmend kritischen Haltung der Generationen Z und Y gegenüber Verstößen gegen humane und humanitäre Grundsätze auszugehen, sodass auch dieser Dimension des Winning Wheels eine enorme Bedeutung zukommt.

3.1.4 Resilienz

Das Winning Wheel definiert ein Spannungsfeld, dessen „Fliehkräfte" sich jeweils ändern können. Auf der einen Seite steht in der bisherigen Betrachtung das Unternehmen, das in der Autonomie-Dimension immer weiter nach Effizienzsteigerung und Innovation strebt, um im Wettbewerb bestehen zu können. Dem stehen die Dimensionen Nachhaltigkeit und Humanität als Antagonisten entgegen, die gesellschaftlich basierte Forderungen gegen das Unternehmen erheben, und so das Streben nach Autonomie wahlweise bremsen, einhegen oder in geordnete (heißt gesellschaftlich gewollte) Bahnen lenken.

Was fehlt, ist ein Puffer, der es Unternehmen ermöglicht, diese gesellschaftlichen Forderungen auszugleichen und sicherzustellen, dass das Unternehmen weiter stabil bleibt und floriert. Was soll passieren, wenn beispielsweise durch Unruhen ein lokaler Absatzmarkt oder durch Naturkatastrophen oder Krieg Lieferketten zusammenbrechen? Die Antwort darauf ist Resilienz, sie egalisiert die widerstreitenden Interessen und erreicht den Ausgleich, indem sie ihren Fokus auf die Widerstandsfähigkeit der Wertschöpfung richtet.

Ihre Funktion als „segensreicher" Puffer bedeutet jedoch nicht, dass aus einem Übermaß an Resilienz keine Risiken erwachsen. Es ist durchaus denkbar, dass Resilienz auch zu Starrheit, Übervorsicht und Lethargie führt, weil letztlich jedes Tun auch negative Folgen haben kann. Wirtschaftlicher Mut kann stets in finanziellem Verlust enden. Ist die Risikotoleranz in der Dimension der Resilienz also extrem gering, so kann die Resilienz im Extremfall jegliche unternehmerische Tätigkeit auslöschen.

Nachfolgend eine Übersicht über Risiken, die aus der Resilienz-Dimension erwachsen können:

- Verpasste wirtschaftliche Chancen
- Geringerer Ertrag
- Verminderte Agilität des Unternehmens
- Verminderte Innovationsfähigkeit
- Höhere Bürokratie

Wir halten also fest, dass Resilienz im Modell des Winning Wheels eine wichtige und notwendige Pufferfunktion innehat. Offenbar ist sie aber auch ein Mittel, das in Maßen eingesetzt werden sollte, damit es die unternehmerische Tätigkeit nicht erstickt.

Die einzelnen Mittel und Wege, diese Widerstandsfähigkeit zu erreichen werden wir in Kap. 5 kennenlernen. Im nächsten Schritt erweitern wir das Winning Wheel, um genauer zu verstehen, wie die Resilienz wirken muss, um diese Widerstandsfähigkeit und einen adäquaten Ausgleich der „Fliehkräfte" der einzelnen Dimensionen zu erreichen.

3.2 Erweiterung des Winning Wheels

In Abschn. 3.1 haben wir die Bedeutung der einzelnen Dimensionen des Winning Wheels und die daraus entstehenden Risiken kennen gelernt. Eine vielleicht nahe-liegende Dimension, die besonders geeignet ist, den Erfolg einer Unternehmung auszudrücken, fehlt indes bislang: Der Profit.

Wie wir sehen werden, ist der Profit keine eigene Dimension im Winning Wheel, denn er lässt sich nur aus dem Zusammenspiel der vier bislang bekannten Dimensionen herleiten und verstehen. Daher werden wir unser Modell ein wenig erweitern, um einen Überblick über diese entscheidende Kenngröße zu erhalten und den wichtigen Einfluss der Resilienz hierauf zu verstehen. Das Winning Wheel ist keinesfalls ein Werkzeug zur Profitoptimierung, vielmehr ist es ein Erklärmo-dell für die notwendige Positionierung von Unternehmen und die daraus resultie-renden Resilienzmaßnahmen. Eine unausgewogene Positionierung – das werden wir im Folgenden sehen – verhindert, dass ein Unternehmen Profit erzielen kann, bzw. dass es dauerhaft Profit erzielen kann.

Maßnahmen zur Steigerung der Resilienz von Unternehmen, die wir im Verlauf dieses Buches noch definieren werden, dürften bei vielen Stakeholdern unbeliebt sein, denn sie stehen im Verdacht, einer Steigerung von Profit entgegenzustehen. Es bedarf keiner großen Phantasie sich vorzustellen, welche Maßnahmen das sein könnten: Verkürzung globaler Lieferketten, Aufbau von Lagerbeständen, Aufbau und Nutzung redundanter Strukturen. Redundanz ist – das sei bis hierhin unsere Arbeitshypothese – mit Investitionen verbunden und damit teuer. Es bedarf also eines Modells, anhand dem der Bedarf und Umfang von Resilienzmaßnahmen im Groben erhoben werden kann, sodass daraus nachfolgend Abhilfemaßnahmen und Investitionsentscheidungen abgeleitet werden können.

Und so sieht das erweiterte Winning Wheel aus (vgl. Abb. 3.2):

Er besteht aus den uns bekannten Dimensionen Autonomie, Nachhaltigkeit, Humanität und Resilienz. Diese Dimensionen bilden ein Diagramm, das aus vier **Sektoren** A, B, C und D besteht, ferner aus einem im Zentrum gelegenen Sektor U. Umschlossen wird das Diagramm von der so genannten **„Red Line"**. Die ein-zelnen Sektoren wiederum werden von **Achsen** getrennt.

Das Diagramm beschreibt, mit welcher Priorität die eine Dimension im Ver-gleich zu den anderen im unternehmerischen Handeln berücksichtigt werden. Die Achsen stellen daher, ähnlich wie die Isobaren in der Meteorologie (Linien glei-chen Luftdrucks) eine Linie gleicher Priorität zwischen benachbarten Dimensi-onen dar.

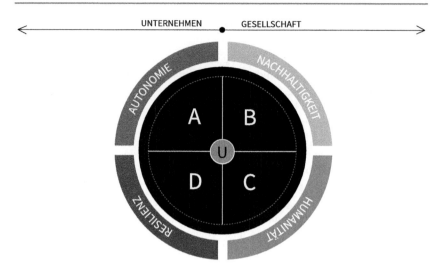

Abb. 3.2 Das erweiterte Winning Wheel

Die optimale Position in diesem Diagramm ist der Mittelpunkt U (für „**Unicorn**", also „Einhorn"). Diese Unternehmen bringen nicht nur die drei Dimensionen Autonomie, Nachhaltigkeit und Humanität optimal in Ausgleich, sondern sind dadurch gleichzeitig auch in adäquatem Maße resilient.

Die Red Line („rote Linie", in der Abbildung gestrichelt dargestellt) beschreibt die Grenze der Profitabilität. Außerhalb des von der Red Line beschriebenen Kreises ist kein profitables Wirtschaften möglich. Gleichzeitig bedeutet der Kreis, dass die Priorität von den entfernten Dimensionen nur in wenigen Punkten gleich null ist. Dazu gleich mehr.

Die Sektoren lassen sich einzeln beschreiben, aber auch zu Hemisphären zusammenfassen. In dieser Reihenfolge wollen wir jetzt auch vorgehen, um das Modell besser verstehen zu können.

3.2.1 Die Sektoren des Winning Wheels

Beginnen wir mit Sektor A: Positioniert sich ein Unternehmen schwerpunktmäßig innerhalb dieses Sektors bedeutet dies, dass es einen Schwerpunkt auf Autonomiemaßnahmen legt und dadurch die jeweils anderen Dimensionen mit einer niedrigeren Priorität betrachtet. Die Positionierung in diesem Sektor (das gilt für die anderen Sektoren analog) kann sich durch strategische Erwägungen, also beispielsweise durch die globale Unternehmensstrategie, oder aber durch rein taktische Maßnahmen (z. B. durch die Einführung eines neuen ERP-Systems) ergeben haben.

Betrachten wir einige mögliche Positionierungen innerhalb des Sektors A und ihre entsprechende Bedeutung gemäß der Darstellung in Abb. 3.3:

Punkt 1 liegt außerhalb der Red Line, das bedeutet, es handelt sich hierbei um ein Unternehmen, welches sich ausschließlich darauf konzentriert selbstfahrend zu werden und dabei alle anderen Dimensionen außer Acht lässt. In diesem Umfeld ist kein Profit möglich. Stellen wir uns vor, ein Unternehmen entschließt sich, ein neues ERP-System einzuführen. Eine Positionierung jenseits der Red Line würde zum Beispiel dadurch erreicht, dass sich das Unternehmen ausschließlich darauf konzentriert, das ERP-System möglichst schnell und umfassend einzuführen und dabei jegliche kommerzielle Tätigkeit bis zum Erreichen dieses Ziels einstellt. Es versteht sich von selbst, dass dieses Unternehmen lange vor Erreichen seines Ziels ruiniert wäre.

Punkt 2 liegt im Sektor A und ist recht weit von den Sektoren B und C entfernt. Es liegt jedoch recht nahe an Sektor D. Eine solche Position bedeutet, dass das Unternehmen Autonomie im Vergleich zu anderen Dimensionen höher priorisiert. Da es innerhalb der Red Line liegt, kann es profitabel wirtschaften. Gleichzeitig ist Punkt 2 der Dimension Resilienz näher als den übrigen beiden Dimensionen. Das heißt, Resilienz wird höher priorisiert als Nachhaltigkeit und Humanität. Gleichwohl sind die Prioritäten dieser letzten beiden Dimensionen nicht gleich null.

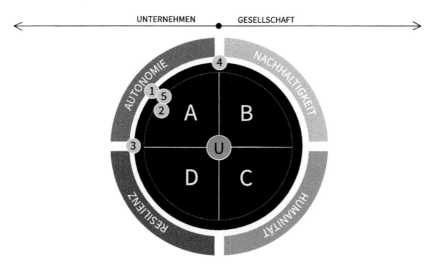

Abb. 3.3 Mögliche Positionierungen im Sektor A

Warum sollte sich ein profitables Unternehmen also dort und nicht im optimalen Punkt U positionieren?

Betrachten wir erneut das Beispiel ERP-Einführung:

Ein Unternehmen entscheidet sich, ein neues ERP-System einzuführen. Das alte ist in die Jahre gekommen und behindert die Agilität des Unternehmens bei der Entwicklung neuer Produkte. Außerdem stellt der Hersteller in Kürze die Wartung des Systems ein. Also wird ein großes Ablöseprojekt gestartet, das nach ersten Schätzungen fünf Jahre dauern wird.

Die Unternehmensleitung formuliert folgende Ziele (Tab. 3.3):

Dabei nimmt die Unternehmensleitung folgendes in Kauf (Tab. 3.4):

Diese sechs Ziele und Rahmenbedingungen lassen sich wie folgt übersetzen:

Die negativen Summen bei Nachhaltigkeit und Humanität ziehen die Position im Winning Wheel in die linke Hemisphäre. Die stark positive Summe der Autonomie positioniert den Punkt weit im Sektor A. Die positive Summe der Resilienz zieht die Position etwas in Richtung der Resilienz.

Die Punkte 3 und 4 in Abb. 3.3 sind eher theoretische Positionen. Im Falle des Punkts 3 bedeutet die Position, dass die Dimensionen Autonomie und Resilienz gleich priorisiert sind und die Dimensionen Nachhaltigkeit und Humanität keine Beachtung finden. Dennoch wird Profit erwirtschaftet. Bei Punkt 4 ist es analog eine gleiche Priorisierung von Autonomie und Nachhaltigkeit, während Humanität und Resilienz keine Beachtung finden.

Es fällt etwas schwer, hierzu Praxisbeispiele zu finden. Bei Punkt 4 könnte man sich einen Miner von Kryptowährungen vorstellen, der völlig automatisiert neue Bitcoins o. ä. schürft (hohe Autonomie), der klimaneutrale IT-Systeme verwendet

Tab. 3.3 Unternehmensziele bei der ERP-Einführung

Ziel	Folge
Das neue System soll manuelle Prozessschritte um 30 % reduzieren und dazu beitragen, die Personalkosten in gleichem Umfang zu senken.	Stärkung der Automation, mithin Höherpriorisierung der Autonomie; Weniger menschliche Beteiligung resultiert in niedrigerer Priorisierung der Humanität
Das neue System soll dem Unternehmen kürzere Reaktionszeiten bei sich ändernden Marktbedingungen ermöglichen.	Stärkung von Resilienz und Autonomie
Das System soll die Entwicklung neuer Geschäftsmodelle ermöglichen und ist ein zentraler Baustein im Plan, den Umsatz des Unternehmens in den nächsten zehn Jahren zu verdoppeln.	Stärkung der Autonomie

Tab. 3.4 Geduldete Entwicklungen bei der ERP-Einführung

Geduldete Entwicklung	Folge
Geringere Marge während des Ablöseprojekts	Abschmelzen von Rücklagen, Schwächung von Resilienz und Nachhaltigkeit
Während der Projektzeit werden verstärkt externe Berater eingesetzt. Der Umfang ist für das Unternehmen nur für den Projektzeitraum leistbar.	Schwächung der Nachhaltigkeit
Interne Mitarbeiter werden neben der Linientätigkeit im Projekt eingesetzt. Überstunden werden im gesetzlichen Rahmen angeordnet, mögliche Überlastung mancher Mitarbeiter wird als wahrscheinlich erachtet, aber toleriert.	Schwächung der Humanität

und diese mit Ökostrom betreibt (hohe Nachhaltigkeit), während er keinerlei Mitarbeiter einsetzt oder seine Mitarbeiter schamlos ausnutzt (Humanität gleich null) und auf eine unterbrechungsfreie Stromversorgung verzichtet (keine Resilienz). Zugegeben, das Beispiel ist ein wenig konstruiert.

Einen Clou des Modells zeigt sich in Punkt 5: Ein Unternehmen, das sich an dieser Position verortet legt maximale Priorität auf Automation, während Resilienz und Nachhaltigkeit gleich priorisiert sind. Humanität spielt an dieser Position keine Rolle. Was aber passiert, wenn man alle Dimensionen gleich priorisieren möchte?

Stellen wir uns die Vorstandssitzung eines großen Konzerns vor. Es geht um die strategische Neuausrichtung des Unternehmens. Der CEO formuliert: *„Lasst uns maximal auf Digitalisierung setzen [Autonomie], dabei ist es wichtig, dass wir gleichermaßen nachhaltig und resilient sind."* Eine Assistentin malt an die Position unseres Punkts 5 einen Kreis in das Winning Wheel Diagramm. Zustimmendes Nicken rund um den Tisch, bis einer fragt: *„Und was ist mit unseren Mitarbeitern? Wie wichtig sind uns diese? Und die Produktionsbedingungen bei unseren Zulieferern? Sollten diese Aspekte nicht gleich hohe Priorität wie Nachhaltigkeit und Resilienz haben?"*

Wo also soll die Assistentin in unserem Beispiel nun den Punkt einzeichnen? Wenn wir davon ausgehen, dass

a) die Ressourcen eines Unternehmens endlich sind und
b) nur ein Punkt (und keine zwei oder mehr bzw. Flächen) in das Diagramm eingezeichnet werden dürfen,

kann der Punkt nur in die Position U wandern. Das Unternehmen ist bei einer solchen Priorisierung automatisch resilient. Im Endeffekt beutet es, dass das Modell des Winning Wheels Extrempositionen verhindert und für einen idealen Ausgleich sorgt. Daher ist es als Erklärmodell für die unternehmerische Resilienz so wertvoll.

Das Gesagte gilt gleichermaßen für die Sektoren B, C und D, sodass wir auf die Einzelbetrachtungen dieser Sektoren verzichten und uns nunmehr den Hemisphären zuwenden können.

3.2.2 Die Hemisphären des Winning Wheels

Es gibt vier Hemisphären des Winning Wheels. Sie bestehen aus den Sektoren A+B, A+D, B+C und C+D.

Die Bedeutung der beiden Hemisphären, die sich entlang der Längsachse bilden, ist im Wesentlichen schon in Abb. 3.3 dargestellt. A+D ist also die Hemisphäre des Unternehmens. Alle Aktivitäten, die den Dimensionen der Autonomie und der Resilienz zugeordnet werden können, fallen in diesen Bereich. B+C ist die Hemisphäre der Gesellschaft. Sie erheben Forderungen gegen Unternehmen, die den Dimensionen Nachhaltigkeit und Humanität zugerechnet werden müssen.

So weit so gut. Was aber bedeuten die Hemisphären, die sich entlang der Querachse teilen? Wie gesehen ist das Winning Wheel ein Erklärmodell, das die Zusammenhänge zwischen den Dimensionen erläutert, demnach ist ein Unternehmen, das die Dimensionen A, B und D gleichermaßen priorisiert automatisch im Punkt U verortet und gilt damit als resilient (vgl. Abb. 3.4).

Das Modell zeigt auch auf, wo die Grenzen der Profitabilität liegen, nämlich in der Red Line, die im Modell als Kreis dargestellt ist. Was das Modell nicht zeigt, ist wo die maximale Profitabilität liegt. Um es gleich zu sagen: Das kann es auch nicht, und ist auch nicht Sinn des Modells.

Die Hemisphären A+B und C+D werden jedoch dann wichtig, wenn man die Geschäftsmodelle und Wachstumsaussichten verschiedener Branchen untersucht (vgl. Abb. 3.5). Dann ergeben sich zumindest Hinweise, wo die Positionen maximaler Profitabilität eher zu finden sind, nämlich in der Hemisphäre A+B. Positionen in dieser Hemisphäre deuten auf eine hohe Skalierbarkeit der unternehmerischen Tätigkeit hin. Denn einerseits profitieren Unternehmen von den Effizienzgewinnen der Autonomie, gleichzeitig unterliegen sie keinen natürlichen Beschränkungen, wenn sie nachhaltig wirtschaften. Zudem werden sie als nachhaltige Unternehmen aller Wahrscheinlichkeit nach weniger gesellschaftlichen Forderungen ausgesetzt sein, wie z. B. der Verschärfungen gesetzlicher Auflagen.

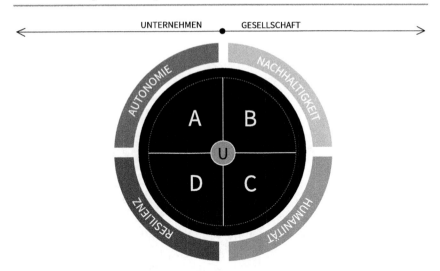

Abb. 3.4 Bedeutung der Hemisphären entlang der Längsachse

Positionen in der Hemisphäre C+D deuten auf eine geringe Skalierbarkeit hin. Resilienz bedeutet ja, wie bereits oben angedeutet, dass Robustheit und Widerstandsfähigkeit mitunter durch teure Maßnahmen erkauft werden müssen. Im Extremfall verhindert sie gar unternehmerische Tätigkeit. Die Fokussierung auf den Menschen geht ebenfalls mit hohen Kosten einher, z. B. Personalkosten, Kosten für gerechte Entlohnung von Zulieferern. Dazu kommt die Ressourcenknappheit, die durch Fachkräftemangel und die allgemeine demografische Entwicklung entsteht. All dies spricht für eine geringe Skalierbarkeit, wenn der Schwerpunkt des Unternehmens in dieser Hemisphäre angesiedelt ist und deutet letztlich auch auf geringere Gewinnerwartungen bei einer solchen Positionierung hin.

Dies dürfte insbesondere einleuchten, wenn man sich vorstellt, welche Unternehmen oder Organisationen sich wohl schwerpunktmäßig in dieser Hemisphäre ansiedeln. Unwillkürlich muss man an Entwicklungshilfe oder an das Rote Kreuz denken. Bei derartigen Organisationen (schon die Bezeichnung Unternehmen fällt schwer) ist zwar effizientes Arbeiten, nicht jedoch Profitstreben erwünscht.

3.2.3 Resilienzfreundliche Positionen im Winning Wheel

Schauen wir uns eine letzte Erweiterung des Winning Wheels an: Die resilienzfreundlichen Positionen. Die Erweiterung geht davon aus, dass es Unternehmen,

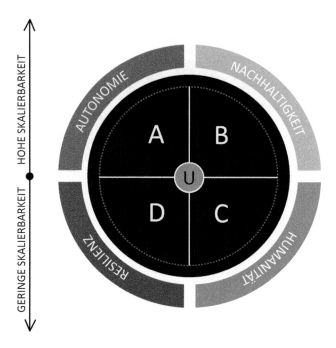

Abb. 3.5 Die Hemisphären des Winning Wheels entlang der Querachse

die sich des Bedarfs an Resilienzfähigkeit bewusst sind, zunehmend leichtfällt, zwei Dimensionen des Winning Wheels in Ausgleich zu bringen. Damit wäre auch schon viel erreicht und es fehlt „nur" noch die dritte, denn dann gilt nach dem Modell ein Unternehmen als resilient und erreicht die Position U.

Die resilienzfreundlichen Positionen werden wie folgt ermittelt (vgl. Abb. 3.6):

Zwei Dimensionen sind dann im perfekten Ausgleich, wenn die Position des Unternehmens auf der gepunkteten Linie innerhalb der Red Line verortet wird. Dies beginnt an der jeweiligen Position, wo die gepunktete Linie die Red Line schneidet und reicht bis zum Punkt U. Innerhalb des Rechtecks befinden sich also die Positionen, in denen zwei Dimensionen nicht optimal, aber dennoch recht gut gegeneinander abgewogen sind und zudem bereits eine gewisse Berücksichtigung zu einer dritten Dimension besteht.

Das bedeutet, dass ein Unternehmen innerhalb der grauen Fläche bereits eine gewisse Resilienz aufweist, die sich vor allem durch die Fokussierung auf die Verbesserung der Position zur dritten Dimension verbessern lässt. Denn jegliche Verbesserung der dritten Dimension zieht die Position unweigerlich in Richtung des Idealpunkts U.

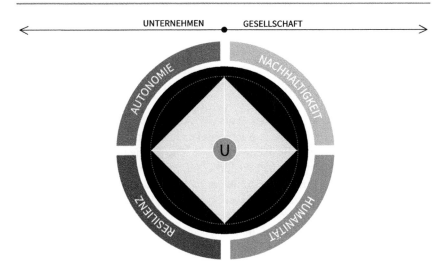

Abb. 3.6 Resilienzfreundliche Positionen im Winning Wheel

3.3   Die „Truthahn-Illusion"

In Zeiten großer Unsicherheit besteht das Problem, dass man von der Vergangenheit nicht auf die Zukunft schließen kann. Tut man es trotzdem, sind enorme Fehleinschätzungen die Folge, so wie beim Truthahn: Am Anfang seines Lebens bekommt das Federvieh Besuch von einem Mann, vor dem er natürlich Furcht empfindet, schließlich ist dieser in der Lage, den Truthahn umzubringen. Doch das ist erstaunlicherweise nicht der Fall, ganz im Gegenteil. Der Truthahn erhält von dem Mann Futter. Das wiederholt sich viele Male, sodass der Truthahn beginnt, eine Regel aus dem Verhalten des Mannes abzuleiten, wonach es sich bei ihm um keine Bedrohung handelt, sondern um einen Wohltäter, der den Truthahn füttert. Das böse Erwachen erfolgt am hundertsten Tag – es ist der Tag vor Thanksgiving (Gigerenzer 2013, S. 55).

In Situationen, die zur so genannten „Truthahn-Illusion" führen, ist es notwendig, intuitiv zu handeln und die Ableitung von Regeln aus Erfahrungen der Vergangenheit zu vermeiden. Intuition ist dadurch definiert, dass die Lösung unvermittelt im Bewusstsein auftaucht und die Gründe nicht vollständig bewusst, aber stark genug sind, um danach zu handeln (Gigerenzer 2013, S. 46).

In diesem Sinne unterstützt das Winning Wheel die Resilienz, in dem es eine intuitive Positionierung in Bezug auf die unternehmerische Resilienz ermöglicht und die Identifikation erster Handlungsoptionen bzw. mit Priorität zu betrachtender Handlungsfelder ermöglicht.

3.4   Das Winning Wheel als Messinstrument

Bisher haben wir das Winning Wheel als eine Art „Zwickmühle" benutzt: Galten die drei Dimensionen Autonomie, Nachhaltigkeit und Humanität als ausgeglichen, so wurde gleichzeitig auch Resilienz unterstellt. Die gelang dadurch, dass wir drei Dimensionen untersucht und die Ergebnisse auf vier Dimensionen abgebildet haben. Für eine intuitive Positionsbestimmung ist dies ideal, da der unterstellte Wirkzusammenhang immer dazu führt, dass bei einem idealen Ausgleich der Dimensionen die Position im Diagramm zum Mittelpunkt U strebt. Denn mehrfache oder mehrdeutige Positionen sind im Winning Wheel per Definition nicht möglich.

Das erschwert allerdings eine „mathematische" Bestimmung der Resilienz im Diagramm, sodass es sich nicht wirklich abseits der intuitiven Positionsbestimmung zum Reporting eignet. Daher soll hier noch eine weitere Alternative betrachtet werden, nämlich die Nutzung des Winning Wheels als Netzdiagramm. Dazu wird die Tab. 3.5 dahingehend verändert, dass die Werte, die zuvor nur als „+" oder „−" gekennzeichnet waren mit Zahlenwerten hinterlegt werden. Da das Netzdiagramm keine negativen Werte zeigen kann, wähle ich einen hypothetischen Ausgangswert für jede Dimension. Ist dieser hypothetische Ausgangswert – wie in unserem Beispiel – für alle Dimensionen gleich, so bedeutet dies, dass die Position im Winning Wheel zuvor im Punkt U lag, also alle Dimensionen im perfekten Ausgleich waren. Ist dies nicht der Fall, so können die Ausgangswerte pro Dimension durchaus variieren.

Tab. 3.6 zeigt, wie die umgewandelte Tab. 3.5 nach dieser Anpassung aussieht.

Tab. 3.5 Bewertung der Ziele in Bezug auf das Winning Wheel

Ziel / Entwicklung	Autonomie	Nachhaltigkeit	Humanität	Resilienz
Reduktion Personalkosten			−	
Höhere Automation	+			
Schnellere Reaktionszeit	+			+
Entwicklung neuer Geschäftsmodelle	+			
Geringere Marge		−		
Teures externes Personal		−		
Überstunden / Überlastung			−	
SUMME	+ + +	− −	− −	+

Tab. 3.6 Numerische Auswertung auf Basis von Tab. 3.5 Bewertung der Ziele in Bezug auf das Winning Wheel

Ziel/Entwicklung	Autonomie	Nachhaltigkeit	Humanität	Resilienz
Ausgangswert	5	5	5	5
Reduktion Personalkosten			−1	
Höhere Automation	1			
Schnellere Reaktionszeit	1			1
Entwicklung neuer Geschäftsmodelle	1			
Geringere Marge		−1		
Teures externes Personal		−1		
Überstunden / Überlastung			−1	
SUMME	8	3	3	6

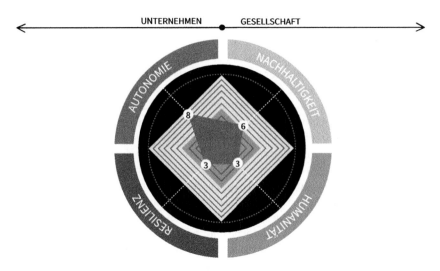

Abb. 3.7 Das Winning Wheel als Netzdiagramm

Damit können wir das Winning Wheel neu zeichnen und einen Blick auf das so entstandene Netzdiagramm werfen (vgl. Abb. 3.7).

Die Umrandung des grau abgesetzten Quadrats stellt nun unseren ehemaligen Punkt U dar, in dem alle Dimensionen im perfekten Ausgleich sind. Das heißt, der Punkt U in dieser Darstellung wäre dann erreicht, wenn die Ergebnisfläche ein Quadrat bildet, das die Geraden des äußeren Rands der dunkel markierten Quadrate an allen vier Ecken berührt.

Im Diagramm ist gut abzulesen, dass diese Position nicht erreicht wird: Die betrachtete Maßnahme aus unserem Beispiel, also die Einführung eines neuen

ERP-Systems führt dazu, dass das Unternehmen die Dimension der Autonomie stärker betont, während Humanität und Resilienz weniger ausgeprägt sind.

3.5 Fazit

Und so schließen wir dieses Kapitel mit einigen Erkenntnissen, die wir in den folgenden Abschnitten erneut aufgreifen und weiter verfeinern werden:

- Das Winning Wheel ist ein intuitives Erklärmodell, dass die Querbeziehungen zwischen gesellschaftlichen Forderungen bezüglich Nachhaltigkeit und Humanität auf der einen Seite und unternehmerischem Streben nach Autonomie und Resilienz beschreibt.
- Als intuitiv anwendbares Modell vermeidet das Winning Wheel „Truthahn-Phänomene" in Zeiten großer Unsicherheit, die dadurch gekennzeichnet sind, dass aus der Vergangenheit nicht auf die Zukunft geschlossen werden kann.
- Extreme Positionen an einer der vier Dimensionen überschreiten die „rote Linie", jenseits derer ein Unternehmen nicht mehr profitabel wirtschaften kann.
- Ein Unternehmen, das die Dimensionen Autonomie, Nachhaltigkeit und Humanität in Ausgleich bringt, kann gleichzeitig als resilient gelten. Resilienz kann in diesem Fall also nicht mehr hinweggedacht werden.
- Positioniert man sein Unternehmen an einer beliebigen Koordinate des Winning Wheels, so ist damit automatisch eine Aussage zur Resilienz verbunden.
- In der „Einhornposition" U des Diagramms liegen perfekt ausbalancierte Unternehmen, die gleichermaßen stabil und profitabel sind. Allerdings definiert dieser Punkt nicht die maximale Profitabilität. Diese ist von Unternehmen zu Unternehmen und Branche zu Branche unterschiedlich.
- Unternehmen auf der grauen Fläche in seiner erweiterten Form der Abb. 3.6 haben ein gewisses Mindestmaß an Resilienz und besitzen darüber hinaus eine gute Ausgangsposition zur Verbesserung ihrer Resilienz.
- Bei Bedarf kann das Winning Wheel als Netzdiagramm verwendet werden, wodurch das Modell „mathematischer" wird, die separate Betrachtung aller vier Dimensionen zulässt und sich zudem zur Messung von Zeitverläufen und zum (Management-)Reporting eignet.

Literatur

Bundesministerium für Arbeit und Soziales (2021): Zur Geschichte von Corporate Social Responsibility (CSR). URL: https://www.csr-in-deutschland.de/DE/Was-ist-CSR/Grundlagen/Historie/historie.html [Abfrage vom 4. 6. 2021]

Eckert, Daniel (2018): Diese Jobs sind besonders von Robotern bedroht https://www.welt.de/wirtschaft/article173642209/Jobverlust-Diese-Jobs-werden-als-erstes-durch-Roboter-ersetzt.html [Abfrage vom 2. 6. 2021]

Gigerenzer, Gerd (2013): Risiko: Wie man die richtigen Entscheidungen trifft. München: Bertelsmann.

Globalsign (2019): KI in der Cybersicherheit – aber auch ein neues Hacker-Tool https://www.globalsign.com/de-de/blog/neues-hacker-tool-ki-cybersicherheit [Abfrage vom 2. 6. 2021]

Lin-Hi, Nick (2021): Definition Greenwashing, in: Gabler Wirtschaftslexikon. URL: https://wirtschaftslexikon.gabler.de/definition/greenwashing-51592 [Abfrage vom 4. 6. 2021]

Manager Magazin (2020): Scheuer will Fahrdienste wie Uber dauerhaft legalisieren. URL: https://www.manager-magazin.de/unternehmen/uber-taxi-andreas-scheuer-entwirft-gesetz-fuer-fahrdienste-a-ffeea910-6a72-4d4a-bcee-c80c909d41b4 [Abfrage vom 2. 6. 2021]

Meadows, Dennis; Meadows, Donella; Zahn, Erich; Milling, Peter (1972): Die Grenzen des Wachstums. Bericht des Club of Rome zur Lage der Menschheit, Stuttgart: Deutsche Verlagsanstalt.

Metzlers Lexikon Philosophie (2008): Humanität. URL: https://www.spektrum.de/lexikon/philosophie/humanitaet/903 [Abfrage vom 5. 6. 2021]

Scholz, Christian (2021): Generation Z https://die-generation-z.de/wp-content/uploads/2015/02/Generation-Z_Preusser1.pdf [Abfrage vom 5. 6. 2021]

United Nations (1987): Our Common Future. Report of the World Commission on Environment and Development. New York.

Wegner, Victoria (2020): Was ist eigentlich die Definition von Nachhaltigkeit? URL: https://initiative-bettertomorrow.de/was-ist-eigentlich-die-definition-von-nachhaltigkeit/ [Abfrage vom 4. 6. 2021]

Erste Fallstudie: Interviews auswerten mit dem Winning Wheel

4

Zusammenfassung

Um Erkenntnisse zur strategischen Ausrichtung von Unternehmen und insbesondere Hinweise auf ihre Resilienz zu erhalten, ist das Winning Wheel hervorragend geeignet. Die in diesem Kapitel behandelte Fallstudie soll dies verdeutlichen. Dabei ist es erforderlich, Texte nach Schlüsselbegriffen zu durchsuchen und sie den Dimensionen des Winning Wheels zuzuordnen. Der analysierte Text stammt aus einem Interview des VW-Vorstandsvorsitzenden Herbert Diess und verrät uns, wie er sein Unternehmen in Bezug auf Autonomie, Nachhaltigkeit, Humanität und Resilienz positioniert.

Selten lassen sich Aussagen von Unternehmen derart eindeutig dem Winning Wheel zuordnen wie die eingangs zitierte Aussage von Roland Busch, dem Vorsitzenden von Siemens, wonach 2021 das Jahr werden kann, in dem eine resilientere Zukunft beginnt (Frankfurter Allgemeine Zeitung 2021). Um Erkenntnisse zur strategischen Ausrichtung von Unternehmen und insbesondere Hinweise auf ihre Resilienz zu erhalten, ist das Winning Wheel hervorragend geeignet. Die nachfolgende Fallstudie soll dies verdeutlichen. Dabei ist es erforderlich, Texte nach Schlüsselbegriffen zu durchsuchen und sie den Dimensionen des Winning Wheels zuzuordnen. Eine solche Textanalyse kann verschiedene Zielsetzungen haben. Mögliche Ausgangspunkte können sein:

* Wettbewerbsanalyse
* Aktienanalyse

- Beurteilung der Risikobereitschaft
- Analyse der Nachhaltigkeitsorientierung
- Beurteilung der unternehmerischen bzw. organisationalen Resilienz

Genauso breit gestreut, wie die verschiedenen Ziele können die Adressaten derartiger Analysen sein. Denkbar sind zum Beispiel:

- Banken
- Analysten
- Wettbewerber
- Ratingagenturen
- Behörden
- Umweltverbände und Verbraucherorganisationen

Grundlage für unsere Fallstudie ist ein Interview mit dem Vorstandsvorsitzenden des Volkswagen-Konzerns Herbert Diess in der Frankfurter Allgemeinen Zeitung mit dem Titel „Ein Konzern kann keine Diktatur stürzen." (Meck 2021) Wenn wir derartige Interviews aus dem Blickwinkel des Winning Wheels lesen, können wir zumeist die Fragen und Antworten einer oder mehreren Dimensionen des Wheels zuordnen.

Dabei gehen wir wie folgt vor:

- Wir untersuchen zunächst, ob eine Frage oder Antwort einer Dimension eindeutig zuzuordnen ist.
- Daraufhin wird der Tenor der Frage dem Tenor der zugehörigen Antwort gegenübergestellt.
- Lässt sich der Tenor von Fragen oder Antworten mehreren Dimensionen zuordnen, so werden die jeweiligen Elemente einfach zusammengezählt. Die Dimension mit den meisten Nennungen wird dann als Haupttenor betrachtet.
- Manche Fragen oder Antworten enthalten keinerlei Information, die sich einer Dimension zuordnen lassen. Hierzu gehören einerseits allgemeine Fragen wie zum Beispiel: „Sind Sie sicher?", gleiches gilt für die Antworten. Ein Beispiel für eine derart unergiebige Antwort wäre eine Replik in der Art „Das müssten Sie näher erläutern". Derartige „Null-Fragen", bzw. -Antworten werden bei der Analyse ignoriert.
- Gelegentlich ist es so, dass der Interviewer gar keine Frage stellt, sondern ein Statement abgibt, um eine Replik des Gesprächspartners zu provozieren. Auch diese Statements lassen sich hinsichtlich ihres Tenors analysieren.

Wichtig ist, dass es bei derartigen Analysen nicht um ein einfaches richtig oder falsch geht, selbst dann, wenn es die Intention des Interviewers wäre, einen Gesprächspartner quasi zu verurteilen. Es wäre nicht das erste Mal, dass ein Interview tendenziös geführt würde. Davon bleiben wir unbeeindruckt. Uns interessiert, wie der Tenor von Fragen und Antworten ausfällt und ob sich daraus eine Erkenntnis gewinnen lässt, wo sich ein Unternehmen im Winning Wheel verorten lässt.

Werfen wir nun also einen Blick auf Fragen und die zugehörigen Antworten aus dem besagten Interview mit Herrn Diess und ordnen diese den Dimensionen des Winning Wheel zu (vgl. Tab. 4.1).

Zusammenfassend lassen sich aus diesen Fragen und Antworten die in Tab. 4.2 dargestellten Erkenntnisse herauslesen.

Das Interview wurde hier nur auszugsweise abgebildet, sodass Tab. 4.2 keine abschließende Analyse erlaubt. Als Tendenz ist jedoch abzulesen, dass die Autonomie-Dimension das vorrangige Handlungsmotiv darstellt. Demnach wäre die Positionierung im Winning Wheel im Sektor A der Abb. 3.2 anzusiedeln.

Unsere Fallstudie haben wir manuell durchgeführt, indem wir Fragen und Antworten gelesen, in Bestandteile zerlegt und den Dimensionen des Winning Wheels zugeordnet haben. Nun wäre es auch denkbar, diese Aufgabe einer Software zu überlassen, sodass die Textanalyse mittels linguistischer und statistischer Verfahren erfolgt und auf dieser Grundlage Muster erkennbar werden, die eine automatisierte, softwaregesteuerte Zuordnung zu den Dimensionen des Winning Wheels ermöglicht.

Das Wort „automatisiert" sollte aufhorchen lassen, denn sobald wir die Textanalyse einer Software überlassen, befinden wir uns im Bereich des Text Minings,[1] einer Technologie aus dem Bereich der künstlichen Intelligenz. Damit wird das Winning Wheel zu einem wichtigen Rädchen im selbstfahrenden Unternehmen, denn es erleichtert die eingangs beispielhaft aufgeführten Analysen auf der Basis von öffentlich verfügbaren Informationen und verrät viel darüber, wie Unternehmen „ticken", ohne dass es zukünftig eines großen manuellen Aufwands bedarf.

Letztlich verrät uns also diese Fallstudie, wie der Weg zum selbstfahrenden Unternehmen verläuft: Zur Deckung eines Informationsbedarfs (z. B. der Frage, wie resilient ein Unternehmen ist) wird ein Modell entwickelt. Dieses ist in der Lage, eine zur Beurteilung sinnvolle Aussage zu treffen. Das Modell vereinfacht dabei die Wirklichkeit, indem es zugängliche Informationen auf nur vier Dimensionen reduziert. Im Rahmen dieser Reduktion kommt es zu Unschärfen, die in einer manuellen Analyse durch schlichtes Nachdenken (also einem Urteil basierend auf Erfahrung) aufgelöst werden. Diese Erfahrung lässt sich ersetzen durch Statistik.

---

[1] Zur näheren Beschreibung des Text Minings vgl. Datenbanken verstehen (o. J.).

Tab. 4.1 Zuordnung von Fragen und Antworten aus einem Zeitungsinterview zum Winning Wheel – Zitate entnommen aus Meck 2021

Nr.	Frage	Tenor der Frage	Antwort	Tenor der Antwort
1.	„Ein Manager hat sich opportunistisch zu verhalten, immer und überall?"	Autonomie	„[…] Wir stehen für das friedliche Miteinander der Völker"	Humanität
			„einen offenen Welthandel"	Autonomie
			„für ökonomische Entwicklung"	Autonomie
			„faire Arbeitsbedingungen,"	Humanität
			„individuelle Freiheit"	Autonomie
			„und verurteilen jede Art von Diskriminierung"	Humanität
2.	„Machen Sie sich […] nicht zu Komplizen von Diktatoren?"	Autonomie	„Wichtig ist, dass wir im Dialog bleiben, anstatt uns abzuschotten"	Resilienz
			„Dazu kommt: Investitionen in der Autobranche sind nicht auf Legislaturperioden einzelner Politiker ausgelegt, sondern auf 40 bis 50 Jahre angelegt"	Resilienz
			„Einfach mal rein und raus bei politischen Systemwechseln ist auch deshalb unmöglich und für niemanden sinnvoll."	Resilienz

(Fortsetzung)

Tab. 4.1 (Fortsetzung)

Nr.	Frage	Tenor der Frage	Antwort	Tenor der Antwort
3.	„VW verkauft mehr als 40 Prozent seiner Autos in China, daran hängt ein Großteil Ihres Gewinns. Wie viel Mut können Sie sich gegen die Machthaber in Peking erlauben?"	**Resilienz**	„Wir reden mit der chinesischen Regierung, wie auch mit anderen Regierungen, auch über das Thema Menschenrechte"	**Humanität**
			„Und ganz klar: Für einen Konzern unserer Größe ist es keine Option, sich aus China zurückzuziehen, in dem Fall verlieren sie ihre Existenzberechtigung als Global Player"	**Autonomie**
			„Für uns ist China aber nicht eine große, bedrohliche Macht, sondern eine Riesenchance"	**Autonomie**
			„Das gilt übrigens auch für globale Herausforderungen wie die Bekämpfung des Klimawandels. Das geht nur mit China, nicht ohne"	**Nachhaltigkeit**
4.	„Wann sagen die Chinesen: Wir brauchen euch nicht mehr, wir können das jetzt allein?"	**Resilienz**	„[…] Unser Ziel ist es aber, zu beweisen, dass sie VW eben doch brauchen"	**Autonomie**
			„Das gelingt uns ganz gut, wir sind Marktführer in China mit über 20 Prozent Marktanteil, haben dort zwei Werke nur für Elektrofahrzeuge und wachsen weiter"	**Autonomie**
			„Und China öffnet sich weiter, seit vergangenem Jahr dürfen ausländische Konzerne wie wir die Mehrheit an Gemeinschaftsunternehmen erwerben"	**Autonomie**
			„Die Präsenz in China ist definitiv eine Stärke von VW […]"	**Autonomie**

(Fortsetzung)

Tab. 4.1 (Fortsetzung)

Nr.	Frage	Tenor der Frage	Antwort	Tenor der Antwort
5.	„Über kurz oder lang aber bleibt für traditionelle Hersteller wie VW nur die Rolle als Lohnfertiger?"	**Resilienz**	„Keine Bange, im Fall von Volkswagen wird das nicht passieren"	**Autonomie**

Tab. 4.2 Erkenntnisse aus der Zuordnung zu den Dimensionen des Winning Wheels

Nr.	Tenor der Frage	Tenor der Antwort	Erkenntnis
1.	Autonomie	**Autonomie + Humanität**	Die Werte des VW-Konzerns beruhen vorrangig auf Autonomie und Humanität
2.	Autonomie	**Resilienz**	Anpassung an nicht-demokratische Strukturen erfolgt aus einer Motivation zur Steigerung der unternehmerischen Resilienz heraus
3.	Resilienz	**Autonomie + Humanität + Nachhaltigkeit**	Die große Abhängigkeit vom chinesischen Markt folgt vorrangig aus einer Motivation heraus, die Autonomie des Unternehmens zu stärken
4.	Resilienz	**Autonomie**	Die Zukunftsperspektiven des chinesischen Marktes werden aus einer Autonomie-Motivation betrachtet
5.	Resilienz	**Autonomie**	Die Zukunft von Volkswagen liegt in der Stärkung der Autonomie

DAS ist genau der Punkt, wo das selbstfahrende Unternehmen beginnt. Denn Statistik beherrscht ein Computer viel schneller und zuverlässiger als ein Mensch, sodass diese Aufgabe an eine Software übergeben wird.

Im letzten Schritt kann diese Software mit der neu erworbenen Fähigkeit – nämlich der Berechnung von Unternehmenspositionen im Winning Wheel – flexibel in die unterschiedlichsten Analysen integriert werden. Am Ende steht die Erkenntnis, dass wir ausgehend von unserem Bedürfnis die Resilienzfähigkeit von Unternehmen erkennen, bewerten und messen zu können ein Modell entwickelt haben, das sich universell im Unternehmen als Bestandteil zahlreicher Analysen und Prozesse einsetzen lässt. Durch den modularen Einsatz von Softwaresystemen wie einem Text Mining profitiert das selbstfahrende Unternehmen als Ganzes nicht nur vom Kernzweck, sondern auch dem erzielten „Beifang". Dabei spielen Herrschaftsdenken oder Informationssilos, wie wir sie aus den herkömmlichen analogen Unternehmen kennen, keine Rolle mehr.

Dieser Paradigmenwechsel mündet also in selbstfahrenden Unternehmen, die Innovationen umfassend integrieren können und somit im Prinzip grenzenlos lernfähig sind, da jedwede Innovationen ohne Begrenzung auf den ursprünglichen Zweck genutzt werden können.

Ob und wenn ja, inwieweit uns diese Fähigkeit Probleme bereiten kann, wird sicher noch Gegenstand weitergehender Erörterungen des selbstfahrenden Unternehmens sein. An dieser Stelle müssen wir diese spannende Frage leider zurückstellen, denn es ist an der Zeit, zur Resilienz zurückzukehren und die Kennzeichen resilienter Unternehmen genauer unter die Lupe zu nehmen. Das Ziel ist, ein weiteres Modell zu entwickeln, das uns nicht nur in die Lage versetzt Resilienz zu bewerten und zu messen. Zusätzlich wird es verbessert und erweitert, um die Ergreifung von Maßnahmen zu ermöglichen.

Literatur

Datenbanken verstehen (ohne Jahresangabe): Text Mining. URL: https://www.datenbanken-verstehen.de/lexikon/text-mining/ [Abfrage vom 3. 9. 2021]

Frankfurter Allgemeine Zeitung (2021): Was Top-Manager von 2021 erwarten. URL: https://www.faz.net/aktuell/wirtschaft/unternehmen/so-wird-2021-top-manager-verschiedener-branchen-schauen-voraus-17126649.html [Abfrage vom 27. 5. 2021]

Meck, Georg (2021): VW-Chef Diess zum Spannungsverhältnis von Politik und Wirtschaft, Erstveröffentlichung am 14.02.2021 - URL: https://www.faz.net/aktuell/wirtschaft/vw-chef-diess-zum-spannungsverhaeltnis-von-politik-und-wirtschaft-17196139.html [Abfrage vom 21. 6. 2021] © Alle Rechte vorbehalten. Frankfurter Allgemeine Zeitung GmbH, Frankfurt. Zur Verfügung gestellt vom Frankfurter Allgemeine Archiv.

Kennzeichen resilienter Organisationen

5

Zusammenfassung

Nachdem wir anhand eines Vorgehensmodells die Resilienz bzw. Resilienzfähigkeit von Unternehmen und Organisationen bewerten können, gilt es in einem
weiteren Schritt geeignete „Schubladen" zu entwickeln, um weitere Fragen beantworten zu können: Welche Kennzeichen müssen erfüllt sein, um resilient zu
sein oder resilient handeln zu können? Dazu ist es erforderlich, noch einmal
genauer auf den Begriff der Resilienz einzugehen und festzustellen, wo diese
eigentlich beginnt. Daraufhin können einzelne Strategien herausgearbei-
tet werden.

Bisher haben wir uns darauf konzentriert, ein Vorgehensmodell zu entwickeln und
zu prüfen, das uns in die Lage versetzt Resilienz bzw. Resilienzfähigkeit von Unternehmen und Organisationen zu bewerten.

Nunmehr gilt es in einem weiteren Schritt geeignete „Schubladen" zu entwickeln, um weitere Fragen beantworten zu können: Welche Kennzeichen müssen
erfüllt sein, um resilient zu sein oder resilient handeln zu können? Dazu ist es erforderlich, noch einmal genauer auf den Begriff der Resilienz einzugehen und festzustellen, wo eigentlich die Resilienz beginnt. Dann können wir die einzelnen Strategien herausarbeiten.

Beginnen wir mit der Ermittlung von Resilienzkennzeichen anhand eines
Beispiels.

5.1   Beispiel: Arpanet

Beim Arpanet (zwischenzeitlich auch Darpanet genannt) handelte es sich um den
Vorläufer des Internets (vgl. Abb. 5.1). Der Name geht auf die federführende Organisation Defense Advanced Research Projects Agency (DARPA) zurück. Basierend
auf einem Konzept aus dem Jahr 1967 entstand zwei Jahre später ein Netzwerk, das
vier Universitäten miteinander verband. Das Ziel war, die Kommunikation von
Wissenschaftlern der beteiligten Universitäten über das Netzwerk zu ermöglichen
und Computerressourcen untereinander aufzuteilen (ComputerWeekly 2015).

   Die DARPA ist eine noch heute existierende militärische Organisation, die in
den USA als Reaktion auf den Start des Satelliten Sputnik durch die UdSSR im
Jahr 1957 gegründet wurde. Ihr Hauptzweck ist es, entscheidende Investitionen in
bahnbrechende Technologien für die nationale Sicherheit zu tätigen (Defense Advanced Research Projects Agency 2021).

   Die eigentliche Innovation stellte die technische Kommunikation über ein Com-
puternetzwerk dar. In diesem werden Informationseinheiten in kleine Pakete zer-
teilt, über verschiedene Routen zum Ziel geleitet und dort wieder zusammenge-

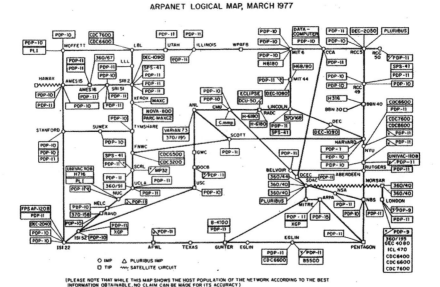

Abb. 5.1 Plan des Arpanets, März 1977

setzt. Der Ansatz war revolutionär, kannte man bis dato doch nur die die klassische Leitungsvermittlung, bei der zwei Telefonleitungen bei Bedarf zu einer Leitung zusammengeschaltet wurden. Aus der Kommunikationsweise des Arpanets entwickelte sich das heute noch im Internet genutzte TCP/IP-Protokoll (Defense Advanced Research Projects Agency 2021).

Der immense Vorteil des Arpanets zeigte sich, als es sich im Jahr 1972 mit 40 Rechnern einer breiteren Öffentlichkeit präsentierte (Wagenleitner et al. ohne Jahresangabe): Da das Netz über eine verteilte Infrastruktur verfügte, war das Netzwerk unempfindlich gegen Teilausfälle. Es verwendete keinen Zentralrechner in seinem Mittelpunkt oder eine dezidierte Vermittlungsstelle – eine wichtige Eigenschaft zu einer Zeit, in der man einen Atomkrieg für möglich hielt. Solange Sender und Empfänger an das Netzwerk angeschlossen waren, gab es immer eine Route, über die Kommunikation erfolgen konnte.

Man kann also sagen: Die Resilienz des Arpanet gegen Störungen der Infrastruktur begünstigte den erfolgreichen Durchbruch des späteren Internets. Diese Resilienz begründet sich augenscheinlich auf zwei Faktoren, die auch für unsere Betrachtung bedeutsam sein könnten: Dezentralisierung und Robustheit.

5.2 Merkmale für unternehmerische Resilienz

Nachfolgend werden die wesentlichen Kennzeichen unternehmerischer Resilienz dargestellt, die jeweils einzeln oder kumulativ vorliegen können. Zu beachten ist jedoch, dass die Merkmale stets einer wertenden Betrachtung unterzogen werden müssen, wie im weiteren Verlauf anhand von Beispielen erläutert. Es gilt sicherzustellen, dass die Merkmale im Kontext unternehmerischer Tätigkeit bejaht werden können. Unternehmerische Tätigkeit bedeutet in diesem Zusammenhang, dass die Merkmale nicht unbedingt primär wirtschaftlich sein müssen. Vielmehr beruhen sie auf einer Geschäftstätigkeit, die auf wirtschaftliche Ziele ausgerichtet ist.

Im Abschn. 2.3 haben wir bereits einige prägnante Begriffe kennengelernt, die Resilienz in diesem Fachgebiet kennzeichnen:

- Robustheit
- Redundanz
- Genialität
- Schnelligkeit

Diese sollen uns als Grundlage für die Entwicklung von Kennzeichen resilienter Unternehmen dienen. Dabei wollen wir die spezifischen Kennzeichen von wirtschaftlichen Organisationen in die soziologischen Merkmale einarbeiten. Im Ergebnis können wir zwei Merkmale ohne Weiteres übernehmen, nämlich Robustheit und Redundanz. Hinsichtlich der Fähigkeit zur Ergreifung geeigneter Maßnahmen und der Schnelligkeit gilt es zu differenzieren. Die weiteren Kennzeichen sind jedoch von diesen beiden Begriffen inspiriert und berücksichtigt diese weitgehend.

5.2.1 Robustheit

Dieses Merkmal ist das Resilienzmerkmal schlechthin, wie man seiner Wortbedeutung entnehmen kann. Das Wort kennzeichnet eine Unempfindlichkeit gegen fremde Einflüsse, bzw. Stabilität gegenüber Störungen (Moosbach 2021). Ohne Robustheit ist keine Resilienz möglich.

Auch für dieses Merkmal lassen sich Beispiele aus unterschiedlichen Lebensbereichen aufzählen:

* Software: Plausibilitätsprüfung von Benutzereingaben
* Wirtschaft: Unempfindlichkeit gegen unerwünschte Einflussgrößen bei Produktherstellung und -lieferung (Quality Engineering Industrie 2021)
* Infrastruktur: Verlegung von Erdkabeln zum Schutz gegen Vandalismus

5.2.2 Redundanz

Redundanz (von lat. Redundantia – Überfülle) beschreibt die Existenz von mehr Dingen, Daten oder Informationen, als tatsächlich benötigt werden. Redundanz gibt es zum einen in der Sprache (zum Beispiel mehrere Beschreibungen desselben Themas). Zum anderen findet sie in der Informatik Anwendung (mehrfache Speicherung oder Übertragung derselben Daten) und schließlich in technischen Systemen (mehrere Systeme oder Komponenten mit derselben Funktion).

Ziel von Redundanz ist weniger die Verschwendung als die Sicherheit, was sie für die Beurteilung der Resilienz interessant macht. In der Kommunikation, insbesondere in der gesprochenen Sprache erhöht Redundanz den Grad der erfolgreichen Informationsübertragung. Wenn man etwas zweimal sagt, kann der Wortlaut leicht abweichen und sich damit intensiver auf die angesprochene Person auswirken. In der Informatik ist es nicht ungewöhnlich, dass Daten verloren gehen, da Speichermedien aufgrund technischer Fehler oder ihrer begrenzten Lebensdauer ausfallen können. Mehrere Sicherungen derselben Daten können Datenverlust verhindern (Sievers und Padrock 2011). Selbst im Auto begegnen wir der Redundanz am laufenden Band: 2 Scheinwerfer, 2 Rücklichter, 2 unabhängige Bremssysteme tragen wesentlich zu höherer Sicherheit beim Autofahren bei. Ohne Redundanz würden schließlich nur Abenteurer ein Flugzeug betreten.

5.2.3 Dezentralisierung

Eine gängige Definition für Dezentralisierung ist die Übertragung gleichartiger Aufgaben auf mehrere Stellen (Wirtschaftslexikon 24 2021). Es geht also darum, nicht alle Eier in einen Korb zu legen (Renn 2014, S. 502). Für Dezentralisierung gibt es zahlreiche Beispiele:

- Politik: Föderalistische Strukturen
- Wirtschaft: Regionalisierung der Lagerkapazität
- IT: Verteilte Systeme

Die Dezentralisierung hat zahlreiche Vorteile. Im politischen Kontext schafft sie durch föderalistische Strukturen Vielfalt und ermöglicht es der Politik, viel gezielter auf die jeweilige regionale Lebenswirklichkeit der Bürger zu reagieren. Bezüglich einer dezentralen Lagerhaltung können Unternehmen besser auf unterschiedliche Nachfrage reagieren. Verteilte IT-Systeme können Rechenleistung dort anbieten, wo sie gebraucht wird – und das zu günstigeren Preisen, weil die Einzelkomponenten weniger komplex und billiger sind als große monolithische IT-Systeme.

Es gibt jedoch auch Nachteile: Föderalismus kann die Entscheidungsfindung komplizieren und hinderlich sein, wenn es darum geht mit einer Stimme zu sprechen. Er ist auch teuer, weil ein größerer organisatorischer Aufwand, wie zum Beispiel durch 16 Landesregierungen in Deutschland entsteht. Bei der Lagerhaltung schlagen sehr viel mehr Transportleistungen von und zwischen den Lagerstätten zu Buche. Verteilte IT-Systeme benötigen mehr Infrastruktur und gegebenenfalls Software zum Abgleich der verteilten Datenbestände.

Bezüglich möglicher Störungen liegt jedoch der Vorteil auf der Hand: Wird eine föderale Einheit, ein Lager, ein Rechner in einer verteilten IT-Landschaft gestört, so bleiben die restlichen Einheiten in einem dezentralen Umfeld per se handlungsfähig. Damit sind sie resilient gegen Störungen.

5.2.4 Diversifizierung

Dieses Merkmal meint im unternehmerischen Kontext die Ausweitung des Leistungsprogramms auf neue Produkte und neue Märkte (Markgraf 2021). Vielleicht klingt es Ihnen noch im Ohr, was Wirtschaftsberater jahrelang Unternehmenslenkern zugeflüstert haben: Konzentration auf das Kerngeschäft. Das hatte zur Folge, dass sich viele Unternehmen von Teilbereichen getrennt haben, die nicht mit der eigentlichen Geschäftstätigkeit in Zusammenhang standen. Auf einmal wurde die Kantine von einem externen Dienstleister betrieben, die IT-Abteilung wurde outgesourct und kleine (mitunter aber lukrative) Geschäftszweige ausgegliedert und verkauft.

Im Hinblick auf Resilienz ist die Konzentration auf das Kerngeschäft oder die Kernkompetenzen allerdings fragwürdig, denn sie kann die Handlungsmöglichkeiten gegenüber Störungen reduzieren.

Hierzu einige Beispiele:

- Der externe Kantinenbetreiber verordnet sich einen Sparkurs, der leider zulasten der Hygiene geht, woraufhin mehrere Unternehmensangehörige erkranken und die Kantine aufgrund ordnungsbehördlicher Maßnahmen wochenlang geschlossen bleiben muss.
- Das Outsourcing führt nach einigen Jahren zu erheblichen Kostensteigerungen. Da es nur wenige geeignete Dienstleister gibt, ist ein so genanntes Vendor Lock entstanden und der Dienstleister spielt seine Marktmacht aus. Ferner behindern Service Level Agreements die Agilität des Unternehmens bei der Anpassung von Anwendungen auf geänderte Marktanforderungen.
- Als der Markt aufgrund der Billigkonkurrenz aus Asien zusammenbricht, wünscht sich der CEO eines Stahlkonzerns, er hätte nicht vor einigen Jahren die florierende Tochtergesellschaft verkauft, welche sich auf Speziallegierungen für die Raumfahrt konzentriert hat.

Manch ein Konzern hat sich der Konzentration auf das Kerngeschäft jedoch nicht gebeugt. Der US-Konzern 3M, bekannt durch die kleinen gelben Post-it Zettel, produziert dazu noch Hochleistungsklebstoffe, Pflaster, Schleifmittel, Projektoren, Beamer und Stethoskope. Siemens ist in Medizin, in Industrie, bei der Herstellung von Haushaltsgeräten bis hin zur Entwicklung von Lokomotiven tätig (Kreditede 2021).

Der Vorteil liegt auf der Hand: Ändert sich die Nachfrage oder lässt sich ein Produkt vorzugsweise in einer bestimmten Konjunkturphase verkaufen, so lassen sich die Prioritäten bei geänderten Rahmenbedingungen einfacher ändern, als wenn man als monothematische Kernkompetenz am Markt aktiv ist.

5.2.5 Fehlerfreundlichkeit

Wiederum ein Resilienzklassiker ist Fehlerfreundlichkeit und bedeutet im Hinblick auf die Resilienz das Abpuffern menschlichen Fehlverhaltens (Renn 2014, S. 503). Auch hierzu gibt es zahlreiche Beispiele aus den verschiedensten Lebensbereichen, die wir oftmals als selbstverständlich hinnehmen. Dazu gehören Gebrauchsanleitungen oder Hinweisschilder. Im Softwarebereich wäre das Herausfiltern ungültiger Benutzereingaben bei Eingabemasken oder die Autokorrektur beim Verfassen von Textnachrichten in unserem Smartphone oder die berühmte „Passwort-Vergessen"-Funktion vieler Anwendungen zu nennen.

In dieser Kategorie gilt: Wann immer Menschen etwas falsch machen können, wird es auch früher oder später zu einem Fehler kommen. Im Hinblick auf die Resilienz gilt es daher, Fehler so weit wie möglich zu reduzieren.

5.3 Wertende Betrachtung der Merkmale resilienter Organisationen

Was sagen nun aber diese Merkmale über die Unternehmen aus und wann können wir wirklich sagen, ob ein Unternehmen resilient ist? Hierzu bedarf es einer differenzierten Betrachtung, denn die oben erwähnten Kennzeichen sind oft nicht pauschal zu bejahen.

Schaut man sich die einzelnen Kennzeichen an so fällt auf, dass die Erfüllung einiger dieser Merkmale nicht nur positive Folgen in Bezug auf Resilienz haben kann. Keinerlei Bedenken bestehen im Hinblick auf Robustheit und Fehlerfreundlichkeit, die im Hinblick auf die Resilienz ausschließlich positiv einzahlen. Man kann nicht zu robust oder zu fehlerfreundlich sein, daher werden Robustheit und Fehlerfreundlichkeit als **objektive Resilienzkriterien** bezeichnet.

Anders sieht es bei den nächsten drei Kennzeichen aus:

• Dezentralisierung kann zu granular sein, und damit keinen Nutzen mehr bringen
• Diversifizierung kann zu wenig Synergien beinhalten und durch eklatante Unwirtschaftlichkeit existenzbedrohend werden
• Redundanz kann auch Kennzeichen einer schlechten Unternehmensorganisation sein und ist unter diesen Umständen kein Zeichen von Resilienz

Die Merkmale Dezentralisierung, Diversifizierung und Redundanz sind also materielle Resilienzkriterien, bei denen zu konkretisieren ist, unter welchen Umständen sie eine resilienzfördernde Wirkung haben.

5.4   Organisationale Resilienz nach ISO-Norm 22316

Ein Unternehmen, das in der sogenannten „VUCA"-Welt (Siehe Kap. 1) erfolgreich sein will, muss die Spannung zwischen Stabilität und Flexibilität ertragen. Darüber hinaus muss es die Chancen, Risiken und Schwächen erkennen und nutzen, welche sich aus unerwarteten wie latenten Gefahren ergeben. Schließlich muss es sich an diese Unvorhersehbarkeit anpassen und gleichzeitig die eigenen unternehmerischen Ziele erreichen (Katz 2018).

Die wichtigsten Einflussfaktoren der unternehmerischen oder organisationalen Resilienz hat die International Organization for Standardisation (ISO) in der ISO-Norm „22316:2017 Security and resilience – Organizational resilience – Principles and attributes" niedergelegt. Folgende resilienzfördernde Elemente werden in der Norm aufgeführt (iso.org o. J.):

Einheitliche Unternehmensvision auf allen Hierarchieebenen
Grundlage für die organisationale Resilienz sind eine gemeinsame Vision und Mission, sowie Werte, die Menschen auf allen Hierarchieebenen der Unternehmung sowohl bekannt sind, und deren Einfluss auf ihr tägliches Handeln von diesen akzeptiert werden. Sowohl übergreifende strategische Ziele als auch operative Ziele leiten sich von der Vision und dem Unternehmenszweck ab. Diese Grundsätze werden auch dem Unternehmensumfeld mitgeteilt, wie Partnern und Lieferanten.

Verständnis des internen und externen Kontexts
Resiliente Organisationen kennen und verstehen ihre innere Struktur und ihr Umfeld, bestehend aus Kunden, Partnern, Lieferanten, aber auch aus Branchenstrukturen und letztlich politischen und wirtschaftlichen Rahmenbedingungen. Sie denken über den Tellerrand hinaus und gestalten aktiv ihre eigene Situation. Die externe Zusammenarbeit ist auf Partner gerichtet, welche eine vergleichbare Mission haben und dieselben Werte teilen.

Wirkungsvolle und kraftvolle Führung
Ein Kennzeichen von Resilienz ist wie oben bereits dargestellt die Fehlertoleranz. Diese greift auch die ISO-Norm 22316 in Bezug auf resiliente Führung auf: Diese ist fehlertolerant, ermutigend und unterstützend. Führungskräfte handeln integer

und vermitteln eine Führungskultur, die auch in Krisensituationen von diesen Werten geprägt ist.

Unterstützende Unternehmenskultur
Unterstützend ist ebenso ein Adjektiv, das die Unternehmenskultur kennzeichnen sollte, wenn sie danach strebt resilient zu sein. Die organisationale Resilienz wird dabei gestärkt durch gemeinsame Überzeugungen und eine unternehmensweite Wertegemeinschaft. Diese stärken wiederum ein positives und umsichtiges Verhalten. Eine derart unterstützende Unternehmenskultur dient der Kommunikation, sowohl über drohende Gefahren und erkannte Chancen und schafft somit ein Klima, in dem sich Kreativität und Innovation entfalten können.

Verfügbarkeit von Informationen und Wissen
Ein Unternehmen profitiert in puncto Resilienz stets davon, wenn das gesammelte Wissen breit verfügbar ist, sodass die Unternehmensangehörigen voneinander lernen können und von Erfahrungen anderer profitieren. Dies stellt zudem sicher, dass – Stichwort Fehlertoleranz – auch aus Fehlern gelernt wird.

Ressourcen zur Erhöhung der Anpassungsfähigkeit
Eine resiliente Unternehmung stellt Ressourcen bereit, bzw. entwickelt diese, um Schwachstellen zu beheben und schnell auf veränderte Umstände reagieren zu können. Der Begriff Ressource ist breit gefasst. Hierbei handelt es sich z. B. um Infrastruktur, Informationen, Technologie oder qualifizierte Mitarbeiter.

Koordination und Entwicklung von Managementbereichen
Um die Resilienz in einem Unternehmen zu steigern, sind einzelne Managementdisziplinen so zu koordinieren, dass jede einzelne von ihnen einzeln und gemeinsam zur Erreichung des Unternehmensziels beiträgt. Zu diesem Zweck muss der Umgang mit Unsicherheiten und Veränderungen auf dem Markt, in der Technologie usw. über alle Managementdisziplinen hinweg institutionalisiert und koordiniert werden. Die Managementdisziplinen sind dahingehend zu gestalten, dass sie zur Widerstandsfähigkeit und Flexibilität des Unternehmens beitragen.

Evaluation und Unterstützung kontinuierlicher Verbesserung
Die Resilienz verbessert sich dann, wenn Unternehmen ihre Tätigkeit anhand vorgegebener Kriterien überwachen und reflektieren. Dann können sie aus Erfahrungen lernen und werden in die Lage versetzt, sich bietende Chancen besser zu nutzen. Neben der Schaffung von diesbezüglichen Rahmenbedingungen ist es wichtig,

eine dauerhafte Kultur der kontinuierlichen Verbesserung für alle Mitarbeiter zu schaffen und zu fördern.

Antizipation und Management von Veränderungen
Unternehmen sollten ihre Fähigkeit entwickeln und verbessern, ihre Prozesse kontinuierlich anzupassen. Damit erreichen sie ihre Ziele und Aufgaben auch in einem sich ändernden Umfeld, können Marktveränderungen vorhersagen und für sich selbst nutzen.

Evaluation von Resilienzfaktoren
Die als relevant identifizierten Resilienzfaktoren sollten gemessen und bewertet werden. Identifizierte Lücken sollten dabei schnell geschlossen werden, um die Resilienz des Unternehmens sicherstellen zu können. Das Top-Management sollte regelmäßig die Widerstandsfähigkeit der Organisation z. B. anhand von Kennzahlen bewerten und dabei Änderungen im internen und externen Unternehmensumfeld berücksichtigen. Daher ist es wichtig, dass Maßnahmen zur weiteren Stärkung der Widerstandsfähigkeit geplant und umgesetzt werden.

5.5 Weitere Kennzeichen resilienter selbstfahrender Organisationen

Die Bestimmungen der ISO-Norm 22316 betonen Resilienzfaktoren, die vornehmlich in herkömmlichen Unternehmen vorzufinden sind, bzw. dort geschaffen werden können. Wie aber sieht das in selbstfahrenden Organisationen aus? Wie kann dort die Antizipation von Änderungen sichergestellt bzw. gewährleistet werden? Wie erreicht ein derartiges Unternehmen eine Kultur der kontinuierlichen Verbesserung? In diesem Abschnitt untersuchen wir daher, ob der o. g. Kriterienkatalog bereits abschließend ist.

Wie wir bereits oben gesehen haben, wandeln sich Unternehmen zunehmend zu digitalen Organisationen und beschreiten eine Entwicklung, die in vielen Fällen im selbstfahrenden Unternehmen münden werden. Unter diesen Gesichtspunkten können wir weitere Resilienzkennzeichen identifizieren.

5.5.1 Digitalität

Unternehmen, die den Entwicklungspfad zum selbstfahrenden Unternehmen beschreiten, erhöhen ihre Resilienz durch die Verwendung digitaler Technologie und digitaler Prozesse. Denn diese ermöglichen es Unternehmen, flexibel auf externe Ereignisse und Störungen zu reagieren. Ein zunehmend wichtiges digitales Werkzeug bei der Verwirklichung des selbstfahrenden Unternehmens wird die künstliche Intelligenz sein, die in den folgenden Anwendungsbereichen zu finden sein wird (QZ Online 2018):

- Data Analytics/Business Intelligence (Echtzeitanalysen)
- Finanzen (Planung, Finanzsteuerung, Betrugserkennung)
- Kundendienst (Einsatzplanung, Ausrüstung, Steuerung)
- Qualitätsmanagement
- Vertrieb, Marketing (z. B. individualisiertes Kundenbindungsmanagement oder Sentiment Analyse – Automatische Auswertung von sozialen Medien zu der Frage: Wie denken meine Kunden über mich?)
- Wartung (z. B. Predictive Maintenance)
- Personal (Recruitment, Onboarding neuer Mitarbeiter, Bewertung von Mitarbeitern)

Digitalität und Robustheit sind miteinander verwandt, denn sie eröffnen den Unternehmen die Möglichkeit, schnell auf Änderungen des Marktes zu reagieren. Dies zeigte sich jüngst in der Covid-Krise. Restaurantbetriebe oder Modegeschäfte ohne digitalen Absatzkanal haben während dieser Zeit enorm gelitten und mussten teilweise sogar den Geschäftsbetrieb einstellen (z. B. in der Stuttgarter Zeitung vom 05.11.2020), während Unternehmen der gleichen Branchen, die rechtzeitig in digitale Infrastruktur investiert haben, mitunter enorme Umsatzzuwächse erlebt haben (z. B. in Berlin, RBB 24, 05.11.2020).

5.5.2   Agilität

Dieser Begriff „riecht" geradezu nach Resilienz und heißt so viel wie Gewandtheit, Wendigkeit oder Beweglichkeit, und zwar im Hinblick auf Strukturen und Prozesse von Organisationen und Menschen. Agilität versetzt Unternehmen in die Lage, flexibel auf unvorhergesehene Ereignisse und neue Anforderungen zu reagieren und äußert sich unter anderem in folgenden Entwicklungen:

- Höhere Schnelligkeit bei der Entwicklung neuer Geschäftsmodelle
- Kürzere Reaktionszeiten auf Änderungen des Marktes (vor allem auch in der Softwareentwicklung, z. B. Scrum versus Wasserfallmodell)

- Abkehr von steilen Hierarchien und damit breitere Streuung von Verantwortung und Handlungsmöglichkeiten, was neue Zusammenarbeitsformen ermöglicht

Agilität ist mit Fehlerfreundlichkeit verwandt, denn der hinzugewonnene Handlungsspielraum trägt auch das Risiko des Fehlschlags, der dann in Kontrollverlust, finanziellen Verlusten oder auch Imageverlusten resultieren kann. Genauso wie die Fehlerfreundlichkeit ist daher auch die Agilität im Rahmen der wertenden Betrachtung zu konkretisieren.

5.5.3 Kooperation

Gemeinsam ist man stark und kann gemeinsam – Stichwort Resilienz – auf Änderungen im Markt reagieren, Hürden meistern und durch gemeinsame Anstrengungen in Summe mehr erreichen. Einige Beispiele:

- Zwei Automobilhersteller, eigentlich Konkurrenten, konstruieren eine gemeinsame Fahrzeugplattform (auch Koopetition genannt). Vorteile: Geringere Investitionskosten, Bündelung von Know-how und Verringerung der Wahrscheinlichkeit eines Fehlschlags.
- Ein Fitnessstudio verkauft Sportkleidung an seine Kunden und kooperiert mit einem Hersteller für Heimfitnessgeräte. Vorteile: Zusätzliche Erlöse, umfangreicheres Angebot, bzw. mehr Wahlmöglichkeiten für den Kunden.
- Eine große Bank kooperiert mit einem jungen Fintech, das eine innovative Lösung für den Handel mit Wertpapieren entwickelt hat. Vorteile: Größere Wahrnehmung der Bank in Bezug auf Innovationsfähigkeit, geringere Transaktionskosten für den Kunden, mehr Umsatz für das Fintech.

Kooperation ist mit der Diversifizierung eng verwandt und ist genauso wie diese einer wertenden Betrachtung zu unterziehen. Soweit die Kooperationen für alle Seiten Vorteile bieten, kann es als Resilienzkennzeichen herangezogen werden.

5.5.4 Softwareresilienz

Selbstfahrende Unternehmen, das haben wir bereits oben gelernt, sind Unternehmen, in denen der überwiegende Anteil an Entscheidungen mittels Software-Algorithmen getroffen werden. Es ist also legitim zu fragen, ob es besondere Aspekte hinsichtlich der Resilienz von Software zu beachten gibt.

Damit Software ihr beabsichtigtes Ziel erreichen kann, sind zwei Voraussetzungen erforderlich: Software muss zum einen produktiv im Einsatz sein, denn nur dann erfüllt sie ihren Geschäftszweck. Zum anderen muss sie zuverlässig und ordnungsgemäß funktionieren (Friedrichsen 2016). Software verhält sich dann resilient, wenn sie robust auf Fehlerzustände reagieren kann.

Dazu ist es wichtig zu erkennen, dass sich die Softwarearchitektur in den letzten Jahren wesentlich geändert hat. Während Software früher eher monolithisch aufgebaut war, findet man mittlerweile verteilte und stark komplexe Softwareumgebungen vor. Kaum eine Software steht noch für sich allein. Vielmehr zerfallen Softwareanwendungen in modernen Architekturen in einzelne serviceorientierte Module, die in unterschiedlichen Konstellationen wieder verwendet werden können. So flexibel wie die Anwendung ist auch die Vernetzung dieser Softwaremodule, die zudem noch in unterschiedlichen Umgebungen implementiert werden können. So kann zum Beispiel ein Modul in der Cloud implementiert sein, ein anderes hingegen in einem lokalen Rechenzentrum. Diese wiederum können mit Modulen kommunizieren, die auf einem Clientrechner installiert sind. Dabei ist das Fehlerpotenzial gewaltig, sodass sich die Frage der Resilienz in der Tat akut stellt, oder genauer:

Ein resilientes Software-Design ist heutzutage keine Option mehr, sondern ein Muss, da verteilte und komplex vernetzte Anwendungen folgende nachteilige Auswirkungen haben:

- Je verteilter Softwarekomponenten sind, desto aufwändiger ist es, die Verfügbarkeit der Komponenten sicherzustellen.
- Je mehr Softwarekomponenten eingesetzt werden, desto wahrscheinlicher ist es, dass Fehlerzustände von einer Komponente auf andere Komponenten übergreifen.

Im Rahmen der Softwareresilienz gilt es beide Auswirkungen so weit wie möglich zu vermeiden oder einzudämmen. Die Problematik hinsichtlich der beiden oben genannten Auswirkungen wird durch Isolierung gelöst, indem die Anwendung in geeignete Teile, so genannte „Bulkheads" aufgeteilt wird, wodurch die Teile ähnlich einer Schottwand in einem Schiff getrennt werden. Die Isolierung der einzelnen Bulkheads erfolgt dadurch, dass geeignete Muster implementiert werden, welche die Aufgabe haben Fehler zu erkennen und zu korrigieren, oder zumindest einzudämmen. Beides sind evolutionäre Prozesse, da das Finden geeigneter Fehler und das Erkennen möglicher Fehlerzustände normalerweise einen langen und intensiven Lernprozess erfordert (Friedrichsen 2016).

Diesen Lernprozess kann man fördern, indem man regelmäßig Fehler im System provoziert, deren Auswirkungen prüft und entsprechende Anpassungen an der Anwendung vornimmt, soweit die Anwendung nicht robust gegen die willkürlich ausgelösten Fehler reagieren kann. Man unterzieht die Anwendung also gleichsam einem **Stresstest**, um die Resilienz zu prüfen und zu verbessern. Das Vorgehen ist indes problematisch, da das bewusste Provozieren von Fehlerzuständen riskant hinsichtlich der Stabilität der Anwendung ist und somit Dritte von den Auswirkungen des Stresstests betroffen sein könnten. Ergo darf der Stresstest nicht im produktiven System, sondern muss in einem Testsystem erfolgen.

Ein Hindernis in dieser Herangehensweise besteht indes in zweierlei Hinsicht:

- Testsysteme sind in Unternehmen für derartige Tests nicht adäquat ausgerüstet, da ihnen Stammdaten, Bewegungsdaten und Verbindungen zu anderen Systemen fehlen.
- In einfacheren Umgebungen wie zum Beispiel Webservices von externen Anbietern werden keine Testinstanzen angeboten.

Diese Probleme lassen sich wie folgt lösen:

- Einführung einer Rückkopplung von produktiven Systemen zu Entwicklungs- und Testumgebungen. In SAP-Umgebungen können beispielsweise Transportwege vom Produktiv- zum Entwicklungssystem eingesetzt werden (so genannte Retraktion). In Bezug auf die Retraktion von Stamm- und Bewegungsdaten sind ggf. Datenschutzbestimmungen zu beachten oder es ist auf Geschäftsgeheimnisse Rücksicht zu nehmen. In diesen Fällen ist eine Synthetisierung von Daten in Betracht zu ziehen. Wichtig ist, dass die Testumgebung der produktiven Umgebung so nahe wie möglich kommt, sodass die im Stresstest ermittelten Ergebnisse aussagekräftig sind. Ein Beispiel einer Retraktion wird in Abb. 5.2 dargestellt.
- Bei Anbindung an einfache Umgebungen sind folgende Möglichkeiten zu eruieren: Nutzung mehrerer separater Instanzen, z. B. durch Eröffnung eines zweiten Nutzerkontos, Nutzung eines separaten Mandanten, je nach Kritikalität kann auch mit Mockups (eine Art digitale Attrappe) gearbeitet werden, die dann wiederum zur synthetischen Fehlererzeugung verwendet werden können.

In unserem Kennzeichenkatalog ist die Softwareresilienz eine spezielle Ausformung der Kennzeichen Robustheit und Fehlerfreundlichkeit und ergänzend zu prüfen im Hinblick auf die Beurteilung von unternehmerischer Resilienz digitaler oder weiter fortgeschrittener Unternehmen.

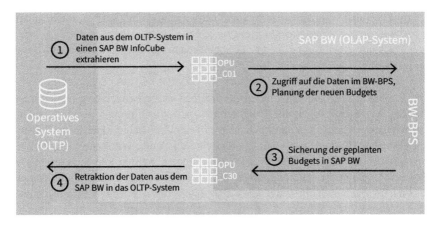

Abb. 5.2   Beispiel einer Retraktion in SAP-Systemen

5.5.5   Prozessresilienz

Als im März 2020 in Deutschland der erste Corona-Lockdown verkündet wurde, waren Unternehmen angehalten, so viele Mitarbeiter wie möglich ins Homeoffice zu schicken. Was auf dem Papier gut aussah, entpuppte sich für viele Unternehmen indes als großes Problem, denn es gab häufig gar nicht genügend Hardware für die Mitarbeiter. Wo es theoretisch möglich war, dass Mitarbeiter eigene Hardware für den Zugang zu Unternehmenssystemen zu verwenden, misslang auch dieses, da die dazu notwendigen sicheren Kommunikationskanäle wie z. B. VPN (virtuelles privates Netzwerk, ein Server zwischen dem PC und dem Internet) gar nicht auf derart hohe Nutzerzahlen ausgelegt waren.

Die Folgen waren erhebliche Produktivitätsverluste für die Unternehmen, die durch Ersatzmaßnahmen wie Kurzarbeit natürlich nicht ansatzweise ausgeglichen wurden. So stellte sich für viele Unternehmen die Frage, wie sicher eigentlich die Unternehmensabläufe und Prozesse sind.

Der herkömmliche Ansatz zur Prüfung der Prozessresilienz wäre folgender:

- Prüfung von Transparenz relevanter Prozesse, ihrer Prozessschritte und Ableitung von Prozesskennzahlen
- Definition potenzieller Krisenszenarien als Grundlage eines Stresstests
- Prüfung der Automations- und Digitalisierungsgrads von Prozessen innerhalb der Systemarchitektur und Ableitung von daraus resultierenden Maßnahmen

zur Erhöhung von Digitalisierung und Automation (Ermittlung einer Roadmap, Ableitung von Projektsteckbriefen, etc.)
- Gap-Analyse und Definition von ad-hoc-Maßnahmen zur Erhöhung der Prozess-resilienz

Im Hinblick auf das selbstfahrende Unternehmen ist dieses Verfahren jedoch fragwürdig, da das selbstfahrende Unternehmen mit dem Einsatz von intelligenten, selbstlernenden Algorithmen einher geht mit der Zerstörung klassischer End-to-End-Prozesse. Nach dem Modell entsteht ein vollständig vernetzter Gesamtorganismus, dessen bisherige Prozesse zu Teilsystemen werden, die fortwährend in Echtzeit miteinander kommunizieren und ihre jeweiligen Systemstatus austauschen. Im Endeffekt bedeutet dies das Ende linearer Unternehmensabläufe (Schnitzhofer 2021, S. 18).

In diesem Sinne wird die Frage nach der Resilienz von Prozessen im selbstfahrenden Unternehmen zu einer Frage nach Softwareresilienz. Dieser Prüfschritt ist allenfalls vorläufig noch so lange erforderlich, bis das selbstfahrende Unternehmen Wirklichkeit ist.

Soweit noch relevant, ist die Prozessresilienz wiederum eine spezielle Ausformung der Robustheit und innerhalb der Robustheitsprüfung zu berücksichtigen.

5.6   Fazit

Wie dargelegt, sind alle zusätzlichen Resilienzkennzeichen mit den oben aufgeführten allgemeinen Kennzeichen verwandt. Allerdings sind sie spezifischer auf die individuellen Bedürfnisse von digitalen bis hin zu selbstfahrenden Organisationen abgestimmt. Sie sind daher ergänzend für die Prüfung hinzuzuziehen.

Literatur

ComputerWeekly (2015): Definition ARPANET/DARPANET. URL: https://www.computer-weekly.com/de/definition/ARPANET-DARPANET [Abfrage vom 17. 6. 2021]
Defense Advanced Research Projects Agency (2021): About DARPA. URL: https://www.darpa.mil/about-us/about-darpa [Abfrage vom 17. 6. 2021]
Friedrichsen, Uwe (2016): Resilient Software Design – Robuste Software entwickeln URL: https://www.informatik-aktuell.de/entwicklung/methoden/resilient-software-design-robuste-software-entwickeln.html [Abfrage vom 17. 6. 2021]

Iso.org (o.J.) ISO 22316:2017(en) Security and resilience — Organizational resilience — Principles and attributes URL: https://www.iso.org/obp/ui#iso:std:iso:22316:ed-1:v1:en [Abfrage vom 01. 11. 2021]

Katz, Christian (2018): Was braucht eine Organisation, um ihre Resilienz zu stärken? URL: https://wissen.org/2018/10/21/was-braucht-eine-organisation-um-ihre-resilienz-zu-staerken/ [Abfrage vom 16. 6. 2021]

Kredite.de (2021): Mischkonzern. URL: https://www.kredite.de/Wiki/mischkonzern [Abfrage vom 16. 6. 2021]

Markgraf, Robert (2021): Definition Diversifikation. URL: https://wirtschaftslexikon.gabler.de/definition/diversifikation-34156 [Abfrage vom 2. 6. 2021]

Moosbach, Dirk (2021): Wortbedeutung Robustheit. URL: https://www.wortbedeutung.info/Robustheit/ [Abfrage vom 15. 6. 2021]

Quality Engineering Industrie (2021): Robuste Produktionsprozesse schaffen. URL: https://quality-engineering.industrie.de/allgemein/robuste-produktionsprozesse-schaffen/ [Abfrage vom 18. 6. 2021]

QZ Online (2018): Künstliche Intelligenz fürs Qualitätsmanagement beliebt. URL: https://www.qz-online.de/news/uebersicht/nachrichten/kuenstliche-intelligenz-fuers-qualitaetsmanagement-beliebt-6639713.html [Abfrage vom 15. 6. 2021]

RBB 24 (2020): Einzelhandel schlägt wegen Einschränkungen Alarm URL: https://www.rbb24.de/wirtschaft/thema/2020/coronavirus/beitraege/berlin-lieferdienste-corona-lebensmittel.html [Abfrage vom 18. 6. 2021]

Renn, Ortwin (2014): Das Risikoparadox: Warum wir uns vor dem Falschen fürchten, Frankfurt a. M.: Fischer.

Schnitzhofer, Florian (2021): Das Selbstfahrende Unternehmen. Ein Denkmodell für Organisationen der Zukunft. Wiesbaden: Springer Gabler.

Sievers, Jan; Padrock, Philipp (2011): Was ist Redundanz? URL: https://neueswort.de/redundanz/ [Abfrage vom 15. 6. 2021]

Stuttgarter Zeitung (2020): Einzelhandel schlägt wegen Einschränkungen Alarm URL:https://www.stuttgarter-zeitung.de/inhalt.coronavirus-in-baden-wuerttemberg-einzelhandel-schlaegt-wegen-einschraenkungen-alarm.7bacb057-e38e-47b0-8ac9-49f6623dc3d8.html [Abfrage vom 15. 6. 2021]

Wagenleitner, Reinhold; Giedenbacher, Erwin, Giesmann, Sabine (ohne Jahresangabe): Die Entwicklung der Kriegsführung im Internet-Info-Zeitalter. Salzburg: Universität, Institut für Geschichte.

Wirtschaftslexikon 24 (2021): Definition Zentralisierung. URL: Wirtschaftslexikon 24, 2021http://www.wirtschaftslexikon24.com/d/dezentralisierung/dezentralisierung.htm [Abfrage vom 16. 6. 2021]

Herleitung der Resilienzmaßnahmen   6

Zusammenfassung

Im ersten Schritt gehen wir – sozusagen als Arbeitshypothese – davon aus, dass nur dasjenige Unternehmen resilient sein kann, das stets die wesentlichen Voraussetzungen zur Erlangung von Resilienz und die auf das Unternehmen einwirkenden relevanten Risiken im Blick hat. Sobald die Beziehung zwischen Resilienz und Risiko geklärt ist, nehmen wir die Resilienzmaßnahmen in den Blick, welche bislang allenfalls grob umrissen wurden. Haben wir schließlich die Maßnahmen zur Herstellung, Aufrechterhaltung und Stärkung von Resilienz zusammen sind wir in der Lage, ein Prüfschema zu entwickeln, das uns die konsequente Überwachung der unternehmerischen Resilienz ermöglicht.

Nachdem wir mit dem Winning Wheel zunächst die Position des Unternehmens in Bezug auf die widerstreitenden Kräfte der Dimensionen Autonomie, Nachhaltigkeit und Humanität und daraus resultierend Resilienzsphären und -prioritäten definiert haben, verfügen wir jetzt über die relevanten Kennzeichen, mit denen wir unternehmerische Resilienz feststellen können.

Nunmehr ist es an der Zeit, diesen Kennzeichen passende Maßnahmen zuzuordnen, anhand derer wir Resilienz gewährleisten oder sogar stärken können.

Im ersten Schritt gehen wir – sozusagen als Arbeitshypothese – davon aus, dass nur dasjenige Unternehmen resilient sein kann, das stets die wesentlichen Voraussetzungen zur Erlangung von Resilienz und die auf das Unternehmen einwirkenden relevanten Risiken im Blick hat. Daher werden wir ermitteln

1. wie Unternehmen einen „Grundzustand" in Bezug auf Resilienz erhalten,
2. wie Risiken bzw. Risikoklassen auf die Resilienz einwirken und
3. wie zu treffende Maßnahmen beschaffen sein müssen, um Unternehmen widerstandsfähiger zu machen.

Sobald die Beziehung zwischen Resilienz und Risiko geklärt ist, nehmen wir die Resilienzmaßnahmen in den Blick, welche bislang allenfalls grob umrissen wurden. Haben wir schließlich die Maßnahmen zur Herstellung, Aufrechterhaltung und Stärkung von Resilienz zusammen sind wir in der Lage, ein Prüfschema zu entwickeln, das uns die konsequente Überwachung der unternehmerischen Resilienz ermöglicht.

Zunächst betrachten wir jedoch zwei Praxisbeispiele, die zeigen, wie komplex internationale Lieferketten sein können und welche Anfälligkeit bei plötzlichen Störungen oder Veränderungen für Unternehmen entstehen können. Diese können bei mangelnder Resilienz schnell existenzbedrohend werden.

6.1   Reisende Joghurtgläser und Kleidungsstücke

Wie wir in den vergangenen Jahrzehnten beobachten konnten, wurde die Produktion von Gütern immer weiter globalisiert. So hat sich eine regelrechte Arbeitsteilung ergeben, die dazu führte, dass Rohstoffe, Halbfertig- sowie Fertigerzeugnisse rund um den Globus transportiert werden. Dabei greifen Produktionsprozesse, Logistik und Vertrieb immer tiefer ineinander und werden anfällig gegen Störungen.

Unternehmerische Resilienz ist nicht vorrangig auf produzierende Unternehmen beschränkt. Gerade in der Produktion zeigen sich allerdings die Effekte von Störungen besonders deutlich und versetzen uns in die Lage, den Begriff schärfer zu fassen. Daher wenden wir uns einem Praxisbeispiel zu, das bereits im Jahr 1992 beschrieben wurde: Es geht um handelsübliche Joghurtgläser, gefüllt mit Erdbeerjoghurt, die wir im Supermarkt kaufen können (Böge 1992, S. 4 ff.).

Und jetzt kommt's: Das Glas wird in Portugal hergestellt, der Deckel in Österreich, das Etikett in Frankreich, der Leim zum Aufbringen des Etiketts in den Niederlanden, die Erdbeeren hinwieder kommen aus Polen und der Joghurt aus Niedersachsen. In Stuttgart schließlich finden alle diese Zutaten zueinander und der fertig produzierte und verpackte Joghurt kann von dort aus an die jeweiligen Abnehmer geliefert werden.

Im Ergebnis kommt ein im Supermarkt angebotenes Joghurtglas (150 g) auf eine Transportstrecke von 9115 km, wofür pro Glas 6 cm^3 Diesel für den Transport benötigt werden. Es ist nicht viel Fantasie erforderlich, um zu erkennen, dass die vorgestellte Lieferkette ganz offenbar auf Effizienz getrimmt ist. Bemerkenswert ist insbesondere, dass es sich bei Joghurt nicht gerade um ein besonders komplexes und hochwertiges Produkt handelt, und dennoch nehmen Unternehmen die Kosten und Mühen in Kauf, eine solch komplexe Lieferkette zu schaffen (vgl. Abb. 6.1).

Die Frage, warum man so etwas tut, ist einfach beantwortet: Es ist weitaus billiger, so zu verfahren, als alle Produktionsprozesse an einem Ort durchzuführen. Außerdem sind bei vergleichsweise simplen Produkten, die zudem massenhaft hergestellt werden, die Margen gering, sodass die Hersteller solcher Erzeugnisse offenbar auch noch so kleine Kostenvorteile nutzen müssen.

Bei anderen Produkten wird der Kostendruck noch deutlicher, wie zum Beispiel bei der Jeans aus Bangladesch. Die Kosten hat der Wirtschafts-Informationsdienst Bloomberg unlängst aufgeschlüsselt (Bloomberg 2013).

Es geht um eine Jeans, die in Bangladesch produziert und in Großbritannien zu einem Preis von 14 Pfund (22,12 US-\$) verkauft wird. Die Kosten verteilen sich wie folgt:

Abb. 6.1 Bestandteile eines Joghurtglases. (Quelle: Eigene Darstellung nach Böge 1992)

Stufe	Kosten in US-$
Produktion	7,02
Transport	1,18
Vertrieb	9,63
Summe	17,83

Wir halten fest, dass eine Hose, die zu 22,12 $ verkauft wird, insgesamt 17,83 $ kostet, bis sie an den Kunden verkauft wird. Der Profit beträgt also 4,29 $ oder 19,4 %. Das klingt doch ganz gut, oder? Allerdings verteilen sich die Profite recht ungleich auf die einzelnen Stufen:

Stufe	Profit in US-$	Profit in %
Produktion	0,26	6
Transport	3,15	74
Vertrieb	0,87	20

Gerade einmal 20 % des Profits geht an den Verkäufer. Der Löwenanteil geht an einen Mittelsmann in Hongkong, der für den Transport sorgt. Am wenigsten verdient der eigentliche Hersteller in Bangladesch.

Das bringt einige Probleme mit sich, die wir in Bezug auf die Resilienz im Auge behalten müssen:

Problem	Konsequenz – Risiken
Wenig Wert-schöpfung im Herstellerland	Geringe Entlohnung der Arbeiter Nichteinhaltung von Arbeitsschutz[1] Umweltverschmutzung im Herstellerland Schwierige rechtliche Rahmenbedingungen
Weite Transport-wege	Störungen entlang der Transportroute, z. B. Piraterie, Havarien Rechtliche Intransparenz bei Einschaltung von Mittelsleuten Umweltverschmutzung entlang der Transportroute Ggf. Auswirkungen auf die Produktqualität[2]
Mangelnde Produktqualität	Gesundheitsgefahren durch Verwendung nicht zugelassener Produktionsmittel Negative Publicity durch Enthüllungsberichte über Produktionsbedingungen

---

[1] Hier ist insbesondere der Einsturz einer Textilfabrik in Bangladesch im Jahr 2013 zu nennen. Über 1000 Menschen verloren bei dem Ereignis ihr Leben.

[2] Das ist bei Jeans nicht zu erwarten, wohl aber bei Wein aus Chile, der für wenige Euro im Supermarktregal steht und in nicht gekühlten Containern transportiert wird. Dort köchelt der Wein je nach Lage des Containers wochenlang in der Sonne.

Was wäre denn eigentlich ein sachgerechter Preis? Nun, in Sachen Jeans ist es so, dass diese in allen Preiskategorien angeboten werden. So können auch teure Jeans unter fragwürdigen Bedingungen produziert werden. Daher wäre hier nach dem ethischen Preis zu fragen, der Arbeitsverhältnisse, Umweltverschmutzung, Wasserverbrauch etc. mit einkalkuliert. Eine Antwort ist nicht einfach. In einem lesenswerten Artikel hat sich die Website Refinery29.com mit dieser Frage ausführlich beschäftigt und nennt einen Preis von mindestens 100 Euro als Indikator, dass das Produkt unter halbwegs humanen Bedingungen hergestellt wurde (Wicker 2019).

Zurück zu unserem Joghurtglas. Auch dieses lehrt uns Gefahren, die im Rahmen der Resilienz wichtig werden können, wenngleich Piraterie nicht darunter ist:

Problem	Konsequenz
Lange Transportwege	Möglichkeit der Veränderung des Preisgefüges, z. B. durch Steuern (Maut)
	Negative Publicity durch prekäre Arbeitsbedingungen in der Transportbranche
	Arbeitskämpfe
	Änderung politischer Rahmenbedingungen, z. B. Brexit
	Erheblicher Flächenverbrauch (Parkplätze, Lagerstätten)
	Umweltverschmutzung, z. B. Feinstaub
Viele Prozessbeteiligte	Vervielfachung möglicher Störereignisse (Arbeitskämpfe, Unfälle, Beeinträchtigung durch Naturkatastrophen)

Gerade der letzte Punkt ist bemerkenswert. Wenn ich an einem Standort alle Teile eines Joghurtglases zusammenfüge und es bricht ein Feuer aus, dann kann es sein, dass meine Produktion komplett ausfällt.

Habe ich fünf Produktionsstätten, an denen jeweilige Teile meines Produkts entstehen, kann an fünf Stellen ein Feuer ausbrechen, mit der möglichen Folge, dass das Ergebnis dasselbe ist, wenn das Feuer nur an einem von fünf möglichen Orten ausbricht. Steigt also das Risiko eines Störfalls an, wenn ich meine Produktion derartig diversifiziere? Und wie wappne ich mich als resilientes Unternehmen gegen solche Störungen?

Es ist an der Zeit, sich mit der Risikowahrnehmung und den Risikoklassen zu beschäftigen, um so Rückschlüsse auf zu treffende Maßnahmen in Bezug auf die unternehmerische Resilienz ziehen zu können.

6.2 Risikoklassen und Risikowahrnehmung

Die oben dargestellte Definition der Resilienz, so wie jene der Soziologen (Siehe Abschn. 2.2), ist ja eine Reaktion auf ein störendes Ereignis: Sind die Eltern Alkoholiker, so besteht eine gewisse Wahrscheinlichkeit, dass das Kind später auch alkoholkrank wird. Resilient bezeichnet man in diesem Beispiel ein Kind, dass trotz dieser Vorbelastung nicht krank wird. Wie können wir das auf einen unternehmerischen Kontext übertragen?

Ein Schlüssel zur Lösung liegt im Wort „Wahrscheinlichkeit". Das heißt, die Definition von Resilienz ist ganz offenbar in Relation mit einem Risiko zu sehen, sodass wir uns für dieses Kapitel eine Arbeitshypothese zulegen können, die wir am Ende überprüfen werden. Die Hypothese lautet, dass Resilienz und Risiko wie die Schalen einer Waage zu betrachten sind: Kenne ich das Risiko, kann ich mich entsprechend verhalten oder genauer entsprechende Maßnahmen ergreifen, um die Waage wieder ins Gleichgewicht zu bringen.

Dazu wäre es nützlich zu wissen, gegen welche Risiken Unternehmen sich wappnen müssen. Da Tätigkeit und Risikoprofil einzelner Unternehmen unterschiedlich ausfallen – ein Kernkraftwerk hat ganz sicher ein anderes Risikoprofil als ein Fahrradladen – bedienen wir uns am besten eines Modells, um eine Grobklassifizierung typischer Risiken vorzunehmen. Schließlich können wir die notwendigen resilienten Maßnahmen ermitteln.

Geeignet wäre an dieser Stelle ein Modell, das es uns erlaubt, Risiken gleichsam in Schubladen einzuordnen. Ein solches Modell ist das „Semantische Muster der Risikoklassen", welches die folgenden Risikoklassen zusammenfasst (Renn 2014, S. 264):

- **Unmittelbare Bedrohung:** Diese Risikoklasse umfasst technische Risiken mit einem hohen Katastrophenpotenzial und geringer Eintrittswahrscheinlichkeit, was zur Folge hat, dass der Gefahreneintritt als zufällig wahrgenommen wird. Beispiele sind hier die Reaktorkatastrophen von Tschernobyl und Fukushima.
- **Schicksalsschlag:** Hierunter sind natürliche Gefahren zu verstehen, deren Eintrittswahrscheinlichkeit ebenfalls gering sind. Der Gefahreneintritt wird bei derartigen Risiken als Teil eines Gefahrenzyklus wahrgenommen, z. B. als „Jahrhunderthochwasser"
- **Herausforderung eigener Kräfte:** z. B. Extremsportarten, gefährliche Freizeitaktivitäten
- **Glücksspiel:** Lotterien, Sportwetten, aber auch Börsenspekulation und Abschließen von Versicherungen

- **Frühindikator für schleichende Gefahren:** Diese Klasse umfasst Risiken, die man selbst nicht wahrnehmen kann, wie zum Beispiel Zusätze oder Rückstände in Lebensmitteln, Feinstaub, Infraschall bei Windrädern. Da derartige Risiken mit den eigenen Sinnesorganen nicht wahrgenommen werden können, sind Experten notwendig, die in der Lage sind, das Gefahrenpotenzial einzuschätzen.

Testen wir doch einmal, ob uns diese Risikoklassen weiterbringen. Das wäre dann der Fall, wenn die jeweiligen Klassen unternehmensrelevant sind und sich nutzen lassen, um passende Resilienzmaßnahmen zu formulieren. Im ersten Schritt stellen wir zunächst einmal sicher, dass die genannten Risikoklassen Relevanz für Unternehmen haben und notieren etwaige Herausforderungen für die Identifikation von Resilienzmaßnahmen – vgl. Tab. 6.1.

Gehen wir jetzt ein wenig ins Detail, indem wir die Risikoklassen genauer beleuchten und versuchen, die Probleme im Hinblick auf Resilienzmaßnahmen zu konkretisieren:

Tab. 6.1 Zuordnung der Risikoklassen

Risikoklassen	Relevanz für Unternehmen	Betroffene von Schadensereignissen	Probleme bezüglich der Resilienz
Unmittelbare Bedrohung	Unternehmen, die über technische Risiken mit hohem Katastrophenpotenzial verfügen	Alle Mitarbeiter, u. U. große Teile der Bevölkerung	Geringe Eintrittswahrscheinlichkeit Gefühlte Zufälligkeit des Schadenseintritts
Schicksalsschlag	Alle	Alle Mitarbeiter	Geringe Eintrittswahrscheinlichkeit Wahrnehmung von Gefahrenzyklen
Herausforderung der eigenen Kräfte	Alle	Alle Mitarbeiter	Variable Eintrittswahrscheinlichkeit, abhängig vom Verhalten einzelner Individuen
Glückspiel	Alle	Vorrangig Management	Variable Eintrittswahrscheinlichkeit, abhängig von Gewinn- oder Verlustwahrscheinlichkeiten
Frühindikator schleichender Gefahren	Alle	Alle	Mangelnde Risikoeinschätzung, Abhängigkeit von Experten

Unmittelbare Bedrohung

Dass Kernkraftwerke oder Chemiefabriken ein hohes Schadenspotenzial haben, ist unmittelbar einsichtig. Die Kernschmelzen in Tschernobyl 1986 und Fukushima 2011 und der Sandoz-Unfall 1986 sind beredte Beispiele dafür. Problematisch ist die geringe Eintrittswahrscheinlichkeit, welche die Risikowahrnehmung nachteilig beeinflusst. Das führt uns zu der Frage, wie man bezogen auf die Resilienz mit solchen Gefahrenpotenzialen umgehen soll.

Es bietet sich an, nach den folgenden Punkten zu differenzieren:

Denkbar wäre es zunächst, auf initiale Maßnahmen zu setzen, die darauf abzielen, das schädigende Ereignis möglichst unwahrscheinlich werden zu lassen. Das bedeutet, dass man Bauwerke zum Beispiel nach dem aktuellen Stand der Technik konzipiert und errichtet. Dazu kann gehören, dass man Überwachungssysteme redundant konzipiert, sodass bei Ausfall eines Systems ein anderes gleichwohl noch funktioniert und ein Schadensereignis abwehrt. Stand der Technik bedeutet auch, dass man alle gesetzlichen Anforderungen erfüllt und womöglich sogar übererfüllt.

Hinzu kommen kontinuierliche Maßnahmen: Ziel ist es auch hier, die Eintrittswahrscheinlichkeit weiterhin so gering wie möglich zu halten. Es gibt in dieser Risikoklasse umfangreiche gesetzliche Pflichten, die natürlich mindestens zu erfüllen sind. Dabei handelt es sich um routinemäßige Prüfpflichten, z. B. einen Staudamm oder ein Reaktorgehäuse regelmäßig auf Risse zu überprüfen. Ferner gehört die regelmäßige Prüfung des Stands der Technik dazu. Ab dem Zeitpunkt der Genehmigung von Bauwerken oder Anlagen müssen diese im Rahmen der kontinuierlichen Maßnahmen weiterhin gemäß den rechtlichen Regeln ergänzt, umgebaut oder ertüchtigt werden.

Eine Maßnahme in diesem Kontext kann auch die Einstellung des Betriebs oder der Rückbau von Anlagen sein. Prominentes Beispiel ist das ehemalige Kernkraftwerk Mülheim-Kärlich in der Nähe von Koblenz, das 1986 in Betrieb ging, aber bereits 1988 wieder abgeschaltet werden musste, da man feststellte, dass es in einem erdbebengefährdeten Gebiet lag (Dörner 2019).

Schließlich hilft alles nicht zur Gänze: Das Risiko eines Schadensereignisses wird sich niemals auf null drücken lassen, sodass finanzielle Maßnahmen hinzutreten müssen: Ein Unternehmen muss wissen, welche Kosten mögliche Schäden verursachen und hierauf reagieren. Als mögliche Maßnahmen zu nennen sind Rückstellungen, Leistungen an spezielle Fonds (ähnlich dem Einlagensicherungsfonds der Geldinstitute) oder Versicherungen.

Schicksalsschlag
Diese Klasse ist der vorhergehenden sehr verwandt. Das tückische ist die Risiko-wahrnehmung in Bezug auf Schicksalsschläge: Häufig werden sie in einen zeit-lichen Zusammenhang gebracht, der hinsichtlich des möglichen Schadensein-tritts täuscht. So kann ein „Jahrhunderthochwasser" zwar in seinem Ausmaß die Ereignisse der vergangenen 100 Jahre übertreffen, aber bereits im folgenden Jahr erneut auftreten (Gigerenzer 2008, 35 ff.). Bezüglich der zu treffenden Maß-nahmen (initial, kontinuierlich und finanziell) kann auf das oben Gesagte ver-wiesen werden.

Herausforderung der eigenen Kräfte
Die Beispiele dieser Kategorie sind eher auf den Freizeitbereich zugeschnitten, aber auch im unternehmerischen Kontext denkbar. Zu nennen wäre hier der vor-sätzliche oder fahrlässige Verstoß gegen Arbeitsschutzbestimmungen durch Mit-arbeiter eines Unternehmens, oder aber ein waghalsiger Unternehmenskauf. Im ersten Fall haftet zumeist die gesetzliche Unfallversicherung (finanzielle Resilienz-maßnahmen), wenn aber der Arbeitsunfall durch den Arbeitgeber verursacht ist („Jupp, mach doch mal eben …"), können empfindliche Regressansprüche die Folge sein. Im zweiten Beispiel können noch viel höhere Schäden entstehen. Ein Beispiel hierfür ist die versuchte Übernahme von VW durch Porsche, die der dama-lige Porsche-Vorstandschef Wendelin Wedeking 2008 ankündigte. Die Folgen: 11,4 Mrd. Euro Schulden und die Übernahme des operativen Geschäfts von Por-sche durch VW (Grah 2019).

Auch hier lassen sich initiale, kontinuierliche und finanzielle Resilienzmaß-nahmen unterscheiden.
Beispiel Arbeitsschutz

- Initial: Aushänge der Vorschriften
- Kontinuierlich: Schulungen der Mitarbeiter, interne Audits zur Einhaltung der Vorschriften
- Finanziell: Rückstellungen, Zahlung von Pflichtbeiträgen zur Gesetzlichen Unfallversicherung

Beispiel Unternehmensübernahme

- Initial: Spezifikation von Compliance- und Governancevorschriften
- Kontinuierlich: Prüfung der verantwortlichen Personen durch Aufsichts-gremien, Auditierung von Managemententscheidungen
- Finanziell: Rückstellungen, Managementhaftpflichtversicherung

Glückspiel
Auch in dieser Kategorie denkt man zunächst eher an ein Casino als an unternehmerische Risiken. Aber gerade Verstöße gegen Compliance-Vorschriften ähneln häufig einem Glückspiel. So hatte im Jahr 2008 die Stadt Hagen 41,8 Mio. Euro in riskanten Zinsspekulationen verloren (Weiske 2010), im Jahr 2014 wurden die Berliner Verkehrsbetriebe auf 150 Mio. Euro aus einer verlorenen Finanzwette verklagt (Heiser 2014).

Auch hier lassen sich die drei Maßnahmenkategorien bezüglich möglicher Resilienzmaßnahmen benennen. In unserem Beispiel können wir auf das Gesagte zur Kategorie „Herausforderung der eigenen Kräfte" verweisen.

Frühindikator schleichender Gefahren
Diese Kategorie lohnt eine genauere Untersuchung, denn sie unterscheidet sich augenscheinlich hinsichtlich des Schadensereignisses und dem Umgang mit Risiken: Dieser Kategorie ist es zu eigen, dass es sich um quasi unsichtbare Risiken handelt, zu denen persönliche Erfahrungen fehlen. Dies ist bei vielen „modernen" Risiken der Fall, wie zum Beispiel Gefahren von chemischen Pflanzenschutzmitteln und Lebensmittelzusätzen (Renn 2014, S. 274).

Das Problem: Zur Risikobewertung ist man auf Expertenmeinungen und Studienergebnisse angewiesen, die oft eine große Bandbreite an Wahrscheinlichkeiten enthalten, denn diese Risiken folgen keinem kausalen Zusammenhang, sondern sind stochastischer Natur (Renn 2014, S. 275). Ferner besteht ein Glaubwürdigkeitsproblem, hinsichtlich der jeweiligen Informationsquelle, die zur Risikobewertung herangezogen wird.
Diese Risiken betreffen einerseits produzierende Unternehmen. Ein eindrucksvolles Beispiel ist die 56,5 Milliarden Euro teure Übernahme des Saatgutherstellers Monsanto durch Bayer im Jahre 2018. Monsanto produziert ein Unkrautvernichtungsmittel namens „Roundup", das nicht nur als umweltschädlich gilt, sondern nach einer Studie der Internationalen Krebsforschungsagentur IARC auch krebserregend ist (Zentrum der Gesundheit 2021). Die Folge waren bis Juli 2019 mehr als 18.000 Klagen gegen Bayer/Monsanto in den USA (Dostert 2019), bereits im Oktober schwoll die Prozesslawine auf 42.700 Klagen an (Ettel 2019). Die Vergleichszahlungen dürften sich auf 50 Milliarden Euro summieren (Dpa 2020, zit. n. ZDF heute). Zeitweise war der Börsenwert von Bayer niedriger als der Kaufpreis von Monsanto (Hej/Dpa-AFX zit. n. Der Spiegel 2019).
Der Fall zeigt eine interessante Charakteristik dieser Risikoklasse. Das Produkt „Roundup" ist bereits seit 1974 auf dem Markt und wurde in 130 Länder geliefert (Bayerisches Staatsministerium für Ernährung, Landwirtschaft und Forsten 2020). Lange Zeit wurde das Mittel ohne Probleme für den Produzenten eingesetzt. Erst

nach und nach entstanden Zweifel bezüglich Gesundheitsgefahren und langfristigen negativen Auswirkungen auf die Umwelt, die dann in relativ kurzer Zeit in einer enormen Klagewelle kulminierten.

Darüber hinaus ist diese Risikoklasse auch für nicht produzierende Unternehmen wie zum Beispiel Dienstleister relevant. Man denke hier an Reinigungskräfte, die täglich mit verschiedenen Chemikalien in Kontakt kommen, oder Büroangestellte, die in asbestbelasteten Räumlichkeiten ihrer Tätigkeit nachgehen.

Für die Unternehmen sind die modernen Risiken also aus den folgenden Gründen hochproblematisch:

- Es gibt keinen direkten Kausalzusammenhang.
- Ob ein nennenswertes Risiko vorliegt, ist anfangs schwer erkennbar.
- Das Schadenspotenzial kann nur in Wahrscheinlichkeiten und diese nur in hohen Bandbreiten beziffert werden.
- Die Informationsquellen unterliegen eingeschränkter Glaubwürdigkeit.
- Schadensereignisse können plötzlich kulminieren und für Unternehmen existenzbedrohende Ausmaße annehmen.
- Bezüglich der Resilienz stehen hier also vornehmlich die kontinuierlichen und finanziellen Maßnahmen im Vordergrund:
- Kontinuierlich: Durchführung von Prüfmaßnahmen, Durchführung eigener Studien, Bewertung von Informationsquellen hinsichtlich der Glaubwürdigkeit
- Finanziell: Kontinuierliche Bewertung von Risiken durch vertrauenswürdige Experten, rechtzeitige Rückstellungen für Schadensfälle
- Initial: Strategie der Totalvermeidung (Null-Risiko) – dürfte in vielen Fällen nur theoretisch möglich sein, Organisationsmaßnahmen zur Einrichtung eines Frühwarnsystems (z. B. Expertenrat)

6.3   Zwischenfazit

Wie gesehen, ist das Semantische Muster der Risikoklassen ein guter Ausgangspunkt, um verschiedene Risiken in passende „Schubladen" zu stecken, und entsprechende Resilienzmaßnahmen zu definieren. Dabei gelten einige Faustregeln:

Faustregeln
- Unternehmerische Resilienz basiert auf der Abwehr von Risiken.
- Je mehr Erfahrung mit Risiken/Risikoklassen bestehen, desto besser ist ein Risiko quantifizierbar.

- Je besser ein Risiko quantifizierbar ist, desto genauer lassen sich Resilienzmaßnahmen fassen.
- Lineare Risiken sind besser quantifizierbar als Risiken, die einem stochastischen Ursache-Wirkungszusammenhang unterliegen.
- Je höher das Risiko ist, desto umfangreicher sind die zu treffenden Resilienzmaßnahmen.
- Resilienzmaßnahmen lassen sich in drei Maßnahmenarten differenzieren: in initiale (einmalig zu definieren), kontinuierliche (regelmäßig zu prüfen und anzupassen) und finanzielle (regelmäßig zu prüfen und anzupassen).
- Totalvermeidung eines Risikos ist meist nur eine theoretische Möglichkeit.

6.4   Das risikobasierte Resilienzmodell

Es ist jetzt an der Zeit, ein Vorgehensmodell zu entwickeln, das die Risikoklassifikation zur Ableitung der Resilienzmaßnahmen zusammenfasst. Wie schon in den obigen Faustregeln dargelegt gehen wir davon aus, dass unternehmerische Resilienz immer in Verbindung mit einem Risiko definiert wird. Wir betrachten die Risiken hier also immer aus der Resilienzbrille und nicht primär aus der Perspektive eines Risikomanagers.

Abb. 6.2 zeigt das risikobasierte Resilienzmodell.

Gehen wir das Modell einmal chronologisch durch:

Risikoidentifikation Der Prozess der Entwicklung unternehmerischer Resilienz beginnt mit der Risikoidentifikation. Dazu ist es zunächst einmal wichtig, die relevanten Kennzeichen resilienter Organisation zu kennen, die wir Kap. 5 bereits vorgestellt haben. Die eigentliche Risikoidentifikation ist dann ein kreativer Akt, der mögliche Risiken auflistet, die den Resilienzkennzeichen entgegenstehen. Dabei gilt der Grundsatz: Je mehr Risiken identifiziert werden, desto besser. Ob die Risiken letztlich für die Beurteilung der Resilienz relevant sein werden, spielt zu diesem Zeitpunkt noch keine Rolle.

Risikoklassifikation Das identifizierte Risiko wird in eine der fünf „Schubladen" des oben vorgestellten Modells der semantischen Muster der Risikoklassen gesteckt. Dieser Schritt stellt sicher, dass jedem Risiko eine spezifische Risikokategorie zugeordnet wird. Dies ist wichtig, um später Maßnahmencluster entwickeln zu können, die diesen Risiken entgegenwirken.

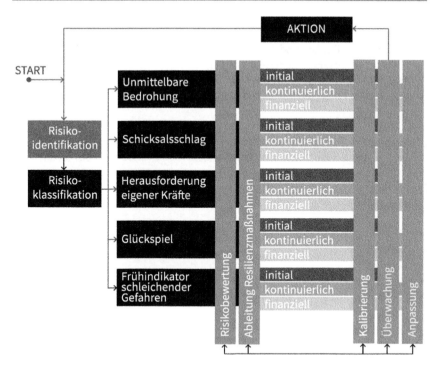

Abb. 6.2 Das risikobasierte Resilienzmodell (Grundform)

Risikobewertung In diesem Schritt wird das Risiko bewertet. Zunächst wird eruiert, inwieweit das Risiko akzeptabel oder beeinflussbar ist. Alternativen sind hier: Ignorieren, Akzeptieren, Ausweichen (Null-Risiko). Danach erfolgt die Bewertung anhand der Dimensionen Eintrittswahrscheinlichkeit und Auswirkung faktischer und finanzieller Art. Eine faktische Bewertung könnte zum Beispiel „existenzbedrohend" sein, d. h. bei Eintritt des Risikos ist der Bestand des Unternehmens akut gefährdet.

Weitere faktische Bewertungen sind:

- Gefährdung der Betriebsinfrastruktur (oder eines Teils davon)
- Gefährdung von Leib und Leben
- Gefahr zivil- und strafrechtlicher Konsequenzen
- Ausfall bestimmter Märkte
- Ausfall bestimmter Produkte oder Produktgruppen

Die finanzielle Risikobewertung kann auf drei Arten erfolgen:

- Anhand von Rechenmodellen (vergleichbar zu Modellen, wie sie in der Versicherungswirtschaft eingesetzt werden)
- Durch Gutachten, die von Experten erstellt werden
- Durch Benchmarking anhand von dokumentierten Erfahrungswerten ähnlicher Schadensereignisse

Ableitung von Resilienzmaßnahmen Anschließend kommt es zur Ableitung der einzelnen Resilienzmaßnahmen. Diese haben wir zuvor schon beispielhaft skizziert. Zur Ableitung ist es wichtig zu wissen, welchen Verlauf eine Krise üblicherweise nimmt und in welcher Phase sich das Unternehmen gerade befindet. Mögliche Varianten sind:

- Vorbereitung
- Vorbeugung
- Schutz
- Reaktion
- Erholung

Diese Varianten zeigt das Resilience Engineering Modell des Ernst-Mach-Instituts (vgl. Abb. 6.3).

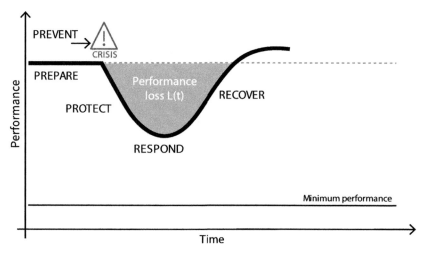

Abb. 6.3 Resilience Engineering. (Quelle: Eigene Darstellung basierend auf Fraunhofer EMI 2020)

Abb. 6.4 Aktionsbezogenes
Resilienzmaßnahmemodell

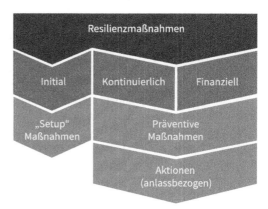

Das Modell gibt einen guten Überblick über den Krisenverlauf und ist sehr gut geeignet, mögliche Maßnahmenkategorien dem typischen Krisenverlauf zuzuordnen. Nicht ideal ist es jedoch bei der Bestimmung, wann die Maßnahme identifiziert und als Handlungsoption implementiert werden muss. Denn wir müssen – Stichwort selbstfahrendes Unternehmen – Kategorien finden, die wir später in ein selbstfahrendes Beobachtungs- und Handlungssystem, also eine Software überführen können. Das heißt, im weiteren Verlauf wird ein derartiges Resilienzsystem zunehmend automatisiert funktionieren müssen.

Daher ordnen wir Maßnahmen in einem weiteren Schritt den drei Dimensionen „initial", „kontinuierlich" und „finanziell" zu (vgl. Abb. 6.4).

Initial bedeutet, dass diese Maßnahmen einmalig zu Beginn gleichsam als Setup der unternehmerischen Resilienz festgelegt werden. Hierbei kann es sich zum Beispiel um die Definition von Compliance-Regeln handeln. Anschließend werden die kontinuierlichen Maßnahmen definiert. Hierunter fallen auch Maßnahmen, die zunächst initial waren, später aber angepasst werden (z. B. Anpassung der Compliance-Regeln).

Bei den kontinuierlichen Maßnahmen handelt es sich vorrangig um faktische Tätigkeiten, die das Unternehmen als Organisation betreffen. Beispiele sind das Aufhängen von Hinweisschildern oder Fluchtwegeplänen, Betrieb und Wartung von Rauchmeldern, etc. Letztlich werden finanzielle Maßnahmen definiert. Hierbei handelt es sich oft um notwendige Rückstellungen, Versicherungen bzw. liquiditätsorientierte Maßnahmen. Dass die finanzielle Resilienz gesondert behandelt wird, liegt an der besonderen Brisanz dieses Bereichs, da letztlich alle denkbaren Störungen einen massiven Einfluss auf die finanzielle Leistungsfähigkeit von Unternehmen haben und somit stets in einem Liquiditätsrisiko münden.

Die Maßnahmen innerhalb der Dimensionen „kontinuierlich" und „finanziell" sind stets präventiv und entsprechen der Kategorie „Prepare" aus dem Resilience Engineering-Modell. Ihnen werden jeweils anlassbezogene Aktionen zugeordnet, welche die übrigen Phasen des in Abb. 6.3 dargestellten Modells umfassen. Die Einteilung nach dem Resilience Engineering Modell ist nützlich für das Verständnis der Maßnahmen als Hilfestellung bei der Entwicklung eines Maßnahmenkatalogs. Angesichts der Vielfalt und Komplexität von Risiken und daraus resultierenden Tatsache, dass der Maßnahmenkatalog niemals vollständig sein wird, ist jede Hilfe bei dieser anspruchsvollen Tätigkeit willkommen. Im Rahmen unserer Vorgehensweise, die auf die Überführung in selbstfahrende Resilienzmanagementsysteme abzielt, ist sie fakultativ zu sehen.

Nachfolgend überprüfen wir beispielhaft die Resilienz eines Unternehmens in Bezug auf einen möglichen Brand in seiner Produktionshalle. Dabei werden die Unterschiede zwischen den Phasen des Resilience Engineering Modells und des Aktionsbezogenen Resilienzmaßnahmemodells aus Abb. 6.4 erläutert, wie in Tab. 6.2 dargestellt.

Tab. 6.2 Gegenüberstellung von Maßnahmen nach dem Resilience Engineering und Aktionsbezogenen Resilienzmaßnahmemodell

Maßnahme	Resilience Engineering Modell	Aktionsbezogenes Resilienzmaßnahmemodell
Fluchtwegeplan entwerfen und aufhängen	Vorbereitung	Initial
Rauchmelder installieren	Vorbeugen	Initial
Rauchmelder warten und ergänzen	Vorbeugen	Kontinuierlich – Präventiv
Rettungsübungen durchführen	Vorbeugen	Kontinuierlich – Präventiv
Brandlast prüfen und reduzieren	Vorbeugen	Kontinuierlich – Präventiv
Alarmsignal bei Brand senden	Schützen	Kontinuierlich – Aktion
Evakuierung durchführen	Reaktion	Kontinuierlich – Aktion
Löscharbeiten	Reaktion	Kontinuierlich – Aktion
Schäden reparieren	Erholung	Kontinuierlich – Aktion
Feuerversicherung abschließen	Vorbereitung	Initial
Deckungssumme überprüfen und anpassen	Vorbereitung	Finanziell – Präventiv
Feuerversicherung termingerecht bezahlen	Vorbereitung	Finanziell – Präventiv
Schadensregulierung durch Versicherung	Erholung	Kontinuierlich – Aktion Finanziell – Aktion

Die Unterschiede werden anhand des Beispiels deutlich. Das aktionsbasierte Resilienzmodell beantwortet die Frage wann, wie oft und in welcher Sphäre (Organisation oder Finanzen) Maßnahmen oder Aktionen durchgeführt werden. Das Resilience Engineering Modell zeigt an, in welcher Phase eines Störereignisses die Maßnahme Anwendung findet. Beide Informationen sind nützlich. Das aktionsbasierte Modell scheint sich jedoch besser für den Einsatz von Algorithmen zu eignen. Dies werden wir in Kap. 7 näher erläutern.

Kalibrierung Sind die Resilienzmaßnahmen einmal definiert, müssen sie kalibriert werden. Hierunter ist die Definition der Priorität und Intensität von Maßnahmen zu verstehen. Die Kalibrierung kann sich aufgrund von gesetzlichen Regelungen ergeben. Weitaus häufiger folgt sie jedoch aus einer Quantifizierung von Risiken als Teil des Risikomanagements.

Überwachung Sind die Maßnahmen definiert und kalibriert, werden sie fortwährend überwacht. Weitere Ausführungen zu diesem Thema sind ebenfalls in Kap. 7 dargestellt.

Bei der Überwachung können bestimmte Ausnahmen auftreten, die eine Reaktion erfordern. Ausnahme kann bedeuten, dass ein Schadensereignis eingetreten ist. In diesem Fall werden die anlassbezogenen Aktionen ausgeführt (**Aktion**, vgl. Abb. 6.2). Ferner kann es aber auch notwendig werden, die Maßnahmen zu verändern. Dann kommt es zur Anpassung.

Aktion Die Aktion erfolgt, sobald eine Störung oder Krise eingetreten ist. Die Aktion ist also eine Akutmaßnahme zur Bekämpfung oder nachfolgenden Beseitigung eines Schadensereignisses. Sobald die Aktion durchgeführt wurde, ist ihr Erfolg zu überprüfen. Das kann einerseits die erneute Ausführung des Schritts Risikoidentifikation sein. In diesem Falle wird geprüft, ob das Risiko überhaupt noch besteht, ob nunmehr ein neues Risiko entstanden ist oder der Schritt Risikobewertung aufgerufen werden muss, um zu prüfen, inwieweit sich das Risiko nach Ausführung der Aktion verändert hat.

Anpassung Eine Anpassung ist dann vorzunehmen, wenn eine Maßnahme verändert werden soll. Sobald die Anpassung erfolgt ist, wird entweder mit der Überwachung fortgefahren, oder die Anpassung erfordert eine weitere Analyse, sodass die Schritte Risikobewertung, Ableitung von Resilienzmaßnahmen bzw. Kalibrierung erneut durchlaufen werden müssen.

6.5   Besondere Risiken

Ist unser Vorgehensmodell damit abschließend? Nicht ganz. In diesem Abschnitt untersuchen wir weitere globale Risiken, so genannte systemische Risiken und Risiken, die einer besonderen Risikoverteilung folgen. Wir beleuchten die daraus resultierenden Auswirkungen auf die Resilienz von Unternehmen und auf das risikobasierte Resilienzmodell.

6.5.1 Systemische Risiken

Risiken sind dann als systemisch zu bezeichnen, wenn es sich um globale Risiken handelt, die durch ein katastrophales Ereignis zentrale lebenswichtige Systeme schädigen können, auf denen unsere Gesellschaft beruht (Renn 2014, S. 330). Dabei ist zu beachten, dass nicht nur diejenigen zu Schaden kommen, die das Risiko eingegangen sind, sondern auch andere, die im selben oder funktional abhängigen Umfeld tätig sind. Vielfach fallen schädigende Beiträge einzelner kaum ins Gewicht, aber im globalen Zusammenwirken können sie enorme Auswirkungen haben.

Anhand welcher Merkmale können wir also systemische Risiken identifizieren? Das erste Merkmal liegt aufgrund des zuvor Gesagten auf der Hand: Systemische Risiken haben eine globale oder zumindest lokal übergreifende Wirkung. Da sie nicht über linear-kausale, sondern über chaotische und stochastische Wirkungsbeziehungen verfügen, werden sie über lange Zeit von Politik und Gesellschaft unterschätzt. Wie wir gleich sehen werden, sind systemische Risiken eng mit anderen Risiken vernetzt und entfalten eine Ansteckungswirkung auf andere Lebensbereiche.[3]

Die chaotisch-stochastische Wirkungsbeziehung erinnert an die zuvor genannten Frühindikatoren schleichender Gefahren – wobei zum einen die Wirkung systemischer Risiken sehr viel weitgreifender ist, zum anderen die Akteure im Umfeld andere sind. Bei den weiter oben behandelten Risikoklassen handelt es sich um Risiken, die sich vorrangig in Unternehmen manifestieren oder primär durch Unternehmen entstehen. Bei den systemischen Risiken jedoch haben wir ein Konglomerat von Akteuren bestehend aus Wissenschaft, Wirtschaft und Zivilgesellschaft (Renn 2014, S. 347).

Um einmal konkreter zu fassen, welche Gefahren damit gemeint sind, schauen wir auf die fünf wesentlichen Untergruppen systemischer Risiken:

---

[3] Ein Beispiel aus der Eurokrise: Notverkäufe, die durch einen Schuldenschnitt ausgelöst werden, übersteigen die direkten Folgen des Schnitts um das sechsfache, vgl. Handelszeitung 2016.

- Ökologische Gefahren wie die übermäßige Ressourcennutzung, schädliche Emissionen und Reduzierung der Biodiversität
- Risiken der globalen Wirtschaft, insbesondere im Hinblick auf Finanzwirtschaft und Handelsströme
- Soziale Risiken wie Armut und ungleiche Lebensbedingungen (Renn 2014, S. 346)
- Geopolitische Risiken – hierzu zählen terroristische Attacken und der Einsatz von Massenvernichtungswaffen
- Technologische Risiken resultierend in Cyberattacken und Ausfall der Informationsinfrastruktur

Die Folgen der Risiken aus jeder dieser Untergruppen sind uns bekannt: Sei es der globale Temperaturanstieg verursacht durch Treibhausgase, die globale Finanzkrise, ausgelöst durch eine Immobilienblase in den USA, die Flüchtlingskrise in Europa als Folge des Syrienkriegs und ein enormes Wohlstandsgefälle zwischen der Europäischen Union und dem afrikanischen Kontinent. Die Liste ließe sich nahezu endlos fortsetzen.

Was bedeuten nun aber systemische Risiken für Unternehmen im Hinblick auf die unternehmerische Resilienz? Zunächst einmal ist festzustellen, dass Unternehmen Risiken zwar ausgesetzt sind, in diesem Konglomerat aber nur ein „kleines Rädchen" mit dementsprechend geringen Einflussmöglichkeiten sind. Ferner sind systemische Risiken in komplexer Weise miteinander verwoben, dies erschwert es Unternehmen, die relevanten Risiken zu identifizieren und einschätzen zu können. Es bedarf also eines Hilfsmittels, das in der Lage ist, Unternehmen bei der Identifikation und Einschätzung zu unterstützen.

Ein probates Mittel ist der jährliche „Global Risk Report" des World Economic Forums (World Economic Forum 2020). Der Bericht stellt die größten systemischen Risiken des jeweils kommenden Jahres vor und gibt eine Einschätzung hinsichtlich ihrer Wahrscheinlichkeiten, Auswirkungen und Vernetzungen. Damit ist der Global Risk Report ein guter Ansatzpunkt für Unternehmen, ein unternehmensspezifisches systemisches Risikoprofil zu erstellen und die passenden Resilienzmaßnahmen zu entwickeln.

Im Einzelnen sieht die Vorgehensweise wie in Abb. 6.5 dargestellt aus.

Eine wesentliche Abwandlung zum oben erläuterten Vorgehensmodell ist die Erstellung des unternehmensspezifischen Risikoprofils. Die weiteren Schritte entsprechen dem bereits bekannten Modell, sodass wir diese Vorgehensweise wie in Abb. 6.6 dargestellt in unser Resilienzmodell einbauen können.

Abb. 6.5 Resilienzmaßnahmen in Bezug auf
systemische Risiken

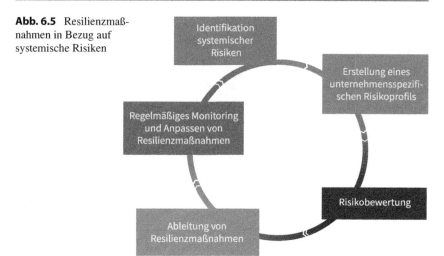

6.5.2   Fat-tailed Risks

Wir haben bisher ausführlich besprochen, dass Risiken die Grundlage für die Ableitung von Anforderungen an die unternehmerische Resilienz und dementsprechende Maßnahmen darstellen. Unser Modell erläutert, wie hier vorzugehen ist und gibt uns eine klare Reihenfolge vor. Die Frage ist nur: Gilt das für alle bislang behandelten Risiken? Oder genauer: Kann man alle Risiken mehr oder weniger über einen Kamm scheren – oder fehlt uns noch eine wichtige Stellschraube?

Viele Vorgänge im alltäglichen Leben folgen einem statistischen Verteilungsmodell, das auf den deutschen Mathematiker und Astronom Carl Friedrich Gauß zurückgeht: Die Gauß-Verteilung bzw. Normalverteilung.

Sie besagt, dass unter bestimmten Voraussetzungen, wie zum Beispiel großen Grundgesamtheiten, jede beliebige Verteilung asymptotisch zu einer Normalverteilung wird. Trägt man die Verteilung in ein Diagramm ein, so entsteht eine Kurve, die symmetrisch verläuft und bei der der Median und Mittelwert identisch sind[4] (vgl. Abb. 6.7).

Beispiele für die Normalverteilung sind einerseits biologische Größen wie die Körpergröße, Länge von Haaren, Gliedmaßen, etc. sowie Messgrößen wie der

---

[4] Beim Mittelwert werden alle Werte zusammengezählt und dann die Summe durch die Zahl der Werte dividiert. Beim Median werden alle Zahlen aufsteigend gereiht, dann wird die mittlere Zahl ausgewählt.

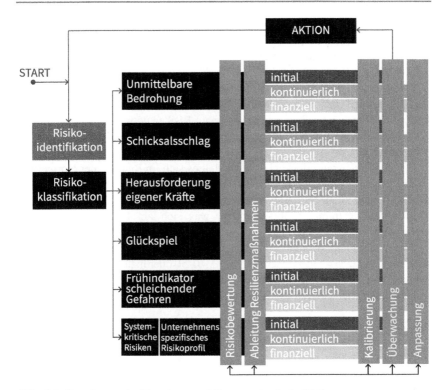

Abb. 6.6 Erweiterung des Vorgehensmodells um systemische Risiken

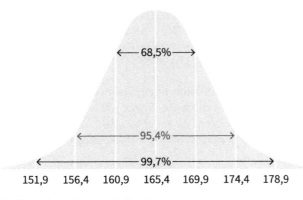

Abb. 6.7 Die Normalverteilung nach Gauß

Blutdruck. Ferner ist sie bei Finanzmarktgrößen anzutreffen wie periodischen Preisänderungen von Aktien, bei natürlichen Größen wie Regenmenge, Sonnenscheindauer innerhalb eines Jahres oder in der Produktion, insbesondere der Qualitätssicherung (Novustat 2019).

Das Problem hierbei ist, dass wir Normalverteilungen, wie ihr Name schon sagt, als „normal" bzw. allgemeingültig hinnehmen. Wenn wir also Annahmen treffen, welche Resilienzmaßnahmen in Bezug auf Risiken notwendig werden, so neigen wir dazu, Normalverteilungen als gegeben hinzunehmen und extreme Sachverhalte zu vernachlässigen.

Bei den Enden der Glockenkurve handelt es sich im Rahmen der Normalverteilung um so genannte „Thin Tails": Das heißt, die Kurve strebt asymptotisch dem Nullpunkt zu, ohne diesen jedoch zu erreichen. Ereignisse, die hier verortet werden, sind extrem unwahrscheinlich, was sich am Beispiel der Körpergröße zeigt:

Nehmen wir an, die mittlere Körpergröße des Menschen ist 1,67 m. Wie wahrscheinlich ist es, dass ein Mensch 10, 20, 30, 40, 50 oder mehr cm größer ist als der Schnitt? Der Autor Nassim Nicholas Taleb demonstriert dies anhand von etwas vereinfachten Daten (Taleb 2007, S. 344):

Körpergröße in cm	Wahrscheinlichkeit
167	Mittelwert und Median
177	1:6,3
187	1:44
197	1:740
207	1:32.000
217	1:3.500.000
227	1:1.000.000.000
237	1:780.000.000.000
247	1:1.600.000.000.000.000
257	1:8.900.000.000.000.000.000

Demgegenüber hat Taleb zusammen mit seinem Kollegen, dem Mathematiker Pasquale Cirillo entdeckt, dass mache Risiken allerdings nicht der herkömmlichen Normalverteilung folgen, da sie „Fat Tails" haben (vgl. Abb. 6.8). Das bedeutet, dass extreme Ereignisse häufiger vorkommen und desaströse Folgen haben können.

Taleb erklärt das anhand der Seuche Ebola: So würden sich viele Psychologen darüber mokieren, dass sich viel mehr Menschen vor Ebola fürchten als vor einem tödlichen Sturz von einer Leiter. Demgegenüber sei jedoch zu bedenken, dass der Sturz von einer Leiter keinerlei Potenzial biete, die Bevölkerung zu dezimieren.

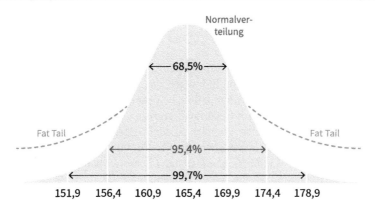

Abb. 6.8 Normalverteilung mit „Fat Tails"

Demgegenüber verhält sich Ebola multiplikativ, sodass die Wahrscheinlichkeit großer unkontrollierbarer Ausbrüche zwar gering, jedoch höher als bei normalverteilten Risiken ist (Taleb 2007, S. 17). Daraus lässt sich folgern, dass Epidemien sich anders verhalten als die Normalverteilung. Im Endeffekt bedeutet das, dass ein unkontrollierbarer Ausbruch von Ebola im Gegensatz zu den normalverteilten Stürzen von einer Leiter sehr viel mehr Schaden anrichten kann.

„Fat Tail"-Risiken finden sich in den folgenden Bereichen (Taniguchi 2018):

- **Epidemien und Pandemien**: Weitreichende und verheerende Ausbrüche sind durch die Konnektivität und Mobilität moderner Menschen wahrscheinlicher, wie jüngst die Corona-Pandemie gezeigt hat.
- **Wirtschaft**: Vom Börsen-Crash 1987 über die Dot-Com-Blase Anfang der 2000er-Jahre bis hin zur Finanzkrise 2008 gab es eine Reihe von unvorhersehbaren Ereignissen, die verheerende Auswirkungen auf die Weltwirtschaft hatten.
- **Geopolitik**: Hierzu gehören kriegerische Auseinandersetzungen. Ein Konflikt zwischen zwei oder mehr Staaten hat ein höheres Potenzial, sich zu einem Flächenbrand mit entsprechend desaströsen Folgen auszuwirken, wie Europa und die Welt im 20. Jahrhundert erfahren mussten Krieg im Herzen von Europa ist auch heute, für viele überraschend, ein aktuelles Bedrohungsszenario. Ein weiteres Beispiel für diese Kategorie ist die Abwertung des russischen Rubels und der damit einhergehende Schuldausfall von 1998. Die Annahme der Wirtschaftswissenschaftler, dass Russland sowohl fähig als auch willens sei, seine Zahlungen zu leisten, wurde damals widerlegt. Die

Normalverteilung legt nahe, dass ein solches Ereignis wahrscheinlich nur einmal in der Geschichte stattfindet.

Was bedeutet diese Erkenntnis nun für die unternehmerische Resilienz? Resilienz ist ein Verhalten, das auf externe Störungen reagiert. Externe Störungen werden wiederum anhand von Risiken identifiziert, bewertet und mit entsprechenden Maßnahmen versehen, die dann im Bedarfsfall ergriffen werden. Soweit die Erkenntnisse aus dem risikobasierten Vorgehensmodell. Eine unserer Forderungen aus Abschn. 2.4 lautete, dass Resilienz berechenbar sein müsse. So wäre es ideal, wenn wir ein Mittel in der Hand hätten, um Risiken derart zu berechnen, dass wir uns optimal für externe Störungen wappnen können.

Die Normalverteilung schien ein geeignetes Mittel zu sein, und in vielen Fällen dürfte sie auch gute Ergebnisse bringen. Die Fat-Tail-Risiken indes zeigen, dass wir hinsichtlich der Resilienz mitunter extreme Ereignisse in Betracht ziehen müssen. Weiter gedacht bedeutet es, dass wir auch in der Lage sein müssen, auf kaum vorhersehbare, zufällige Ereignisse reagieren zu müssen. Dies könnte jedoch ein Problem für das selbstfahrende Unternehmen sein, was wir im nächsten Abschnitt untersuchen werden.

6.5.3   Algorithmen und Resilienz

Das selbstfahrende Unternehmen zeichnet sich, wie bereits beschrieben, dadurch aus, dass 80 % der Entscheidungen mittels Softwarealgorithmen getroffen werden. Fraglich ist aber, ob ein selbstfahrendes Unternehmen auch auf seltene oder zufällige externe Ereignisse reagieren kann. Denn nur dann wäre es wirklich selbstfahrend – ähnlich einem autonom fahrenden Auto, das auch dann bremsen sollte, wenn vor ihm die Straße wegbricht.

Kämen wir zu dem Schluss, dass selbstfahrende Unternehmen nicht auf seltene Extremereignisse reagieren können, würde es bedeuten, dass ein Unternehmen nicht „selbstfahrend" sein kann, weil es nicht resilient gegen derartige Störungen ist. Resilient bedeutet in diesem Zusammenhang nicht, dass das Unternehmen die Folgen einer Störung perfekt parieren muss, sodass überhaupt kein Schaden entsteht. Es bedeutet vielmehr, dass es in der Lage sein muss, die Störung zu erkennen und geeignete Maßnahmen zu ergreifen, um die Folgen einer Störung so weit wie möglich zu minimieren.

Um uns einer Antwort nähern zu können, ist es zunächst notwendig zu untersuchen, wie Algorithmen funktionieren. Dabei ist es im Hinblick auf das selbstfahrende Unternehmen ausreichend festzustellen, ob Algorithmen Zufälle berücksichtigen können oder nicht. Eine Detailuntersuchung ist nicht notwendig, da es aktuell noch keine selbstfahrenden Unternehmen gibt. Die Annahme, dass sich gegenwärtig Unternehmen zu selbstfahrenden Unternehmen weiterentwickeln, ist vorrangig in Kenntnis der hierzu notwendigen Technologie begründet und nicht darin, dass diese Technik vollumfänglich einsatzbereit ist.

Das bedeutet in Bezug auf Algorithmen: Wenn es denkbar ist, dass Algorithmen in der Lage sind, Zufälle zu berücksichtigen und deren Auswirkungen zu berechnen, dann ist es auch denkbar, das selbstfahrende Unternehmen resilient gegen seltene, aber existenzbedrohende Ausnahmesituationen im Sinne von Fat-Tailed-Risks sein können.

Daher ist an dieser Stelle zu klären, was Algorithmen eigentlich sind. Der Begriff Algorithmus geht auf die Verballhornung des Namens al-Chwarizmi (latinisiert Algorismi (Digitales Wörterbuch der deutschen Sprache 2021)) zurück, einem arabischen Mathematiker des 9. Jahrhunderts, der erstmals einen Rahmen für exakt definierte Rechenverfahren bestimmte. Wir kennen den Begriff vor allem aus der Informatik, wo Algorithmen als ein Prozess zur Lösung von Problemen verstanden werden, bei dem Eingabedaten in einzelnen Schritten in Ausgabedaten konvertiert werden. Sie bilden die Grundlage der Programmierung und sind unabhängig von bestimmten Programmiersprachen (Czernik 2016).

Algorithmen können einerseits automatisch vom Computer ausgeführt und zudem vom Menschen in „natürlicher" Sprache formuliert und verarbeitet werden (Czernik 2016). Im Hinblick auf das selbstfahrende Unternehmen konzentrieren wir uns jedoch auf Software-Algorithmen. Folgende Anforderungen werden an Algorithmen gestellt (Czernik 2016):

- Eindeutigkeit: Ein Algorithmus verfügt über eine eindeutige Beschreibung.
- Ausführbarkeit: Jeder Einzelschritt ist ausführbar.
- Endlichkeit: Die Beschreibung des Algorithmus ist endlich.
- Terminierung: Nach endlich vielen Schritten liefert der Algorithmus ein Ergebnis.
- Determiniertheit: Der Algorithmus liefert bei gleichen Voraussetzungen das gleiche Ergebnis.
- Determinismus: Zu jedem Zeitpunkt der Ausführung besteht höchstens eine Möglichkeit der Fortsetzung (Zindler 2018, S. 2).

Das Problem liegt hier in der Determiniertheit: Ein Algorithmus, der bei gleichen Voraussetzungen unterschiedliche Ergebnisse liefert, ist eben per Definition kein Algorithmus. Das Problem kann indes durch Zufallsgeneratoren gelöst werden, insbesondere, soweit es sich um nichtdeterministische Zufallsgeneratoren han-

delt. Ein Beispiel für einen solchen Zufallsgenerator ist die Ermittlung von Zu-
fallszahlen anhand beobachteter radioaktiver Zerfallsprozesse (Zindler
2018, S. 13).

Das führt uns zu der Erkenntnis, dass Software-Algorithmen jedenfalls das
Potenzial haben, zufällige Ereignisse zu berücksichtigen, sodass sich an dieser
Stelle eine weitere Untersuchung unterschiedlicher Software-Algorithmen
erübrigt.

Wir können zum gegenwärtigen Zeitpunkt also davon ausgehen, dass die Algorithmen selbstfahrender Unternehmen auch unerwartete Zufälle in ihre Be-
rechnungen einbeziehen und damit resilient auf seltene und existenzbedrohende
Ereignisse reagieren können.

6.6   Risikobewusstsein

Wie wir sehen, ist die Kenntnis relevanter Risiken sehr nützlich, um die Resilienz
gegen schädigende Ereignisse zu verbessern. Eine wichtige Eigenschaft darf jedoch nicht vergessen werden: Risikobewusstsein. Ohne Risikobewusstsein sind
wir gar nicht in der Lage, Risiken zu erkennen. Die Existenz eines Risikobewusstseins ist in diesem Sinne die Basis für unternehmerische Resilienz und steht im
risikobasierten Resilienzmodell noch vor dem ersten Schritt der Risikoidentifikation.

Daraus leiten sich zwei wichtige Fragen ab:

- Welches sind die wichtigen Grundlagen, um ein unternehmerisches Risikobewusstsein zu entwickeln?
- Ferner: Wer soll im Unternehmen für dieses Risikobewusstsein zuständig, bzw.
  wo soll es organisatorisch angesiedelt sein?

Die beiden Fragen sind leicht beantwortet. Dennoch ist es wichtig, sie hier explizit
zu erwähnen, denn die Grundlage für das Risikobewusstsein sind die Unternehmensprozesse. Sie können den kreativen Prozess befeuern, um festzustellen,
was alles schiefgehen kann. Daher ist es wichtig, dass die Prozesse ausreichend
dokumentiert vorliegen. Zu beachten ist, dass Unternehmensprozesse wiederum
häufigen Anpassungen unterliegen und insbesondere mit Blick auf das selbstfahrende Unternehmen vor gewaltigen Änderungen stehen. Diese gipfeln sogar in
der Abschaffung von Prozessen im Sinne linearer Unternehmensabläufe (Schnitz-

hofer 2021, S. 18 bzw. Abschn. 5.5.5). Daher können wir in Bezug auf das Risikobewusstsein folgende Forderungen aufstellen:

- Unternehmensprozesse müssen stets korrekt und aktuell dokumentiert vorliegen
- Die Untersuchung der Unternehmensprozesse auf Prozessrisiken, die Einfluss
  auf die unternehmerische Resilienz haben, ist dementsprechend iterativ vorzunehmen.
- Der Transformationsprozess zum selbstfahrenden Unternehmen und die damit
  einhergehende Transformation der Prozesse ist sorgfältig im Voraus und mit
  genügend Ressourcen zu planen, sodass sich das Risikobewusstsein adäquat zu
  dieser weitgehenden Transformation entwickeln kann.

Auch bei der zweiten Frage drängt sich eine Antwort auf, da sich bis hierher folgendes andeutet: Wenn zwischen Resilienz und Risiko ein derartiges Näheverhältnis
besteht, so ist es naheliegend, die Beurteilung der die Resilienz beeinflussenden
Risiken im Risikomanagement anzusiedeln. Damit werden sie zum zentralen Ort
des unternehmerischen Risikobewusstseins. Dafür sind jedoch zwei Voraussetzungen zu erfüllen:

- Das Risikomanagement bedarf womöglich eines erweiterten Mandats, um eben
  nicht nur Risiken zu identifizieren, zu bewerten und gesetzlichen wie unternehmerischen Governance Richtlinien zu genügen. Rechnung zu tragen ist auch
  zunehmend den sich abzeichnenden Bedürfnissen von selbstfahrenden Unternehmen. Wie wir in Kap. 7 sehen werden, verlangt die unternehmerische Resilienz nach einem neuen Prüfschema und – wie in Kap. 9 dargelegt auch nach
  neuen Reportinglösungen, die nicht im bisherigen Aktionsradius von bestehenden Risikomanagement-Abteilungen zu finden waren.
- Insofern ist das Risikomanagement dahingehend zu ertüchtigen, das bedeutet
  einen adäquaten Ressourceneinsatz und ggf. auch die Schulung bzw. Ver-
  mittlung von resilienzspezifischem Know-how. Um es einmal deutlich zu
  sagen: Das Risikomanagement, wie wir es bisher kennen, ist für die analogen
  und digitalen Unternehmen von heute gedacht. Selbstfahrende Unternehmen
  benötigen etwas anderes. Um Unternehmen selbstfahrend zu machen ist es
  notwendig, gewisse kognitive und rationale Fähigkeiten an Software zu übergeben, die heute nur Menschen haben. Diese sind dann zur Steuerung von
  Unternehmen zu nutzen. Wenn wir das tun, ist es folgerichtig, ihnen auch die
  Fähigkeit zu geben selbstfahrend resilient zu sein. Das heißt: Auch das Risikomanagement muss selbstfahrend werden. Dann wird aus dem Risiko-

management von heute die unternehmerische oder organisationale Resilienz der Zukunft.

6.7   Fazit

Unsere Arbeitshypothese, wonach sich Risiken und Resilienz wie die Schalen einer Waage verhalten hat sich bewährt, denn sie versetzt uns in die Lage, quasi in einem Rundumblick anhand der Risiken die relevanten Maßnahmen zu bestimmen – oder anders ausgedrückt: Gelingt es, ein Risiko akut oder präventiv zu minimieren, so gelingt es auch resilient zu sein gegen Gefahren, die das Risiko repräsentiert. Im Vergleich zum bisherigen Risikomanagement verfolgen wir mit dem Winning Wheel ein intuitives Modell zur strategischen Positionierung von Unternehmen in Bezug auf Resilienz und darauf aufbauend ein neues explizit auf Resilienz ausgerichtetes risikobasiertes Vorgehensmodell, sodass unternehmerische Resilienz mehr ist als altbekanntes Risikomanagement mit einem neuen Anstrich.

Mit dem Winning Wheel und dem risikobasierten Resilienzmodell haben wir nun die notwendigen Bausteine für ein Prüfschema zusammen. Dieses werden wir im folgenden Kapitel kennenlernen.

Literatur

Bayerisches Staatsministerium für Ernährung, Landwirtschaft und Forsten (2020): Die Geschichte von Glyphosat. URL: https://www.lfl.bayern.de/ips/unkraut/192697/index.php [Abfrage vom 21. 6. 2021]

Böge, Stefanie (1992): Erfassung und Bewertung von Transportvorgängen: Die produktbezogene Transportkettenanalyse. Diplomarbeit, Universität Dortmund, Fachbereich Raumplanung.

Bloomberg (2013): Ninety Cents Buys Factory Safety in Bangladesh on $22 Jeans. URL: https://www.bloomberg.com/news/articles/2013-06-05/ninety-cents-buys-safety-on-22-jeans-in-bangladesh [Abfrage vom 25. 9. 2021]

Czernik, Agnieska (2016): Was ist ein Algorithmus – Definition und Beispiele. URL: https://www.dr-datenschutz.de/was-ist-ein-algorithmus-definition-und-beispiele/ [Abfrage vom 28. 6. 2021]

Der Spiegel (2019): Monsanto-Debakel – Bayer-Aktie auf Talfahrt. URL: https://www.spiegel.de/wirtschaft/unternehmen/boersenwert-von-bayer-niedriger-als-kaufpreis-fuer-monsanto-a-1259808.html [Abfrage vom 17. 6. 2021]

Digitales Wörterbuch der deutschen Sprache (2021): Algorithmus. URL: https://www.dwds.de/wb/Algorithmus [Abfrage vom 28. 6. 2021]

Dörner, Annalena (2019): Warum das Atomkraftwerk Mülheim-Kärlich nur 13 Monate in Betrieb war. URL: https://www.wz.de/panorama/warum-das-atomkraftwerk-muelheim-kaerlich-nur-13-monate-in-betrieb-war_aid-44971281 [Abfrage vom 19. 6. 2021]

Dostert, Elisabeth (2019): Zahl der Glyphosat-Klagen steigt rasch. URL: https://www.sueddeutsche.de/wirtschaft/bayer-klagen-glyphosat-monsanto-1.4545782 [Abfrage vom 19. 6. 2021]

Ettel, Anja (2019): Bayer hat jetzt 42.700 Glyphosat-Klagen am Hals https://www.welt.de/wirtschaft/article202735364/Glyphosat-Bayer-kaempft-gegen-eine-Flut-von-42-700-Klagen.html [Abfrage vom 19. 6. 2021]

Gigerenzer, Gerd (2008): Bauchentscheidungen: Die Intelligenz des Unbewussten und die Macht der Intuition, München: Bertelsmann.

Grah, Annika (2019): Als Porsche einst Volkswagen übernehmen wollte. URL: https://www.dw.com/de/als-porsche-einst-volkswagen-übernehmen-wollte/a-49618351 [Abfrage vom 13. 6. 2021]

Handelszeitung (2016): Wie sich Banken in der Krise gegenseitig anstecken. URL: https://www.handelszeitung.ch/blogs/free-lunch/wie-sich-banken-der-krise-gegenseitig-anstecken-1301075 [Abfrage vom 28. 6. 2021]

Heiser, Sebastian (2014): Der Kontrollverlust der BVG. URL: https://taz.de/Spekulation-mit-Kreditderivaten/!5049982/ [Abfrage vom 18. 6. 2021]

Novustat (2019): Warum Sie Experte für die Normalverteilung werden sollten – erklärt mit Beispielen. URL: https://novustat.com/statistik-blog/normalverteilung-erklaert-mit-beispielen.html [Abfrage vom 29. 6. 2021]

Renn, Ortwin (2014): Das Risikoparadox: Warum wir uns vor dem Falschen fürchten, Frankfurt a. M.: Fischer.

Schnitzhofer, Florian (2021): Das Selbstfahrende Unternehmen. Ein Denkmodell für Organisationen der Zukunft. Wiesbaden: Springer Gabler.

Taleb, Nassim Nicholas (2007): Der Schwarze Schwan: Die Macht höchst unwahrscheinlicher Ereignisse (German Edition), München: Knaus.

Taniguchi, Junya (2018): Fat Tail Distributions – What Are They and Why Do They Matter? URL: https://www.clubstreetpost.com/2018/07/fat-tail-distributions-what-are-they-and-why-do-they-matter/ [Abfrage vom 28. 6. 2021]

Weiske, Martin (2010): Niemand wird für die Hagener Millionenpleite belangt. URL: https://www.wp.de/staedte/hagen/niemand-wird-fuer-die-hagener-millionen-pleite-belangt-id2697557.html [Abfrage vom 14. 6. 2021]

Wicker, Alden (2019): So viel sollte ein Paar Jeans kosten, um ethisch vertretbar zu sein. URL: https://www.refinery29.com/de-de/jeans-produktion-kosten-ethik [Abfrage vom 20. 6. 2021]

World Economic Forum (2020): The Global Risks Report 2020. URL: https://www.weforum.org/reports/the-global-risks-report-2020 [Abfrage vom 25. 9. 2021]

ZDF heute (2020): Glyphosat-Rechtsstreit – Bayer stimmt in den USA Vergleich zu. URL: https://www.zdf.de/nachrichten/wirtschaft/bayer-monsanto-rechtsstreit-usa-unkrautvernichter-100.html [Abfrage vom 17. 6. 2021]

Zentrum der Gesundheit (2021): Krebserreger Glyphosat: Der Unkrautvernichter. URL: https://www.zentrum-der-gesundheit.de/bibliothek/umwelt/pestizide-uebersicht/monsanto-glyphosat-krebserregend-ia [Abfrage vom 17. 6. 2021]

Zindler, Ulf (2018): Algorithmen und Zufall. Berlin: Willms Neuhaus Stiftung.

Das Resilienz-Prüfschema

7

Zusammenfassung

Unternehmen können sich im Winning Wheel positionieren und darauf basierend prüfen, inwieweit sie die zuvor dargestellten Resilienzkennzeichen erfüllen. In diesem Zusammenhang fehlt uns noch ein wichtiges Zwischenstück, nämlich ein Prüfschema, das Unternehmen in die Lage versetzt, kontinuierlich die eigene Resilienzfähigkeit zu überwachen und im Bedarfsfall geeignete Maßnahmen zu erheben.

Da manche Risiken zwar kontinuierlich bestehen, womöglich aber niemals eintreten, lernen wir zudem Stresstests als Mittel zur Beurteilung von Bedrohungen kennen. Der Resilienzquotient schließlich erleichtert uns die Quantifizierung von Risiken und ermöglicht eine Einschätzung, wie resilient ein Unternehmen Krisen meistern kann.

Nachdem wir die Positionierung des Unternehmens im Winning Wheel und die Resilienzkennzeichen kennengelernt und die daraus resultierenden Maßnahmen ermittelt haben, stellen sich nunmehr weitere Fragen: Wie passt das alles zusammen? Unter welchen Umständen ist die unternehmerische Resilienz denn nun zu bejahen? Und was ist letztlich das Ergebnis, das es zu ermitteln gilt?

Was uns noch fehlt, ist ein Prüfschema, dies ist nachfolgend dargestellt. Es fasst die zunächst erfolgte Herleitung der Resilienz zusammen und bringt die einzelnen

A. Röhe, *Das resiliente Unternehmen – Die Krisen der Zukunft erfolgreich meistern*, https://doi.org/10.1007/978-3-662-64815-5_7

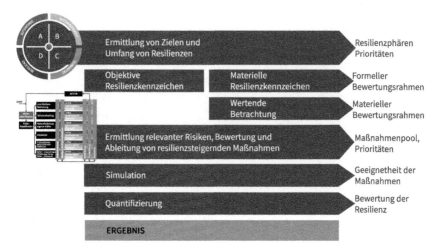

Abb. 7.1 Das Resilienz-Prüfschema

Schritte in eine sinnvolle Reihenfolge. Ferner verdeutlicht es die Ergebnisse und
Erkenntnisgewinne, die wir auf jeder Stufe erlangen. Werfen wir einen Blick auf
das Resilienz-Prüfschema.

Das in Abb. 7.1 dargestellte Schema ist von oben nach unten zu lesen und enthält einige bekannte Komponenten aus den vorangegangenen Kapiteln, sodass wir
die Puzzleteile jetzt zusammenfügen können. Die einzelnen Schritte des Schemas sind bis auf Simulation und Quantifizierung bekannt. Auf der rechten Seite
sind die Ergebnisse aufgeführt, die am Ende jedes Prüfschrittes erzielt werden.
Gehen wir das Schema einmal chronologisch durch.

7.1   Ziel und Umfang von Resilienz

Wie wir in Kap. 3 gesehen haben, steht das Streben von Unternehmen nach Autonomie im Spannungsverhältnis mit den Forderungen, die aus den Dimensionen
Nachhaltigkeit und Humanität an sie gestellt werden. Die Resilienz bringt diese
„Fliehkräfte" in einen Ausgleich. Idealerweise positioniert sich das Unternehmen
im Mittelpunkt U, denn dort ist der ideale Wirkungsbereich der Resilienz. Allerdings können sich Unternehmen an jedem anderen Punkt innerhalb der Red Line
positionieren, denn der Mittelpunkt bildet nicht die Position des maximalen Profits
ab und eine dauerhafte Position im Mittelpunkt U ist nicht erforderlich, da es Un-

ternehmern freigestellt ist, zwischenzeitliche Risiken einzugehen. Gelegentlich ist das sogar erforderlich, wie wir am Beispiel einer ERP-Einführung festgestellt haben. Insofern ist das Winning Wheel ein Aufsatzpunkt für eine erste Positionsbestimmung: Wieviel Resilienz muss sein und wieviel „ungedecktes" Risiko wird im Gegenzug in Kauf genommen. Die Systematik des Modells stellt dabei sicher, dass kein Aspekt vernachlässigt wird. Nähert man sich innerhalb der Red Line einer Dimensionsgrenze an, entfernt man sich gleichzeitig von einer anderen. Dies muss bei der Positionsbestimmung berücksichtigt werden.

Das Ergebnis dieser Positionsbestimmung ist die Definition notwendiger und erwünschter Resilienzsphären, die später mit entsprechenden Maßnahmen hinterlegt werden. Neben der Definition erlaubt das Wheel auch eine Priorisierung. Positioniert sich ein Unternehmen beispielsweise weit im Sektor der Autonomie, so wird eine schwächere Resilienz gegenüber den Dimensionen Humanität und Nachhaltigkeit in Kauf genommen.

7.2 Resilienzkennzeichen

Nachdem die Resilienzsphären identifiziert wurden, fügen wir quasi „Schubladen" hinzu, anhand derer wir die Resilienz ermitteln können. Wie wir gesehen haben, gibt es objektive Resilienzkennzeichen. Bei deren Bejahung gehen wir ohne weiteres davon aus, dass die Beherrschung von Risiken dieser Kategorie die Resilienz fördert. Diese Stufe des Schemas erfordert nur eine binäre Antwort: Resilienz ja oder nein.

Ähnlich ist es bei den materiellen Resilienzkennzeichen. Diese kann man jedoch „übererfüllen", sodass ihr Effekt eben nicht zur Resilienz führt, sondern wiederum zu neuen für die Resilienz schädlichen Risiken. Daher muss bei diesen Kriterien eine bewertende Betrachtung hinzutreten. Die Resilienzkennzeichen bilden in Summe (inklusive der Kennzeichen für selbstfahrende Unternehmen) den formellen Bewertungsrahmen. Die wertende Betrachtung bildet den materiellen Bewertungsrahmen und schließt die schädliche Übererfüllung materieller Resilienzkennzeichen aus.

7.3   Ableitung von Maßnahmen

Der gesamte Bewertungsrahmen wird im nächsten Schritt als Grundlage verwendet, anhand derer die Maßnahmen identifiziert und zugeordnet werden. Es geht also darum, die Resilienz pro anhand der Resilienzkennzeichen identifiziertem Risiko durch entsprechende Maßnahmen sicherzustellen oder im Bedarfsfall zu stärken. Dies geschieht im risikobasierten Resilienzmodell, das Unternehmen in die Lage versetzt, die Risiken zu bewerten. Daraus entsteht ein Maßnahmenpool, wobei jede der identifizierten Maßnahmen geeignet sein muss, ein Risiko zu reduzieren oder zu vermeiden, sodass sie im Gegenzug die Resilienz gewährleisten oder steigern. Auch hier erlaubt das Modell eine Priorisierung.

7.4   Simulation (Stresstest) und Quantifizierung

Bis hierhin reichte das methodische Fundament zur Ermittlung von Resilienz. Nunmehr geht es darum, die abstrakt definierten Maßnahmen in differenzierte Aussagen zu überführen:

- Wie resilient ist die betrachtete Organisation denn tatsächlich?
- Wie äußern sich Schadensereignisse konkret?

Hierzu ist es unerlässlich, den definierten Maßnahmen mögliche Schadensereignissen gegenüberzustellen. Der Begriff Stresstest ist vor allem in der Finanzwirtschaft bekannt. Stresstests werden von Kreditinstituten und Aufsichtsbehörden durchgeführt, um Kreditinstitute dahingehend zu überprüfen, wie verlustanfällig sie gegenüber den Folgen ungewöhnlicher, aber vernünftiger Ereignisse sind (Hummel 2021). Das Ziel derartiger Simulationen ist es, die Widerstandsfähigkeit und mithin die Resilienz von Kreditinstituten in Extremsituationen zu bestimmen, die Stabilität des Finanzsektors zu erhöhen und die Sichtweise des traditionellen Risikomanagements zu ergänzen (Hummel 2021). Stresstests sind überdies ein valides Vorgehen bei der Überprüfung komplexer verteilter IT-Anwendungen, wie bereits oben zur Softwareresilienz ausgeführt wurde (Siehe oben Abschn. 5.5).

Im Rahmen des Resilienz-Prüfschemas verstehen wir den Begriff deutlich breiter. Stresstests sind umfassende Szenarien, welche die im risikobasierten Resilienzmodell identifizierten Risiken zur Grundlage haben. Aus diesen werden anhand der nachfolgend aufgeführten Vorgehensweise Krisenszenarien entwickelt und diese nachfolgend auf Folgen für das Unternehmen untersucht.

a. **Definition des Untersuchungsgegenstands**
Zunächst ist zu bestimmen, was eigentlich genau untersucht wird. Zumeist wird hier ein bestimmtes – nämlich das eigene – Unternehmen als Untersuchungsgegenstand dienen. Es können aber auch verbundene Unternehmen, Partnerunternehmen (Lieferanten, Vertriebspartner) bis hin zu ganzen Volkswirtschaften untersucht werden.

b. **Szenarienauswahl**
In diesem Schritt wird bestimmt, was konkret zu untersuchen ist. Die Szenarien werden aus den im risikobasierten Resilienzmodell identifizierten Risiken ermittelt.

c. **Definition des Untersuchungszeitraums**
Hier ist stets auf den individuellen Bedarfshorizont der durchführenden Partei abzustellen. Der Untersuchungszeitraum kann wenige Wochen, ein Geschäftsjahr oder mehrere Geschäftsjahre betragen. Mit zunehmender Länge des Untersuchungszeitraums nimmt die Prognosegenauigkeit jedoch ab und die Komplexität der Betrachtung des Szenarios nimmt zu. Dies ist in den nachfolgenden Schritten zu berücksichtigen.

d. **Definition des Krisenmodells**
Ein Szenario sollte nicht aus der Luft gegriffen sein, sondern sich so weit wie möglich an Analogien anlehnen. Das hat den Vorteil, dass aus der Analogie Verläufe, Kennzahlen, Art und Komplexität verschiedener Zusammenhänge in das Modell integriert werden können.

e. **Definition von Ergebnistypen**
Die Ergebnistypen sind Kategorien, nach denen Ergebnisse errechnet und zusammengefasst werden. Ergebnisse selbst können in Form von Zahlen und / oder Aussagen (z. B. Wahrscheinlichkeit des Fortbestands der Unternehmen) sein. Mögliche Ergebnistypen sind:

- Prognosen von Unternehmenskennzahlen in Form von Summen oder Differenzen
- Quotienten (z. B. Resilienzquotient),[1] die Aussagen über einen Sachzusammenhang anhand einer Skala zulassen
- Aussagen (z. B. zum Fortbestand der Unternehmung)

f. **Identifikation relevanter Einflussgrößen**
Einflussgrößen sind Variablen, die der Simulation zugrunde gelegt werden. Diese sind zu erheben und mit einem Basiswert zu hinterlegen, der möglichst

---

[1] Siehe unten Abschn. 7.5.

auf einem bekannten Sachverhalt oder einer Analogie beruht. Manchmal kann es auch ein willkürlich festgelegter Wert sein. Soll zum Beispiel die Auswirkung eines Erdbebens auf eine Produktionsstätte in Zentralchina untersucht werden, ergeben sich beispielsweise folgende Einflussgrößen:

Einflussgröße	Festlegung des Werts
Magnitude auf der Richterskala	Vornehmlich Analogie z. B. in Anlehnung eines schweren Erdbebens in der Provinz Sichuan 2008. Damals war die Magnitude 7,8.
Anzahl der Mitarbeiter	Tatsächlicher Sachverhalt
Baujahr von Produktionsstätte und Gebäuden	Tatsächlicher Sachverhalt
Wetter	Dies kann ein willkürlicher Wert sein. Interessant sind in der Simulation zumeist ungünstige Werte.

g. **Bestimmung von Simulationsvarianten**
Da das Szenario zwar auf einer Analogie beruhen sollte, es aber unwahrscheinlich ist, dass eine solche bei einem Schadensereignisses exakt so eintritt, sind verschiedene abweichende Verläufe zu berechnen, um die Auswirkungen genauer analysieren zu können. Wichtig ist dies zudem vor dem Hintergrund, dass Schadensereignisse nicht nur lineare Zusammenhänge haben müssen, sondern auch exponentielle Verläufe aufweisen können, die dann je nach Variante ganz andere Schlussfolgerungen ergeben.

h. **Beispiele für Simulationsvarianten:**
   • Realistische Variante (Das schädigende Ereignis tritt im Einklang mit der Analogie ein)
   • Optimistische Variante (Das schädigende Ereignis ist milder)
   • Pessimistische Variante (Das schädigende Ereignis ist größer)
   • Worst Case

i. **Definition der Untersuchungstiefe**
In einer Simulation ist die Gefahr groß, „vom Hölzchen auf's Stöckchen" zu kommen. Daher ist der Informationsbedarf vorab zu klären und die Untersuchungstiefe verbindlich festzulegen. Alle weiteren Detailvorgänge sind dann nicht mehr Teil der Untersuchung.

j. **Durchführung des Stresstests**
Hier wird die eigentliche Berechnung für die jeweiligen Ergebnistypen und in den bestimmten Varianten durchgeführt. Wesentlicher Vorgang ist die **Quantifizierung** von Vorgängen aus dem Szenario, den betrachteten Risiken und den Einflussgrößen.

k. **Auswertung des Stresstests**
In diesem Schritt werden die Ergebnisse in ein Ergebnisdokument abgetragen. Das Ergebnisdokument kann in verschiedenen Varianten ausgefertigt werden, denn abhängig vom Adressatenkreis ist auch die Detailtiefe der Ergebnisse zu bestimmen. Das Top Management benötigt eine geringere Detailtiefe als das Risikomanagement.

7.5 Besonderheiten der Quantifizierung

Die Ergebnisse einer Simulation sind vornehmlich Kennzahlen und Aussagen. Diese lassen üblicherweise einen Interpretationsspielraum zu und haben zur Folge, dass Aussagen zur unternehmerischen Resilienz durch diese zusätzliche Interpretationsbedürftigkeit verwässert werden.

Daher wird die Resilienz idealerweise im Rahmen der Quantifizierung als Quotient ausgerechnet. In Bezug auf die Resilienz könnte ein entsprechender Quotient wie folgt aussehen:

$$RQ = \frac{\text{Umsatz nach Schadenereignis}}{\text{Geplanter Umsatz}}$$

Ein erwartbarer Wert von RQ liegt zwischen 0 und 1. 0 bedeutet, es wird kein Umsatz nach Schadenseintritt erzielt, der Betrieb liegt also still. 1 bedeutet, dass das Schadensereignis den Umsatz nicht beeinflusst. Jedenfalls wird der geplante Umsatz erreicht. Denkbar ist auch ein Wert über 1, wenn der Umsatz nach dem Schadenseintritt sogar steigt.

Ein Beispiel: Ein Gastronom plant für das Jahr 2020 einen Umsatz von 100.000 Euro. Im Verlauf der Coronakrise (Schadensereignis) muss er seinen Betrieb 3 Monate lang schließen. Seine Umsatzprognose aufgrund der Schließung sinkt auf 75.000 Euro.

Seine Rechnung lautet also:

$$RQ = \frac{75.000\,\text{Euro}}{100.000\,\text{Euro}} = 0,75$$

Was sagt der Resilienzquotient aus? Denkbar ist die in Tab. 7.1 dargestellte Skala.

Die Aussagen zur Resilienz in Tab. 7.1 sind nur insoweit gültig, als ein Kausalzusammenhang zwischen Schadensereignis und Änderung der Einflussgröße (hier der Umsatz) bejaht werden kann. Zu beachten ist ferner, dass der Wert von RQ, nach dem kein Fortbestand der Unternehmung mehr denkbar ist, nicht pauschal

Tab. 7.1 Beispielhafte Skala des Resilienzquotienten

RQ-Wert	Bedeutung	Resilient?
>;1,0	Die Unternehmung profitiert vom Schadensereignis.	Ja.
1,0	Das Schadensereignis hat keinen Einfluss auf die betrachtete Zielgröße.	Ja.
>0,5 und <1,0	Das Schadensereignis manifestiert sich in einem Umfang, das der Unternehmung einen Fortbestand erlaubt.	Ja.
<0,5	Das Schadensereignis manifestiert sich in einem Umfang, das der Unternehmung einen Fortbestand **nicht** erlaubt.	Nein.

angegeben werden kann. Ein Unternehmen kann also auch bereits bei einem Wert von 0,6 in seinem Fortbestand gefährdet sein. Daher ist dieser Wert im Rahmen der Quantifizierung individuell für den Untersuchungsgegenstand zu ermitteln.

In unserem Beispiel sind weitere Ausformungen denkbar. Wie wir wissen, gab es im Rahmen der Coronakrise ja auch Ausgleichszahlungen für Betriebe, die von Schließungen betroffen waren. Manch ein Gastronom stellte in kurzer Zeit einen Lieferdienst samt Website auf die Beine, sodass der Gastronom eine erheblich günstigere Rechnung anstellen könnte. Daher können wir unsere Rechnung wie folgt erweitern:

- Umsatzprognose nach Schadenseintritt (UP): 75.000 Euro
- Einnahmen Lieferdienst (EL): 15.000 Euro
- Staatl. Zahlungen (SZ): 15.000 Euro
- Kosten Website (KW): 5000 Euro
- Geplanter Umsatz (GU): 100.000 Euro

- $$RQ = \frac{UP + EL + SZ - KW}{GU} = \frac{75.000 + 15.000 + 15.000 - 5.000}{100.000} = \frac{100.000}{100.000} = 1$$

Auch hier ist das Unternehmen völlig resilient. Interessanterweise finden wir im Zähler des Quotienten neben der Umsatzprognose Elemente wieder, die wir im risikobasierten Resilienzmodell als Resilienzmaßnahme qualifiziert haben:

- Investition in eine Website
- Einrichtung eines Lieferdienstes
- Staatliche Zahlungen

Diese Erkenntnis bedeutet dreierlei:

1. Die Ableitung der Maßnahmen aus dem risikobasierten Resilienzmodell erlauben die Berechnung eines Resilienzquotienten, soweit sich die einzelnen Faktoren quantifizieren lassen.
2. Der Resilienzquotient erfüllt unsere Forderung an Resilienz aus Abschn. 2.4, nämlich dass die Resilienz berechenbar im Sinne von kalkulierbar sein muss.
3. Wenn der Resilienzquotient berechenbar ist, eignet er sich für selbstfahrende Unternehmen.

Bis dato haben wir den Resilienzquotienten auf Basis von Umsatzgrößen verwendet. Natürlich lassen sich auch weitere Kenngrößen wie EBIT, EBITDA oder Gewinn verwenden, womit eine erleichterte Kommunikation in Richtung von Gesellschaftern oder Kapitalgebern möglich wäre. Zu bemerken ist hier jedoch, dass die Berechnung derartiger Quotienten inmitten einer akuten Krise deutlich schwieriger ist, während Umsatzprognosen schneller und präziser zu erheben sind.

7.6 Fazit

Damit beenden wir die Betrachtung unseres Resilienz-Prüfschemas. Wir wissen also jetzt, wie Resilienz hergeleitet, geprüft und berechnet wird. Dadurch, dass wir die Resilienz quantifizieren können, haben wir ein weiteres Werkzeug für resiliente selbstfahrende Unternehmen gefunden.

Im nächsten Kapitel sehen wir uns ein Unternehmen an, das sich vorgenommen hat, selbstfahrend zu werden, wodurch es in der Folge resilient durch die Coronakrise gekommen ist. Der Knackpunkt: Die Motivation zu dieser Entscheidung war nicht die unternehmerische Resilienz. Vielmehr war diese eine unbeabsichtigte Folge: der Beifang. Wir können anhand dieses Unternehmens jedoch lernen, wie sich Resilienz für die selbstfahrenden Unternehmen erreichen und systematisieren lässt.

Literatur

Hummel, Detlev (2021): Definition Stresstest. https://wirtschaftslexikon.gabler.de/definition/stresstest-53437 [Abfrage vom 18.07.2021]

Zweite Fallstudie: Der resiliente Finanzdienstleister

8

Zusammenfassung

Diese Fallstudie portraitiert ein Finanzdienstleistungsunternehmen, das sich 2018 entschlossen hat, seine Vertriebspartner mit digitalen Lösungen im täglichen Geschäft zu unterstützen. Das primäre Ziel war die Vermeidung von zeitraubenden administrativen Aufgaben und analogen Prozessen. Die Schwierigkeit, analoge und regulierte Prozesse kurzfristig zu digitalisieren, stellt zahlreiche Unternehmen vor eine Herausforderung. Dank der frühzeitigen Planung zur Digitalisierung des Vertriebsprozesses konnte das Unternehmen in der Corona-Krise die Fortführung des Geschäfts für nahezu alle Mitarbeiter sicherstellen.

Gegenstand dieser Fallstudie ist ein Finanzdienstleistungsunternehmen, das 1996 gegründet wurde und derzeit neben Deutschland in zwei weiteren europäischen Ländern aktiv ist.

2018 hat sich das Unternehmen entschlossen, seine Vertriebspartner mit digitalen Lösungen im täglichen Geschäft zu unterstützen. Das primäre Ziel war die Vermeidung von zeitraubenden administrativen Aufgaben und analogen Prozessen. Die Vertriebspartner sollten sich auf ihre Kernkompetenz konzentrieren können: Die optimale Beratung ihrer Kunden. Im Zuge der Corona-Pandemie wurde eine digitale Kundenberatung für zahlreiche Unternehmen zum Überlebensfaktor, so auch im Finanz- und Versicherungswesen. Die Schwierigkeit, analoge und regulierte Prozesse kurzfristig zu digitalisieren, stellt zahlreiche Unternehmen vor eine Herausforderung. Dank der frühzeitigen Planung zur Digitalisierung des Vertrieb-

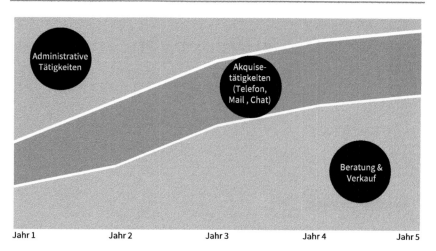

Abb. 8.1 Auf dem Weg zum selbstfahrenden Unternehmen

sprozesses und der agilen Entwicklungsmethodik konnte das Unternehmen in der Krise durch ein vorgezogenes Go-live die Fortführung des Geschäfts für nahezu alle Mitarbeiter in kürzester Zeit umsetzen (vgl. Abb. 8.1).

Zum Projektstart lag der administrative Anteil am analogen operativen Geschäft bei ca. 70 % (Dokumente ausfüllen, scannen, ausdrucken, ausfüllen, erneut einscannen etc.), der durch den Einsatz der neuen Lösung auf ca. 30 % mehr als halbiert werden konnte. Die Software- und Strategieberatung ReqPOOL, welcher der Autor angehört, unterstützt in Zusammenarbeit mit verschiedenen Entwicklungshäusern das Unternehmen hierbei mit Product Ownern und Entwicklern im Auswahl- und Entwicklungsprozess, sowie bei der Bereitstellung der benötigten Software.

8.1   Agile Entwicklung & Co-Creation-Modus

Für die Entwicklung des Vertriebsportals mit insgesamt 10 direkt beteiligten Personen (Scrum Master, Software-Lead, Developer, UI/UX Expert, Product Owner, Production Instance Manager, Database Manager) aus drei Unternehmen stehen vor allem der kontinuierliche Austausch, eine hohe Geschwindigkeit, höchste Software-Qualität und die Sicherstellung einer flexiblen und wachstumsfähigen Architektur im Vordergrund. Aus diesem Grund läuft der Entwicklungsbetrieb agil und in zweiwöchigen Sprints. Die Anforderungen werden wöchentlich in enger Zusammenarbeit mit dem Kunden erhoben.

Um Flexibilität bezüglich der Anforderungen an eine Microservices-Architektur sowie verteilte Verantwortlichkeiten sicherzustellen, arbeitet das Team agil nach den Methoden Scrum bzw. Scrumban zusammen.

Um eine hohe Entwicklungsgeschwindigkeit beizubehalten, wird mit YouTrack ein Ticketsystem eingesetzt, das alle notwendigen Anforderungen zur Transparenz und Projektsteuerung erfüllt und zusätzliche Overhead-Aufgaben überflüssig macht.

8.2   Agilität im Technologiestack

Für die Definition des Technologiestacks spielten gleich mehrere Faktoren eine zentrale Rolle. Die Variabilität, Austausch- und Erweiterbarkeit der Komponenten sowie die bestmögliche Unterstützung des agilen Entwicklungsprozesses im Hinblick auf die Microservices-Architektur, Geschwindigkeit und Software-Qualität wurden dabei als allgemeine Grundlage definiert.

Darüber hinaus sind die Vertriebspartner des Unternehmens freie Mitarbeiter, die keine verbindlichen Vorschriften zur Nutzung bestimmter Endgeräte erfüllen müssen. Daher wurde ein responsives Design für alle Endgeräte entwickelt, das gleichzeitig die Performance einer nativen App aufweist und insbesondere auch auf mobilen Endgeräten und außerhalb von größeren Internetbandbreiten funktioniert. Schlussendlich spielen auch die Sicherheit und der Datenschutz sowie die Anforderungen der regulierenden Behörden eine Rolle, da sensitive und personenbezogene Daten verarbeitet werden müssen.

Aus diesem Grund fiel die Entscheidung auf einen Technologie-Stack aus Open-Source-Komponenten, der zusätzlich zwei Drittanbietersysteme über REST API integriert (vgl. Abb. 8.2).

Die Wahl der einzelnen Komponenten stellt eine ausreichende Performance der Systeme sicher.

Dieses Zusammenspiel der einzelnen Bereiche ermöglicht den orts- und geräteunabhängigen Zugriff auf die relevanten Informationen für einen vollständigen Beratungs- und Vergleichsprozess der Angebote (vgl. Abb. 8.3).

Durch die Integration einer Online-Unterschriftenlösung können Versicherungsmakler und Kunden rechtsverbindliche Dokumente und Formulare elektronisch signieren und bearbeiten. Die Lösung informiert dabei stets über abgeschlossene Prozesse und neue abrufbare Dateien.

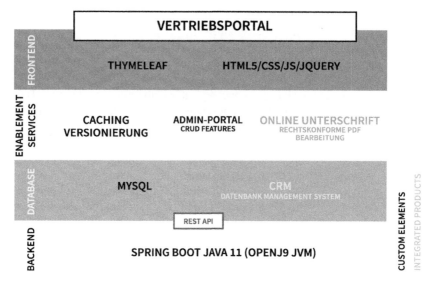

Abb. 8.2 Der Technologie-Stack des Vertriebsportals

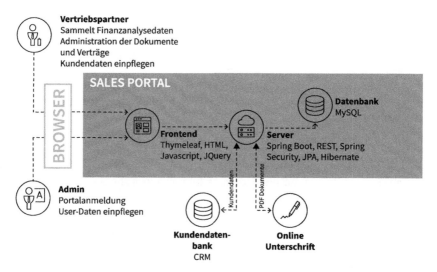

Abb. 8.3 Aufbau des Vertriebsportals

8.3   Fazit

Das Vertriebsportal des betrachteten Finanzdienstleisters beweist, dass agile Entwicklungsmethoden, Open-Source-Technologien und eine gezielte Digitalisierung von Kerngeschäftsprozessen einen erheblichen Mehrwert für die Finanz- und Versicherungsbranche schaffen können. Die Reaktionsgeschwindigkeit, das Go-live aufgrund von Corona vorzuziehen, versetzt das Unternehmen in die Lage, resilient und handlungsfähig zu sein. Durch das flexible Design können auch zukünftig neue Funktionen implementiert werden und Veränderungen seitens der Versicherungspartner und Aufsichtsbehörden direkt berücksichtigt werden. Das Unternehmen hat den Weg zum selbstfahrenden Unternehmen erfolgreich eingeschlagen.

Das resiliente Unternehmen entsteht 9

Zusammenfassung

Nunmehr geht es darum, die einzelnen Bausteine zusammenzusetzen und Resilienz umfassend im Unternehmen zu verankern. Das wichtigste Instrument wird dabei das Resilienzdashboard sein, eine Anwendung, die Unternehmen jederzeit Auskunft über ihre Resilienzfähigkeit gibt, sowie aktuelle und zukünftige Bedrohungen bewertet. Die Unternehmenslenker werden damit in die Lage versetzt, im Bedarfsfall Maßnahmen zu treffen, ihre Wirkung zu beurteilen und auskunftsfähig gegenüber Stakeholdern innerhalb und außerhalb des Unternehmens zu sein.

Das Resilienzdashboard ist dabei nur ein erster Schritt in der raschen Entwicklung zu selbstfahrenden Organisationen.

In diesem Kapitel geht es darum, die einzelnen Bausteine zusammenzusetzen und Resilienz umfassend im Unternehmen zu verankern. Das wichtigste Instrument wird dabei das Resilienzdashboard sein, eine Anwendung, die Unternehmen jederzeit Auskunft über ihre Resilienzfähigkeit gibt, sowie aktuelle und zukünftige Bedrohungen bewertet. Die Unternehmenslenker werden damit in die Lage versetzt, im Bedarfsfall Maßnahmen zu treffen, ihre Wirkung zu beurteilen und auskunftsfähig gegenüber Stakeholdern innerhalb und außerhalb des Unternehmens zu sein.

Das Resilienzdashboard ist dabei nur ein erster Schritt, denn gleichzeitig müssen wir die rasche Entwicklung derzeitiger Unternehmungen zu selbstfahrenden Organisationen im Blick halten. Gleichwohl unterstellen wir, dass es diese Unternehmen erst ab dem Jahr 2035 geben wird. Hier erweist sich der Vorteil, den die Kenntnis dieses Modells bietet: Wenn ein Unternehmen heute in ein Softwaresystem investiert, so wird dieses nicht nur kurzfristig im Einsatz sein, da die Investitionen in Lizenzen sowie Aufwände in Konfiguration und Adaption des Systems erheblich sind. Voraussichtlich werden Systeme, die aktuell angeschafft werden, jahrzehntelang in Betrieb sein. In der Konsequenz müssen wir feststellen, dass Entscheidungen, die heute in Bezug auf Software in Unternehmen getroffen werden, bereits auf das selbstfahrende Unternehmen einzahlen. Da wir die Entwicklung kennen, versetzen wir uns in die Lage, die richtigen Fragen zu stellen.

Zunächst ist nunmehr zu fragen, wie sich die unternehmerische Resilienz im Zuge des Entwicklungspfads von Unternehmen zu selbstfahrenden Organisationen entwickeln wird.

9.1 Unternehmen 2035 – selbstfahrend und resilient

Wie also passen das Modell des selbstfahrenden Unternehmens und die Resilienz zusammen? Werfen wir einen weiteren Blick auf die Entwicklung, so wie wir es bereits kennengelernt haben (Siehe oben Abschn. 2.2) und erweitern es um die Resilienz (Abb. 9.1):

9.1.1 Analoges Resilienzmanagement

Grundsätzlich können die bisherigen Ausführungen der unternehmerischen Resilienz auch für die so genannten analogen Unternehmen gelten. Zur Erinnerung: Diese Unternehmen sind dadurch gekennzeichnet, dass die Daten zu weniger als 80 % in digitaler Form vorliegen, bzw. dass weniger als 80 % einer Auswertung durch Software zugänglich sind. Prozesse enthalten zudem häufig noch manuelle Schritte und weisen insgesamt wenig Automatisierung auf.

Diese Unternehmen sind heute noch häufig anzutreffen. Sowohl Digitalisierung als auch Automatisierung sind – erinnern wir uns an das Winning Wheel – eine Ausprägung der Autonomiedimension, wodurch Unternehmen zunächst einmal schneller und effizienter werden. In Bezug auf die Resilienz bedeutet dies, dass digitalisierte und automatisierte Unternehmen schneller sind bei folgenden für die Resilienz relevanten Tätigkeiten:

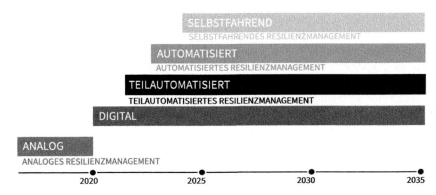

Abb. 9.1 Auf dem Weg zum resilienten selbstfahrenden Unternehmen (basierend auf Schnitzhofer 2021, S. 8

- Fortlaufende Auswertung großer Datenmengen
- Identifikation von Mustern und Korrelationen
- Datenbasierte Risikobewertung
- Anbindung und Konsumierung von externen Datenquellen (z. B. Wetterdaten)
- Beschleunigung von Entscheidungen in Bezug auf Akutmaßnahmen

Dies legt den Schluss nahe, dass analoge Unternehmen hinsichtlich ihres Risikomanagements folgende Nachteile haben:

- Geringere Geschwindigkeit bei der Analyse und der Bewertung von Risiken.
- Geringere Informationsdichte bei der Analyse und der Bewertung von Risiken.
- Höhere manuelle Aufwände bei der Informationserhebung und -verteilung, insbesondere in Richtung der Entscheidungsträger.
- Hohes Maß an analogen Entscheidungen. Diese unterliegen einem gewissen Organisationsrisiko, das heißt Informationen können an verschiedenen Stellen verändert oder unterdrückt werden. Zudem kann der Informationstransport einer kritischen Zeitverzögerung unterliegen.

Gerade beim Eintritt von Krisen sind Geschwindigkeit und Präzision von Entscheidungen essenziell. Bricht in einer Produktionshalle beispielsweise Feuer aus, so wäre eine automatische Notabschaltung einem manuellen Prozess vorzuziehen. In diesem müsste erst eine Leitstelle informiert werden, die dann wiederum noch zu bewerten hätte, ob wirklich eine Krisensituation vorliegt.

Daher bedeutet die analoge Verfasstheit von Unternehmen bei geringem Automationsgrad auch eine geringere Resilienzfähigkeit. Unternehmerische Resilienz ist nach unserer Diktion eine von der menschlichen Resilienz inspirierte Fähigkeit, die im Grunde erst dann entstehen kann, wenn sie berechenbar im Sinne von kalkulierbar und zudem softwaregestützt ist. Analoge Unternehmen können in diesem Sinne keine vollumfängliche unternehmerische Resilienz haben. Gleichwohl sind die bereits dargelegten Modelle wie das Winning Wheel oder das risikobasierte Resilienzmodell in analogen Unternehmen bereits einsetzbar. Daher können bereits auf dieser Stufe wichtige Grundlagen für das Resilienzmanagement der Zukunft gelegt werden. Ohne diese Grundlagen nennen wir Resilienzbemühungen analoger Unternehmen gemeinhin Risikomanagement. Wenn dieses nicht in gleichem Maße digital wird wie das Unternehmen als Ganzes, wird es sich nicht zur unternehmerischen Resilienz weiter entwickeln können. Daher ist das Setzen der Grundlagen durch geeignete digitalisierbare und automatisierbare Modelle in dieser Phase so wichtig.

9.1.2 Digitales Resilienzmanagement

In digitalen Unternehmen liegen mindestens 80 % der Daten in digitaler Form vor, sodass diese Daten einer softwarebasierten Analyse zugänglich sind. Das gilt sowohl für strukturierte als auch unstrukturierte Daten.

Unternehmen dieser Entwicklungsstufe weisen folgende Kennzeichen auf:

- Einsatz von operativen Systemen wie z. B. einem ERP-System (Enterprise Resource Planning) zur Abwicklung zentraler Unternehmensprozesse.
- Einsatz von Systemen zur Analyse von dispositiven Daten. Diese Daten werden aus den operativen Systemen in separate Systeme allein zu dem Zweck transferiert, sie flexibel zu analysieren, ohne operative Prozesse zu beeinträchtigen. Typische Systeme dieser Art sind Business Intelligence Systeme, Data Marts oder Data Lakes.
- Prozesse zur Digitalisierung analoger Daten, z. B. Scannen der Eingangspost unter Verwendung von Texterkennungssoftware (Optical Character Recognition – OCR) oder digitale Ablage und Transkription von Audiodaten unter Verwendung von Spracherkennungssoftware (Natural Language Processing – NLP).
- Einsatz von Systemen zur Unternehmensplanung. Hierbei werden unterschiedliche Planungshorizonte berücksichtigt. Die strategische Planung umfasst die längerfristigen Unternehmensziele, die taktische Planung betrachtet die daraus abgeleiteten operativen Ziele, während die operative Planung die

wertschöpfenden Prozesse quantitativ betrachtet. Die Planungen werden zumeist in unterschiedliche Funktionsbereiche aufgesplittet, z. B. Produktionsplanung, Vertriebsplanung, Finanzplanung.

Eine dezidierte „Resilienzplanung" gibt es nicht. Das wäre im Wortsinn auch nicht sinnvoll, da sich Resilienz per se nicht planen lässt. Vielmehr sind die Voraussetzungen zu planen, unter denen sich ein Unternehmen resilient gegenüber Krisen zeigen kann. Betrachtet man die obigen Punkte, so lassen sich einige Anhaltspunkte zur Verbesserung der Resilienzfähigkeit ableiten:

- Operative Systeme bieten einen Rundumblick über alle wesentlichen Unternehmensprozesse. Zudem bieten sie umfangreiche Vergangenheitsdaten, die als Grundlage für die Berechnung von Krisenszenarien dienen können.
- Systeme mit dispositiven Daten bieten performante und geschützte Umgebungen, in denen flexible Analysen möglich sind, ohne dass operative Systeme, in denen ja das „Tagesgeschäft" abgewickelt wird, in Mitleidenschaft gezogen werden.
- Systeme zur Digitalisierung analoger Daten vergrößern die Informationsbasis, die zur Bestimmung von Risiken und daraus resultierender resilienzsteigernder Maßnahmen wichtig sind. Dabei ist es unerheblich, ob die Daten in strukturierter oder unstrukturierter Form vorliegen, denn auch für unstrukturierte Daten gibt es mit Textmining und Deep Learning Möglichkeiten, aus diesen Informationen zu gewinnen (Vgl. Bundesanstalt für Finanzdienstleistungsaufsicht 2017, S. 34).
- Die Unternehmensplanung zwingt Unternehmen dazu, sich mit den strategischen, mittel- und kurzfristigen Zielen auseinanderzusetzen. Die unvermeidlichen Abweichungen und die – bei lange existierenden Unternehmungen umfangreichen – Vergangenheitsdaten bieten die Möglichkeit, Rückschlüsse auf Einflussfaktoren bezogen auf Resilienz zu ziehen. Damit tragen sie zur unternehmerischen Resilienz bei.

Kurz gesagt, mit diesen Elementen lässt sich etwas anfangen. Aber was benötigen Organisationen auf der Entwicklungsstufe des digitalen Unternehmens, um in puncto Resilienz jene Grundlage zu erschaffen, die sie durch die weiteren Entwicklungsstufen bis zum selbstfahrenden Unternehmen trägt?

Diese Grundlage ist ein Resilienzframework, das als Managementinstrument die konsistente Definition, Umsetzung und Nachverfolgung von Resilienzmaßnahmen ermöglicht. Das Framework unterteilt sich dabei in die in Tab. 9.1 aufgelisteten Ebenen.

Tab. 9.1 Ebenen des Resilienzframeworks

Ebene	Bedeutung
Präsentationsschicht	Benutzeroberfläche für Entscheider und (menschliche) Informationslieferanten, z. B. Mitarbeiter verschiedener Fachabteilungen oder Managementebenen
Konfigurationsschicht	Festlegung wichtiger Rahmenparameter, u. a. Istzustand der Resilienz Kennzahlen (Key Performance Indikatoren) Szenariodefinitionen zur Durchführung von Stresstests
Maßnahmenpool	Maßnahmen abgeleitet aus dem risikobasierten Resilienzmodell
Coresystem	Technische Infrastruktur und Software, die unternehmensinterne und externe Daten verarbeiten und zu den Key Performance Indikatoren aus der Konfigurationsschicht verdichten kann
Datenkonnektoren	Verbindung mit verteilten Datensystemen zum Zwecke der Datenextraktion (oder Daten-Konsumierung z. B. von Webdiensten)

Das Resilienzframework gliedert sich in fünf Ebenen, die sich wiederum zwei Kategorien zuordnen lassen. Konfigurationsschicht und Maßnahmenpool gehören zur fachlichen Kategorie, die übrigen drei Ebenen zur technischen Kategorie. Diese beiden Kategorien werden wir im weiteren Verlauf dieses Kapitels noch erörtern.

Zunächst schauen wir aber noch die weiteren Entwicklungsstufen hin zum selbstfahrenden Unternehmen an und analysieren, welche Änderungen diese für das Resilienzmanagement nach sich ziehen werden, insbesondere für das Resilienzframework.

9.1.3   Teilautomatisierte Wertschöpfung und automatisiertes Unternehmen

In diesen Entwicklungsstufen werden die Unternehmensprozesse weitgehend automatisiert. Schließlich werden das in einem automatisierten Unternehmen bis zu 80 % der Prozesse sein. Das heißt im Umkehrschluss, dass auch der Prozess des Resilienzmanagements weitgehend automatisiert ablaufen muss. Das „Austarieren von Zielen durch einen unternehmerischen Kaufmann" (Pedell et al. 2020, S. 36) muss also automatisiert werden, um Resilienz sicherstellen zu können.

Für die einzelnen Ebenen ergeben sich unter dieser Annahme die in Tab. 9.2 vorgestellten Änderungen.

Tab. 9.2 Anforderungen an das Resilienzframework in den Stadien der teilautomatisierten Wertschöpfung und im automatisierten Unternehmen

Ebene	Bedeutung
Präsentationsschicht	Benutzeroberfläche für Entscheider und Stakeholder. Manuelle Eingaben menschlicher Informationslieferanten entfallen weitgehend.
Konfigurationsschicht	Variablen der Szenariodefinitionen werden automatisiert befüllt, basierend auf Messwerten und Ergebnissen von selbstlernenden Algorithmen.
Maßnahmenpool	Neue Maßnahmen werden automatisch bewertet und entweder verworfen, modifiziert oder ergänzt.
Coresystem	Wird zur Abdeckung neuer Anforderungen weiterentwickelt.
Datenkonnektoren	Werden zur Abdeckung neuer Anforderungen weiterentwickelt.

Damit wird deutlich, dass zu diesem Zeitpunkt Menschen einerseits als Entscheider oder als zu informierende Stakeholder am Resilienzmanagement beteiligt sein werden. Ebenso werden Menschen die Weiterentwicklung des Coresystems und der Datenkonnektoren betreiben. Weitgehend automatisiert ablaufen werden die Datenerhebung und das Management von Resilienzmaßnahmen.

9.1.4 Selbstfahrendes Unternehmen

Dass im selbstfahrenden Unternehmen 80 % der Entscheidungen auf Basis von Softwarealgorithmen getroffen werden, wird auch auf das Resilienzmanagement weitreichende Auswirkungen haben. Im Einzelnen können wir bezüglich der einzelnen Schichten des Resilienzframeworks die in Tab. 9.3 dargestellten Schlussfolgerungen in Bezug auf die Veränderungen auf dieser Entwicklungsstufe treffen.

Die auffälligste Änderung betrifft die Präsentationsschicht. Sie hat nunmehr (fast) ausschließlich informativen Charakter. Die Informationsempfänger sind, soweit es keine bloßen Stakeholder sind, nicht mehr als Entscheider bezeichnet, sondern als rechtlich verantwortliche Unternehmensangehörige. Dahinter verbergen sich Geschäftsführer, Vorstände und Aufsichtsräte oder sonstige vertretungsberechtigte Personen. Diese entscheiden nicht mehr im Tagesgeschäft, sondern nur noch dann, wenn sie ihrer Verantwortung nachkommen müssen. Ein Beispiel wäre z. B., wenn Algorithmen Entscheidungen treffen,

- die strategischen Zielen zuwiderlaufen,
- die auf einer Metaebene widersprüchlich sind und somit einen Konflikt auslösen, der ein geschäftliches Risiko darstellt,
- oder die eine rechtliche Pflicht z. B. zum Auslösen einer ad-hoc-Mitteilung nach sich ziehen.

Tab. 9.3 Anforderungen an das Resilienzframework im selbstfahrenden Unternehmen

Ebene	Bedeutung
Präsentationsschicht	Benutzeroberfläche zur Information rechtlich verantwortlicher Unternehmensangehöriger und Stakeholder. Keine manuellen Eingaben mehr.
Konfigurationsschicht	Keine Änderungen zur vorangegangenen Stufe.
Maßnahmenpool	Entscheidung bezüglich der Ergreifung einer Maßnahme wird softwarebasiert getroffen.
Coresystem	Wird zur Abdeckung neuer Anforderungen weiterentwickelt. Selbstadaptierende Elemente sind möglich.
Datenkonnektoren	Werden zur Abdeckung neuer Anforderungen weiterentwickelt. Selbstadaptierende Elemente sind möglich.

Während die Konfigurationsschicht in den vorangegangenen Stufen bereits automatisiert wurde, wird der Maßnahmenpool noch dahingehend weiterentwickelt, dass nicht nur das Erstellen, Modifizieren oder Verwerfen von Maßnahmen durch Algorithmen erfolgt, sondern auch die tatsächliche Inkraftsetzung von Aktionen.

Ein Beispiel: Durch eine wirtschaftliche Eintrübung bemerkt eine Immobiliengesellschaft vermehrt Mietausfälle. Diese könnten sich deutlich auf das Ergebnis auswirken und in absehbarer Zeit zu einem negativen Ergebnis führen. Das selbstfahrende Resilienzmanagementsystem errechnet, dass an die Mieter erhöhte Bonitätsanforderungen gestellt werden müssen, um die negativen Effekte abzufedern – oder mit anderen Worten, um gegen diese Entwicklung resilient zu sein. Die Maßnahme lautet, dass jeder neue Mieter 200 Euro frei verfügbares Einkommen zusätzlich nachweisen muss.

Beim automatisierten Unternehmen wäre diese Maßnahme lediglich in den Maßnahmenpool eingespeist worden, die Entscheidung, ob die Maßnahme tatsächlich durchgeführt wird, liegt jedoch noch immer beim (menschlichen) Entscheider. Im selbstfahrenden Unternehmen wird auch diese Entscheidung durch einen Algorithmus getroffen. Menschliche Entscheidungen bekommen in diesem Zusammenhang eher den Charakter von Vetos. Beispielsweise könnte die Maßnahme dem Ziel des Unternehmens zuwiderlaufen, bevorzugt Angebote für sozial schwächere Mieter zu machen. Oder die Maßnahme könnte gegen eine gesetzliche Bestimmung verstoßen, die der Software nicht bekannt war.

Auch in den Schichten Coresystem und Datenkonnektoren sind Weiterentwicklungen in der Form denkbar, dass Algorithmen mithilfe von selbstadaptierenden

Elementen dafür sorgen, dass diese Schichten ohne menschliches Eingreifen weiterentwickelt werden. Das mag heute noch wie Zukunftsmusik klingen. Dass es dazu kommen kann, zeigen beispielsweise Wissenschaftler von Google Brain, die einen Algorithmus entwickelt haben, der seinerseits in der Lage ist, KI-Programme zu erzeugen (Dönges 2020).

9.1.5 Zwischenfazit

Wir halten also fest: Resilienzmanagement von Unternehmen ist auf allen Entwicklungsstufen vom analogen bis zum selbstadaptierenden Unternehmen umsetzbar. Mit dem Erreichen der digitalen Stufe erhalten jedoch zwei Aspekte eine große Mächtigkeit: Das Messen von relevanten Parametern zur Einschätzung von Resilienz und die Möglichkeit, relevante Gegenmaßnahmen abzuleiten. Diese wird in den fortlaufenden Stufen weiter automatisiert und von der Notwendigkeit menschlicher Entscheidungen immer weiter entfernt, bis das dem selbstfahrenden Unternehmen entsprechende Zielbild des selbstfahrend resilienten Unternehmen erreicht ist.

Startpunkt ist das Resilienzframework auf der Stufe digitaler Unternehmen, das in methodische (Konfigurationsschicht und Maßnahmenpool) und technische Schichten (Coresystem, Datenkonnektoren) gegliedert ist. Die Präsentationsschicht trägt sowohl methodische wie technische Elemente in sich.

Im nachfolgenden Abschnitt lernen wir die Vorgehensweise zur Implementierung eines Resilienzframeworks kennen und arbeiten uns von den methodischen Elementen zur technischen Umsetzung vor.

9.2 Spezifikation eines Resilienzdashboards

Beim Resilienzdashboard handelt es sich um die Präsentationsschicht eines unternehmensweiten Resilienzmanagementsystems, wobei das Dashboard sowohl die Entscheider digitaler Unternehmen (Geschäftsführer, Vorstand, Aufsichtsräte) als auch weitere Stakeholder (z. B. Kapitalgeber, Ratingagenturen, etc.) mit Informationen versorgt.

Der nachfolgende Prozess erläutert die einzelnen Schritte zur Implementierung des Resilienzdashboards. Kernfrage ist natürlich, welche Informationen auf dem Dashboard dargestellt werden müssen, damit es als Grundlage relevanter Einschätzungen und Entscheidungen dienen kann. Die benötigte Datengrundlage wird im Wesentlichen mit den uns bereits bekannten Modellen ermittelt und gegliedert. In einem zweiten Teil wird ein IT-System aufgebaut, in welches die Daten gespeichert und berechnet werden, sodass sie letztlich im Dashboard ablesbar sind.

9.2.1 Projektvorbereitung

In unserem Vorgehensmodell zur Implementierung eines Resilienzdashboards gehen wir davon aus, dass für die Implementierung externe Berater hinzugezogen werden. Natürlich ist auch eine Implementierung ausschließlich durch unternehmensinterne Ressourcen denkbar. Vorteile bietet die Beauftragung externer Berater in folgender Hinsicht:

- Größere methodische Kompetenz durch die Erfahrung der Berater aus verschiedenen gleichartigen Beratungsmandaten.
- Große Erfahrung mit projektrelevanten Inputgrößen, wie Zeit- und Ressourcenaufwände, Risiken sowie Kosten.
- Berater agieren als neutrale Ansprechpartner, die nicht den unternehmensinternen „politischen" Rahmenbedingungen und Zwängen unterworfen sind.
- Berater verfügen angesichts ihrer Erfahrung über erprobte Best Practices, die die Qualität des Projektziels sicherstellen, Probleme vermeiden und Hindernisse überwinden helfen.
- Berater agieren ausschließlich in einem projektorientierten Rahmen, sodass keine Interessenskonflikte etwa durch das für unternehmensinterne Ressourcen relevante Tagesgeschäft entstehen.

Selbstredend sind auch Nachteile zu betrachten. Zu diesen gehören:

- Höhere Kosten, da Beratungsdienstleistungen in der Regel teurer sind als interne Ressourcen.
- Der initiale Know-how-Transfer zu Unternehmenszielen, -prozessen und Geschäftsmodellen) ist mitunter zeitaufwändig.
- Kulturelle Unterschiede, die sich auf die Art der Kommunikation, Erwartungshaltung oder die Kenntnis unternehmensinterner Besonderheiten beziehen, können sich nachteilig auf den Projektverlauf auswirken.

Daher ist die Projektvorbereitung der erste Schritt auf dem Weg zur Implementierung des Resilienzdashboards, denn in dieser Phase sind wesentliche Entscheidungen zu treffen, die den gesamten weiteren Verlauf des Projekts prägen werden.

In der Projektvorbereitung sind die in Tab. 9.4 aufgelisteten Schritte zu absolvieren. Am Anfang steht ein Projektmandat, das auf Initiative einer Stelle des Unternehmens erarbeitet wird. Dabei kann die Initiative zur Konzeption und Implementierung eines Resilienzmanagementsystems sowohl von der Unternehmensleitung als auch den Gesellschaftern oder einer Fachabteilung ausgehen (z. B. dem Risikomanagement). Derjenige, der das Projektmandat in Auftrag gibt, hat auch den späteren finanziellen Unterbau sicherzustellen. Daher handelt er in dieser Phase entweder als Projektsponsor oder im Auftrag eines Sponsors.

Die Vorgehensweise zur Projektvorbereitung unterscheidet sich nicht stark von der Vorbereitung anderer Unternehmensprojekte, die in der Implementierung eines IT-Systems münden. Daher soll nachfolgend nur auf die wesentlichen Aspekte im

Tab. 9.4 Ablauf der Projektvorbereitung

Aufgabe	Zuständig	Ergebnis
Beauftragung zur Erarbeitung des Projektmandats	Entscheider (als Projektsponsor)	Beauftragung eines Projektinitiators
Erarbeitung eines Projektmandats	Projektinitiator	Projektmandat, Meilensteinplan
Ableitung der Projektorganisation	Projektinitiator	Projektorganisation Rollenbeschreibungen Ressourcenplan
Kalkulation eines Projektbudgets	Projektinitiator	Budgetvorschlag
Erteilung des Projektmandats	Entscheider	Protokoll
Bewilligung des Projektbudgets	Entscheider	Protokoll
Auswahl und Beauftragung von fachlichen Dienstleistern	Projektleiter	Dienstleistungsvertrag mit einem oder mehreren Dienstleistern
Kick-off	Projektleiter und -beteiligte	Protokoll
Onboarding	Projektleiter und -beteiligte	Projektbeteiligte sind materiell einsatzfähig und mit dem Projektmandat vertraut.
Durchführung der inhaltlichen Projektvorbereitung	Fachliche Projektbeteiligte	Das Projekt ist bereit zu initialen Zieldefinition.

Hinblick auf die Implementierung eines Resilienzmanagementsystems eingegangen werden.

Das Projektmandat umfasst stets die folgenden Punkte:

- Wer soll tätig werden? Hier wird die Partei benannt, die für das Projekt verantwortlich sein soll. Es kann ein konkreter Projektleiter oder eine bestimmte Abteilung benannt werden, die dann verantwortliche Personen bestimmt.
- Welches finale Ziel soll erreicht werden? Dieses ist hinreichend konkret zu umreißen, wobei im Zweifel auch ein einziger Satz bereits ausreichend sein kann.
- Unter welchen Umständen soll das finale Ziel erreicht werden? Hiermit sind grobe Leitplanken gemeint, welche den Umfang des Mandats begrenzen.
- Wie lautet der Zeitrahmen, innerhalb dessen das finale Projektziel erreicht werden soll? Hierunter ist ein grober Meilensteinplan zu verstehen. Es reicht im Zweifel aus, nur einen Meilenstein zu nennen, nämlich wann das finale Projektziel erreicht worden sein soll.

Nachfolgend wird die Projektorganisation definiert. Obwohl diese im Laufe des Projektes an genauere oder sich ändernde Anforderungen angepasst werden kann, enthält sie bereits organisatorische Entscheidungen. Diese müssen geeignet sein, während des gesamten Projekts Geltung zu behalten. Wie wir oben gesehen haben, beginnt das Projekt mit methodischen Grundlagen und mündet letztlich in einem IT-System. Obwohl also IT-Anforderungen erst im Laufe des Projekts relevant werden, sind diese Rollen bereits initial vorzusehen.

Verantwortlich zu diesem Zeitpunkt ist der vom Entscheider beauftragte Projektinitiator, der die folgenden Entscheidungen trifft:

- Projektansatz – Projekte können in einer agilen Arbeitsweise oder nach dem herkömmlichen Wasserfallmodell durchgeführt werden. Der Projektansatz hat wesentliche Auswirkungen auf die Projektorganisation und das Anforderungsmanagement, daher ist diese Entscheidung als erstes zu treffen. Obwohl die agile Arbeitsweise von vielen Unternehmen pauschal als moderner wahrgenommen wird, sind zahlreiche Fragen zur Entscheidungsfindung zu beantworten:

  - Wie hinreichend konkret ist das finale Projektziel umrissen?
  - Inwieweit liegen bereits konkrete Anforderungen vor?
  - Wie volatil werden sich die Anforderungen voraussichtlich entwickeln, das heißt, wie wahrscheinlich werden in der Projektlaufzeit neue Anforderungen hinzukommen und andere wegfallen?
  - Wie hoch wird die Lernkurve der Beteiligten im Verlauf des Projektes sein?

- Soll das Endprodukt erstmals Anwendung finden? Oder ist es sinnvoller, mit einer ersten Minimalanwendung zu starten und das System nach und nach zu erweitern?

- Projektansätze nach dem Wasserfallmodell sind heute noch häufig vorzufinden in der Regulatorik, z. B. dem externen Rechnungswesen, oder im Meldewesen der Banken.[1] Bezüglich der obigen Fragen spricht vieles dafür, dass viele Erkenntnisse bezüglich der unternehmerischen Resilienz erst entlang des Weges erarbeitet werden, sodass der agile Ansatz als der geeignetere gelten kann, soweit ein Resilienzmanagementsystem erstmalig im Unternehmen spezifiziert und umgesetzt wird. Besteht aber schon einige Erfahrung, kann auch ein Wasserfallansatz angezeigt sein. Beispielsweise, wenn ein bestehendes System auf eine Unternehmenseinheit wie einer Landesgesellschaft, ausgerollt werden soll.
- Projektgremien – gemeint sind hier Lenkungs- und Leitungsgremien, sowie nachgeordnete Stellen, wie z. B. das Projektcontrolling.
- Sourcing – hier ist die Frage zu stellen, über welche Ressourcen das Projekt verfügen muss. Maßgeblich zur Ableitung von Sachressourcen sind die Personalressourcen. In diesem Zusammenhang stellt sich auch die Frage nach externen Ressourcen.

Fraglich ist, wie zu einem so frühen Zeitpunkt bereits eine Budgetschätzung erfolgen kann, insbesondere, wenn noch keine Erfahrung mit Resilienzmanagementsystemen besteht. Während zu einem späteren Zeitpunkt Informationen wie Komplexität, Funktionalität, Daten und Schnittstellen, sowie Skalierung (also Anzahl der Benutzer und die umgesetzten Sprachen) zur Verfügung stehen, die eine detailliertere Schätzung erlauben, kann zu diesem Zeitpunkt nur eine Analogieschätzung erfolgen, die sich anhand ähnlicher vergangener Projekte orientiert. Auch hier können externe Berater Referenzwerte beisteuern, um die Schätzung zu präzisieren. Festzustellen bleibt jedoch, dass es zu diesem Zeitpunkt nur um eine indikative Größenordnung gehen kann, die entsprechend großzügig ausfallen muss, wenn es begrenzte Möglichkeiten gibt, zu einem späteren Zeitpunkt weiteres Budget zu erhalten.

Die Erteilung des Projektmandates und des Budgets sind formale Akte, die das Projekt formell ins Leben rufen. Zu beachten ist, dass diese jedoch einige Zeit benötigen können. Gleiches gilt für die Auswahl eines passenden externen Dienstleisters, insbesondere, wenn gesetzliche oder unternehmensinterne Regeln bestimmen, dass die Dienstleistung ausgeschrieben werden muss.

---

[1] Wobei sich auch in diesen Bereichen agile Projekte eignen, siehe Slapničar und Časni 2018.

Mit dem Kick-off und dem Onboarding der Projektbeteiligten beginnt das Projekt quasi zu leben. Auch diese Phase birgt erhebliches Störpotenzial, wenn zum Beispiel Räumlichkeiten nicht zur Verfügung stehen. Kritisch für die nachfolgenden Projektschritte ist die Durchführung der inhaltlichen Projektvorbereitung. Da als nächster Projektschritt die initiale Zieldefinition der unternehmerischen Resilienz ansteht, ist es wichtig, zu diesem Zeitpunkt zentrale Dokumente zu sichten, um die inhaltliche Grundlage für diesen Schritt zu erarbeiten. Dazu zählen:

- Analyse von Dokumenten – hierzu gehören Geschäftsberichte und Strategiedokumente. Aus ihnen lassen sich wertvolle Informationen herauslesen, die später eine wichtige Rolle spielen bei der Feststellung der Resilienz des Unternehmens und der nachfolgenden Anforderungen an Resilienzfähigkeit bzw. Maßnahmen zur Erhöhung der Resilienz.
- Erarbeitung eines Zusammenarbeitsmodells – dies ist in jedem Projekt unerlässlich und ist insbesondere dann wichtig, wenn Projektbeteiligte auch Linienaufgaben versehen und nur zeitweise dem Projekt zur Verfügung stehen.
- Erarbeitung eines Bewertungsrahmens – wichtig ist, dass sich Ergebnisse, welche im Rahmen von Resilienzprüfungen erhoben werden, numerisch darstellen lassen, sodass sich Vergleiche zwischen verschiedenen Dimensionen sowie Änderungen zuverlässig messen lassen. Insoweit ist ein Bewertungsrahmen zu entwickeln, der eine einheitliche Skala zum Inhalt hat, über alle Bewertungsdimensionen hinweg. Anhand dieser Skala sollen Rückschlüsse ermöglicht werden in Bezug auf den aktuellen Status der Resilienz und der Dringlichkeit eines Gegensteuerns. Beim Entwurf des Bewertungsrahmens ist zu beachten, dass dieser nicht zu groß und nicht zu granular sein darf. Notwendige Mindestbestandteile sind:

  - Definition einer Stufe, die anzeigt, dass geringe oder keine Resilienz in Bezug auf die untersuchte Kategorie besteht, bzw. dass unmittelbarer Handlungsbedarf besteht
  - Definition von Stufen, bei der die Resilienz nicht optimal ist, aber Verbesserungsbedarf bzw. kurz- oder mittelfristiger Handlungsbedarf besteht. Es empfiehlt sich hier eine Differenzierung von kurz- und mittelfristigem Handlungsbedarf in mindestens zwei Stufen.
  - Definition einer Stufe, bei der zum gegenwärtigen Zeitpunkt optimale bzw. nahezu optimale Resilienz und kein mittelfristiger Handlungsbedarf besteht. Auch hier bietet sich eine Differenzierung in zwei Stufen an.

Insgesamt sollten also die Stufen der Skala minimal vier, maximal zehn Stufen umfassen. Jenseits von zehn Stufen besteht die Gefahr, dass der Fokus auf die Handlungsbedürftigkeit verloren geht, oder dass es zu Interpretationsfehlern kommt, da sich die Granularität nicht eindeutig bestimmen lässt. Sollte ein filigranerer Bewertungsrahmen gewünscht werden, bietet es sich an, die Bewertung nach Zustand der Resilienz und Handlungsbedarf auf zwei Skalen zu verteilen.

- Identifikation Ansprechpartner, insbesondere Know-how-Träger in Unternehmensleitung, Fachbereichen und IT
- Terminkoordination – Besonders Workshops, an denen mehrere Know-how-Träger teilnehmen sollen, sind kritisch, denn derartige Ressourcen sind in den Unternehmen ein knappes Gut

Sobald die inhaltliche Projektvorbereitung erfolgreich abgeschlossen wurde, beginnt die eigentliche Spezifikation des Resilienzdashboards.

9.2.2   Initiale Zieldefinition

Die Phase, welche sich der Projektvorbereitung anschließt, nennt sich initiale Zieldefinition. Es geht also darum festzustellen, welches Ziel mit dem Resilienzmanagement verfolgt werden soll. Dabei sind die Ziele so detailliert wie möglich zu benennen. Es reicht für die unternehmerische Resilienz nicht aus, ein pauschales Ziel zu formulieren, z. B.: „Unser Unternehmen soll robust gegen Krisen sein und gestärkt daraus hervorgehen". In dieser Phase gilt es, die Schwächen des Unternehmens zu finden und die passenden Maßnahmen zu definieren, die eine resiliente Positionierung des Unternehmens sicherstellen.

Die Mittel, die dazu benötigt werden, sind bereits wohlbekannt. Es handelt sich um das Winning Wheel und das risikobasierte Resilienzmodell, welche wir nunmehr in Aktion sehen:

Winning Wheel – Bestimmung des Istzustands
Das Winning Wheel ist uns bereits in Kap. 3 als ein Werkzeug begegnet, um das Unternehmen im Spannungsfeld der drei Dimensionen „Autonomie", „Nachhaltigkeit" und „Humanität" zu verorten. Sind diese drei Dimensionen perfekt ausbalanciert, so gilt das Unternehmen als resilient. Eine perfekte Balance ist indes nicht unbedingt notwendig, da die Resilienz später durch das risikobasierte Resilienzmodell verbessert werden kann.

In diesem Schritt geht es um den Istzustand. Liegt die Position des Unternehmens im Punkt U, also dem Mittelpunkt des Diagramms, so gilt das Unternehmen als resilient – allerdings nur für den Moment. Ändern sich die Anforderungen der drei Dimensionen, so kann sich auch die Position verändern, und die Schaffung der Balance und somit das Streben nach der idealen Resilienzposition erhält neue Dringlichkeit. Gilt das Unternehmen nach dem Winning Wheel also als resilient, so heißt das nicht, dass keine weitergehenden Schritte notwendig sind. Entscheidend ist der betrachtete Zeitraum, in dem das Unternehmen seine Resilienz sicherstellen möchte. Betrachtet man kurze Zeiträume, so sind weitergehende Analysen möglich, jedoch nicht dringend. Für längerfristige Betrachtungen ist die Anwendung des risikobasierten Resilienzmodells angezeigt.

Gleiches gilt natürlich, wenn die Position des Unternehmens im Winning Wheel nicht im Mittelpunkt liegt. Dann ist die Anwendung des risikobasierten Resilienzmodells obligatorisch.

Das Winning Wheel ist keine exakte Wissenschaft, sondern ein Modell, das unternehmensspezifisch ausgestaltet werden muss. Es ist also pro Dimension zu fragen, welche Anforderungen aus den Dimensionen an das Unternehmen gestellt werden, diese Anforderungen sind wiederum anhand einer Skala zu quantifizieren.

Die genaue Ausgestaltung der Skala ist irrelevant. Wichtig ist, dass sie in jeder Dimension und über lange Zeiträume möglichst gleichförmig angewandt wird, um unerwünschte Verzerrungen zu vermeiden. Idealerweise sind die Punkte der Skala für jede Dimension auf den gleichen Wert normiert.

Anwendung des risikobasierten Resilienzmodells
Wie in Abschn. 6.4 dargestellt, hilft das risikobasierte Resilienzmodell Unternehmen dabei, anhand von vordefinierten Risikokategorien ein unternehmensspezifisches Risikomodell zu schaffen und diejenigen Maßnahmen zu identifizieren und bei Bedarf zu ergreifen, die notwendig und geeignet sind, riskante Situationen zu vermeiden oder im Bedarfsfall auf eine Krise zu reagieren, bzw. eintretende Schäden zu minimieren. Um einen möglichst umfassenden Überblick über potenziell schädliche Ereignisse zu erhalten, erlaubt das Modell auch die Einbeziehung systemischer Risiken und Risiken, die nicht der Gleichverteilung folgen.

Die Erkenntnisse aus dem Modell münden in die Spezifikation des Resilienzdashboards, da sie die Grundlage für Parameter und Kennzahlen bilden, anhand derer Risiken überwacht und resilienzfördernde Maßnahmen des Unternehmens sichergestellt werden. In Bezug auf die unternehmerische Resilienz ist es wichtig, dass das Unternehmen mögliche Risiken fortwährend beobachtet, bewertet und die Ressourcen vorhält, schädliche Ereignisse zu erkennen, zu vermeiden oder zu bekämpfen. Dabei ist zu beachten, dass die Vorhaltung derartiger Ressourcen (z. B. redundante Strukturen) in der Regel kostspielig sind und den Profit des Unternehmens mindern. Es ist an dieser Stelle also auch wichtig, die Ressourcen für die Sicherstellung der Resilienz auf einem notwendigen Minimum zu halten. Resilienzmanagement steht also stets unter einem Rechtfertigungsdruck, da Resilienz zulasten des Profits geht und je nach Gang der Dinge womöglich völlig vergebens betrieben wird, da das schädigende Ereignis niemals eintritt, gegen das sich das Unternehmen schützen möchte.

Die Erkenntnisse aus der Anwendung des Modells und die identifizierten Maßnahmen sind in einem gesonderten Dokument zu erfassen und in den nachfolgenden Schritten zu detaillieren, bis das Resilienzdashboard schließlich spezifiziert sein wird.

Überprüfung mit dem Winning Wheel

Im letzten Schritt der Zieldefinition ist mithilfe des Winning Wheels zu prüfen, ob die identifizierten Maßnahmen in der Lage sind, die Resilienz des Unternehmens zu stärken und bestenfalls im Idealpunkt U zu manifestieren. Entfernt sich die Position des Unternehmens vom Punkt U, so sind die Maßnahmen nicht geeignet, die Resilienz zu erhöhen. Nähert sich die Position dem Idealpunkt U an, ohne ihn zu erreichen, so ist zu fragen, ob das Ergebnis, also die angenommene Resilienz als ausreichend betrachtet werden, oder ob weitere Maßnahmen erforderlich sind. Im letzteren Fall ist das risikobasierte Modell erneut und ggf. detaillierter anzuwenden.

Der Punkt U ist im Übrigen nicht allzu eng zu fassen, da davon ausgegangen werden muss, dass ein Unternehmen niemals vollkommen resilient gegen alle denkbaren schädigenden Ereignisse sein kann. Die Bestimmung des Idealpunkts ist also wiederum das Ergebnis einer wertenden Betrachtung in Bezug auf die untersuchte Unternehmung.

Zusammenfassend kann das Vorgehen bei der initialen Zieldefinition wie in Abb. 9.2 zu sehen dargestellt werden.

9.2.3 Konfigurationsphase

Nachdem das Unternehmen anhand des Winning Wheels in Bezug auf die unternehmerische Resilienz geprüft und durch die Anwendung des risikobasierten Resilienzmodells der Sollzustand in Bezug auf die Resilienz bestimmt wurde, beginnt die Konfigurationsphase. Diese dient zunächst dazu, den Istzustand und die wesentlichen Elemente der unternehmerischen Resilienz zu bestimmen und die Kernprozesse zu identifizieren, die nachfolgend auf ihre Robustheit überprüft werden. Die Untersuchung eines Unternehmens auf Resilienz ist kein einmaliger Vorgang.

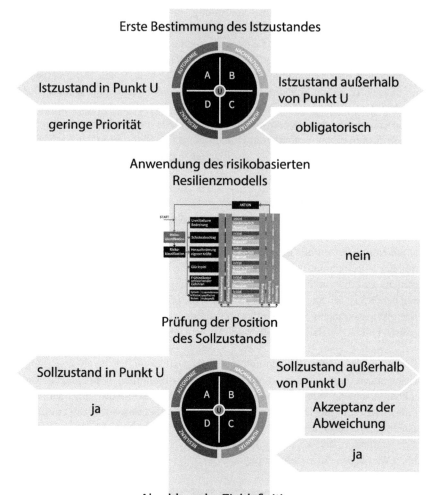

Abb. 9.2 Initiale Zieldefinition des Resilienzdashboards

Vielmehr muss sie laufend überprüft werden. Damit ein solches Monitoring gelingt, sind aus den Ergebnissen der Resilienzuntersuchung adäquate Kennzahlen

abzuleiten und die Geeignetheit des Monitorings anhand von Testszenarien zu überprüfen.

Die Konfigurationsphase untergliedert sich in die folgenden Schritte:

1. Initiale Untersuchung der organisationalen Resilienz nach ISO 22316
2. Detailanalyse
3. Benchmarking
4. Auswahl aussagekräftiger Key Performance Indikatoren
5. Szenariodefinition (Stresstests)

Diese Schritte werden folgend näher beschrieben.

Initiale Untersuchung der organisationalen Resilienz nach ISO 22316
Die ISO-Norm 22316 haben wir bereits oben im Rahmen der allgemeinen Resilienzkennzeichen kennen gelernt (Siehe oben Abschn. 5.4). Sie gibt einen guten Überblick über Voraussetzungen für eine resiliente Verfasstheit von Unternehmen, ist jedoch stets einer wertenden Betrachtung zu unterziehen. Die notwendigen Informationen werden in dieser Phase wie folgt erhoben:

- **Dokumentenanalyse**
  Hierzu zählen Dokumente zur Unternehmensvision und -strategie, Geschäftsberichte, IT-Bebauungspläne, Arbeitsanweisungen und Stellenbeschreibungen
- **Workshops**
  Im Vorfeld von Workshops werden Fragebögen erstellt, die auf das zu untersuchende Unternehmen zugeschnitten werden. Ziel ist es, einen Gesamtüberblick über die wesentlichen Themenfelder der organisationalen Resilienz zu erhalten. Dazu gehören Unternehmenskultur, Unternehmens- und Managementbereiche, Aufbau- und Ablauforganisation, Informationen zum Kommunikationsverhalten (Intranet, Regeltermine verschiedener Hierarchieebene), IT-Systeme (Operative Systeme, strategische und dispositive Systeme, Wissensdatenbanken, etc.)
- **Experteninterviews**
  Interviews mit Einzelpersonen werden dann durchgeführt, wenn nach Dokumentenanalyse und Workshops einzelne Stellen im Unternehmen identifiziert werden, die eine Besonderheit in der Aufbau- oder Ablauforganisation darstellen, über die wenige Informationen vorliegen, die aber besondere Risiken in Bezug auf die Resilienzfähigkeit darstellt. Dies kann dann der Fall sein, wenn diese Stelle über außergewöhnliches Know-how verfügt, wenn sie einen Engpass in zentralen Prozessen darstellt oder die Möglichkeit eines Informations-

verlustes nicht unerheblich ist, z. B. durch lange Einarbeitungszeit, bevorstehendem Ruhestand, oder weil keine Redundanz möglich ist.

Zu beachten ist, dass in dieser Phase im Unternehmen sensible und meist auch stellenspezifische Informationen erhoben werden. Das gilt insbesondere für Einzelinterviews und im späteren Verlauf im Hinblick auf Arbeitsplatzanalysen. Für diese Tätigkeiten ist in mitbestimmungspflichtigen Betrieben das Einverständnis der Arbeitnehmervertretung erforderlich.

Kerntätigkeit in der Konfigurationsphase ist die Erhebung des Grundzustands der unternehmerischen Resilienz. Hierzu ist in der folgenden Abfolge vorzugehen:

1. **Einheitliche Unternehmensvision auf allen Hierarchieebenen.** Diese Informationen werden vornehmlich im Rahmen der Dokumentenanalyse geprüft. Sollten Fragestellungen hinsichtlich der Konsistenz in den verschiedenen Hierarchieebenen bestehen, so kann dies auch in Workshops oder Einzelinterviews thematisiert werden.

2. **Umfassendes Verständnis der eigenen Systeme** in Verbindung mit hinreichenden Einflussmöglichkeiten. Nach der Dokumentenanalyse werden Informationen zu diesen Themen in Workshops erhoben. Systeme werden hier vorrangig als IT-Systeme betrachtet. Im Rahmen der Workshops werden jedoch nicht ausschließlich IT-Verantwortliche befragt. Da unter anderem Themen wie Demand Management behandelt werden, sind auch fachliche Anforderer oder Einheiten mit Projektmanagementaufgaben zu befragen. Ferner können auch Ansprechpartner aus dem Beschaffungswesen hinzugezogen werden, wenn verstärkt externe Mitarbeiter hinzugezogen werden.

3. **Effektive Führung in Krisensituationen**, verbunden mit der Fähigkeit, aus Fehlern zu lernen. Diese Informationen werden vornehmlich in Workshops und Experteninterviews erhoben. Adressaten sind Mitarbeiter aus dem mittleren, gehobenen, sowie dem Topmanagement.

4. **Resilienz fördernde Strukturen** mit Fokus auf den Zustand der Mitarbeiter. Die Untersuchung erfolgt hier vornehmlich anhand von bereitgestellten Dokumenten und stichprobenartigen Experteninterviews.

5. **Transparente Kommunikationspolitik** im Rahmen einer Unternehmenskultur, die Fehler gleichzeitig toleriert und dafür sorgt, dass aus ihnen gelernt wird. Auch diese Themen werden über die Dokumentenanalyse und Experteninterviews erhoben.

6. **Beschaffung wichtiger Ressourcen zur Reduktion der Anfälligkeit** des Unternehmens sowie der Gewährleistung schneller Reaktionen im Notfall. Diese Themen werden in Workshops und Experteninterviews erhoben.

7. **Durchgehende transparente Zusammenarbeit** der einzelnen Unternehmens-
   bereiche, sowie Ausrichtung auf gemeinsame Unternehmensziele. Diese Fragestellungen werden per Dokumentenanalyse bearbeitet und die Ergebnisse in
   Experteninterviews verifiziert.
8. **Evaluation vergangener Ergebnisse.** Hier geht es darum zu untersuchen, ob
   und inwieweit vergangene Ereignisse im Unternehmen analysiert und bewertet
   werden, sodass aus vergangenen Entscheidungen und Fehlern gelernt werden
   kann. Interessant ist in diesem Zusammenhang auch, in welcher Frequenz diese
   Evaluation stattfindet und wie die Ergebnisse in der Organisation verteilt werden. Dazu werden in der Dokumentenanalyse vergangene Krisen identifiziert
   und diese in Workshops oder Experteninterviews erhoben.
9. **Rechtzeitige Identifikation von Veränderungen**, sowie Vorhandensein eines
   geeigneten Maßnahmenpools zum adäquaten Umgang mit Veränderungen.
   Diese Informationen werden über die Dokumentenanalyse und in Workshops
   erhoben und bewertet. Interessante Fragestellungen sind hierbei, welche Stellen
   im Unternehmen mit der Identifikation befasst sind, welche Priorität diese Tätigkeit hat, in welcher Frequenz sie stattfindet und welche IT-Systeme hierzu
   herangezogen werden.

Die Ergebnisse der initialen Resilienzuntersuchung werden in einem vorläufigen
Resilienzbericht festgehalten. In diesem werden zudem Kernprozesse aufgeführt,
die in Bezug auf die organisationale Resilienz besondere Relevanz haben. Diese
werden daraufhin in einer Detailanalyse weitergehend untersucht.

Detailanalyse

Jedes Unternehmen verfügt über zentrale Prozesse, in denen sich erhebliche Risiken manifestieren. Soweit sich die Risiken auf plötzliche Veränderungen im Markt
und Krisensituationen beziehen, sind sie für die organisationale Resilienz von be-
sonderem Interesse. Die Detailanalyse erfolgt im Rahmen der Konfigurationsphase
mit den folgenden Mitteln:

- **Dokumentenanalyse**
  Hierbei handelt es sich vorrangig um Prozessdokumentationen und Organisati-
  onscharts. Darüber hinaus können (anonymisierte oder synthetisierte) Daten
  gehören, die in den Prozessen erhoben werden. Denkbar ist auch die Untersuchung von operativen IT-Systemen. Soweit diese von Interesse sind, werden in
  diesem Schritt die Systemdokumentationen ausgewertet.

- **Workshops und Einzelinterviews**
  Die Vorgehensweise erfolgt hier analog der initialen Resilienzuntersuchung. Um vergleichende Betrachtungen anstellen zu können, erfolgen die Einzelinterviews anhand von zuvor erstellten Fragebögen an mehreren Personen. So können die Daten nach einheitlichen Kriterien ausgewertet werden.
- **Arbeitsplatzanalyse**
  Um bestimmte Abläufe hinreichend detailliert dokumentieren zu können, können Prozessschritte anhand einer Arbeitsplatzanalyse beobachtet werden. Hierzu halten sich Beobachter im unmittelbaren Umfeld einer bestimmten Unternehmensstelle auf. Bei Bedarf kann sich ein Einzelinterview anschließen.

Diejenigen Prozesse, die im Rahmen der Detailanalyse untersucht werden, werden anhand der folgenden Dimensionen auf ihre Resilienz untersucht:

- Interaktion mit Markt & Kunden
- Lieferanten & Partnerbeziehungen
- Wertschöpfende Prozesse, Logistik & Produktion
- Rechnungswesen & Unternehmensführung
- Organisation & Personalwirtschaft

Die Ergebnisse der Detailanalyse werden in Form von Analyseberichten der betrachteten Prozesse ausgearbeitet. In diesen wird festgehalten, inwieweit die Prozesse im Sinne der allgemeinen Resilienzmerkmale (Robustheit, Redundanz) resilient sind. Darüber hinaus werden auch die in ISO 22316 beschriebenen Resilienzmerkmale überprüft und bewertet. Schließlich wird geprüft, inwieweit der Prozess im Hinblick auf die Entwicklung zum selbstfahrenden Unternehmen aufgestellt ist, indem die ergänzenden Resilienzmerkmale für selbstfahrende Unternehmen geprüft und bewertet werden. Zur Bewertung der Resilienz wird der oben erläuterte Bewertungsrahmen (siehe oben Abschn. 5.5) herangezogen.
   Diese Bewertung fließt dann in den aktualisierten vorläufigen Resilienzbericht ein.

Benchmarking
Benchmarking ist ein Vorgehen zur Wettbewerbsanalyse. Darunter versteht man einen kontinuierlichen Vergleich von Produkten, Dienstleistungen, Prozessen und Methoden mit einem oder mehreren Unternehmen, um die Leistungslücke systematisch auf das branchenweit beste Niveau zu reduzieren. Die Grundidee des Benchmarkings liegt in der Ermittlung der Gründe für diese Unterschiede, damit

entsprechende Verbesserungsmöglichkeiten erkannt und erarbeitet werden können (Wübbenhorst 2021).

Das Benchmarking im Rahmen der Konfigurationsphase wird auf drei Ebenen durchgeführt:

- Ermittlung bzw. Erarbeitung von Best Practices, d. h. Durchführung eines Branchen- und funktionsübergreifenden Vergleichs von Prozessen und Methoden.
- Daraufhin wird das eigentliche Wettbewerbs-Benchmarking durchgeführt. Das heißt, es werden unmittelbare Wettbewerber identifiziert, ihr Leistungsniveau erhoben und auf den o. g. Bewertungsrahmen projiziert. Da im Rahmen des Benchmarkings nicht auf vertrauliche interne Daten der betreffenden Wettbewerber zugegriffen werden kann ist es erforderlich, öffentliche Informationsquellen zu identifizieren und relevante Daten zu recherchieren. Um diesen Prozess zu beschleunigen, können spezialisierte Dienstleister behilflich sein.
- Wertvolle Informationen liefert darüber hinaus ein internes Benchmarking. Dieses bietet sich an für den Vergleich von Unternehmensteilen, wie zum Beispiel unterschiedliche Werke oder Standorte. Diese Daten sind in der Regel weitaus leichter zu erheben.

Die Informationserhebung innerhalb des Benchmarkings erfolgt in den folgenden Schritten:

- Bestimmung des zu untersuchenden Gegenstands. Dazu gehören die folgenden Elemente:
  - Zu betrachtende Unternehmen oder Unternehmensteile
  - Inhaltliche Untersuchungsdimensionen – Informationen liefern hierzu die zuvor erarbeiteten Best Practices, die sich wiederum an den allgemeinen Resilienzkennzeichen und der ISO 22316 orientieren.
- Bestimmung der Vergleichspartner
  Dieser Schritt beantwortet die Frage, wer mit wem im Rahmen des Benchmarkings verglichen werden soll. Die Bestimmung der Vergleichspartner ist gleichermaßen beim Wettbewerbs- wie beim internen Benchmarking durchzuführen.
- Abbildung der Ergebnisse
  Hierzu kommt eine Reihe von Möglichkeiten in Betracht:
  - Durchführung einer SWOT-Analyse

  – Erstellung einer Balanced Scorecard
  – Messung des Ist-Zustands bzw. der Erreichung des Vergleichsniveaus mithilfe von Key Performance Indikatoren (KPI)
  • Definition von Maßnahmen
    Die Ableitung von Maßnahmen bildet im Rahmen unserer Vorgehensweise eine separate Phase, die sich an die Konfigurationsphase anschließt.

Eine unserer früheren Forderungen war ja, dass sich Resilienz numerisch ausdrücken lassen muss (Siehe oben Abschn. 2.4). Insofern bietet es sich an, die Key Performance Indikatoren (KPI) als Möglichkeit der Abbildung von Ergebnissen eines Benchmarkings näher zu betrachten. KPI sind Kennzahlen, die sich auf Erfolg, Auslastung oder Leistung eines Unternehmens, seiner organisatorischen Einheiten oder einer Maschine beziehen (Gabler Wirtschaftslexikon 2021). Sie unterscheiden sich von einfachen Kennzahlen, indem Sie zwei Größen miteinander in Bezug setzen, womit eine Vergleichbarkeit zwischen unterschiedlichen Untersuchungsgegenständen erreicht wird.

Ein Beispiel: Um zu beurteilen, ob ein Unternehmen relativ zu einem anderen erfolgreich ist, könnte man den Umsatz vergleichen. Dabei könnte sich folgendes ergeben:

Unternehmen	Umsatz p.a.
ABC AG	1.000.000.000 Euro
XYZ GmbH	500.000 Euro

Aus der Kennzahl Umsatz erkennt man, dass die ABC AG offenbar 2000-mal mehr Umsatz macht als die XYZ GmbH. Sie verrät uns allerdings nicht, ob ein Unternehmen mehr oder weniger erfolgreich im Vergleich zu einem Wettbewerber ist. Derartige Erkenntnisse liefern aber Kennzahlen, die zwei Größen ins Verhältnis zueinander setzen. Hierzu könnten wir zum Beispiel den Umsatz in Bezug setzen zur Anzahl der Mitarbeiter.
In unserem Beispiel ergäbe sich folgendes:

Unternehmen	Umsatz p.a.	Mitarbeiter
ABC AG	1.000.000.000 Euro	85.000
XYZ GmbH	500.000 Euro	12

Der Umsatz der ABC AG pro Mitarbeiter beträgt rund 11.770 Euro. Der Umsatz pro Mitarbeiter der XYZ GmbH beträgt hingegen 41.670 Euro und ist damit dreieinhalb mal so groß wie derjenige der ABC AG.
Mithin eignen sich KPI hervorragend, um verschiedene Unternehmen und Unternehmensteile miteinander zu vergleichen. Daher sind sie im Rahmen des

Resilienz-Benchmarkings auch unser Mittel der Wahl. Auch die SWOT-Analyse und die Balanced Scorecard (BSC) wären hier geeignete Mittel. Beide bringen aber entscheidende Nachteile mit sich:

- Die BSC beruht nicht auf einer ausgereiften Theorie, sondern auf zahlreichen teilweise undifferenzierten Gestaltungsempfehlungen. Weder der Erfolg des Konzeptes als Ganzes, noch die Wirkung der unterstellten Kausalzusammenhänge zwischen den einzelnen Perspektiven sind empirisch nachgewiesen, stattdessen gelten zahlreiche empirische Messprobleme noch als ungelöst (vgl. Das Wirtschaftslexikon 2021).
- Die SWOT-Analyse hingegen liefert ihre Ergebnisse hingegen in Prosa und verstößt damit gegen unsere Forderungen nach einem zahlenmäßigen Ausdruck von Resilienz. Damit eignet sie sich weniger für ein kontinuierliches Monitoring, das vornehmlich dem Entdecken und Nachvollziehen von Änderungen dient. Prosa ist erheblich schwieriger per Software auswertbar und daher nicht optimal für den Einsatz im selbstfahrenden Unternehmen.

Auswahl aussagekräftiger Key Performance Indikatoren
Bleibt die Frage, welche Key Performance Indikatoren im Benchmarking auszuwählen sind.

Zunächst einmal gilt es festzustellen, dass es keine resilienzspezifischen Key Performance Indikatoren gibt. Vielmehr ist es so, dass jedes Unternehmen, das dauerhaft bestehen will, über ein individuelles Kennzahlenmanagement verfügen muss, was uns bezüglich der Auswahl geeigneter KPI zu folgenden Schlussfolgerungen führt:

1. Die KPI bzw. die ihnen zugrundeliegenden Kennzahlen zur Beurteilung der Resilienz sind vermutlich bereits Teil des bestehenden Kennzahlenmanagements, sodass die vorhandenen KPI unter Resilienzgesichtspunkten untersucht und für ein Resilienzdashboard ausgewählt werden können. Alternativ können neue KPI mithilfe von bereits erhobenen einfachen Kennzahlen gebildet werden.
2. Ein umfassendes Kennzahlenmanagement ist bereits ein wichtiger Resilienzfaktor, denn durch die regelmäßige Erfassung und Auswertung von Schlüsseldaten haben Unternehmen die Möglichkeit, frühzeitig auf Änderungen und drohende Risiken zu reagieren, bevor sie sich überhaupt als resilient erweisen müssen (siehe Resilienzkompass, S. 43).

Das führt uns zu folgenden Empfehlungen, wie die unternehmensspezifischen Key Performance Indikatoren zur Messung der Resilienz erhoben, bzw. ausgewählt werden können:

- Resilienz-orientierte KPI sind strategische KPI. Als solche sind sie eng mit strategischen Zielen der untersuchten Organisation verbunden. Ihre Auswahl zur Beurteilung der unternehmerischen Resilienz ist, ebenso wie die Unternehmensstrategie, regelmäßig zu überprüfen.
- KPI sind in das strategische Management zu integrieren. Durch die Integration von KPI in das strategische Management-Framework können sie effektiver gestaltet werden. Soweit dies noch nicht geschehen ist, werden die für die Resilienzmessung relevanten KPI bereits während der Dokumentenanalyse identifiziert.
- Restriktive Auswahl von resilienzorientierten KPI, wie eine Taschenlampe, mit der verschiedene Ecken des Unternehmens beleuchtet werden. Aufgrund begrenzter Ressourcen sind sie streng nach der Relevanz für strategische Ziele, dem Gleichgewicht zwischen vor- und rückwärtsorientierten KPI und ihrer Verständlichkeit auszuwählen.

Szenariodefinition (Stresstests)
Die in der Konfigurationsphase erhobenen Informationen inklusive der ausgewählten KPI werden nachfolgend herangezogen, um Testszenarien zu entwickeln, anhand derer beurteilt werden kann, wie resilient das Unternehmen in Bezug auf mögliche Krisen ist. Dies dient dazu zu überprüfen, ob die KPI-Auswahl geeignet ist, derartige Auswirkungen auf die Resilienz zu messen und im Bedarfsfall geeignete Maßnahmen zu ergreifen, um die Resilienz zu verbessern und die Auswirkungen der Krise zu minimieren.

Stresstests sind vor allem im Nachgang zur globalen Finanzkrise in der Finanzwirtschaft entwickelt worden und sind heutzutage Teil des Risikomanagements von Banken. Mit ihnen überprüfen Banken entweder regelmäßig oder anlassbezogen ihr individuelles Gefährdungspotenzial auch bezüglich außergewöhnlicher, aber plausibel möglicher Ereignisse auf unterschiedlichen Ebenen. Dabei müssen die Institute sicherstellen, dass diese Stresstests angemessen im Hinblick auf die wesentlichen Risiken sind und Art, Umfang, Komplexität sowie den Risikogehalt der zugrunde liegenden Geschäftsaktivitäten widerspiegeln (Bundesanstalt für Finanzdienstleistungsaufsicht 2017, S. 18).

Grundlage von Stresstests sind Szenarien, die auf Grundlage dieser Risiken definiert werden und dabei sowohl institutsinterne Ursachen als auch marktweite Entwicklungen berücksichtigen. Dabei sind zwei Arten von Szenarien zu unterscheiden: Sensitivitätsanalysen, bei denen nur ein Risikofaktor betrachtet wird oder Szenarioanalysen, in denen sich gleichzeitig mehrere oder alle Risikofaktoren ändern, die durch zuvor definierte Ereignisse verursacht werden (Bundesanstalt für Finanzdienstleistungsaufsicht 2017) (vgl. Abb. 9.3).

Die Szenarien können einerseits auf historischen Grundlagen beruhen, ferner können sie hypothetisch sein oder sowohl historische als auch hypothetische Elemente enthalten. Letztere Variante sind dann so genannte hybride Szenarien.

Im Finanzbereich dienen Stresstests dazu, die Verlustanfälligkeit von Kreditinstituten zu beurteilen und insbesondere herauszufinden, ob das Kapital ausreichend dimensioniert ist, um unerwartete Verluste zu decken. Das Ergebnis der Stresstests ist einerseits die Feststellung, ob der Test bestanden wurde oder nicht, also ob die Kapitaldeckung ausreichend war. Wurde festgestellt, dass der Test nicht bestanden wurde, so besteht das Ergebnis des Stresstests in der Formulierung des Handlungsbedarfs, also der zu treffenden Maßnahmen, um resilient gegenüber dem untersuchten Szenario zu werden.

Was in der Bankenbranche gang und gäbe ist, lässt sich auch für die unternehmerische Resilienz einsetzen. Das risikobasierte Resilienzmodell versetzt Unternehmen in die Lage, sowohl Risiken aus der jeweiligen Geschäftstätigkeit zu iden-

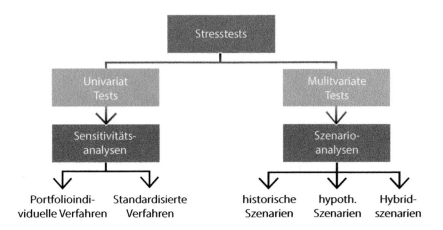

Abb. 9.3 Übersicht unterschiedlicher Arten von Stresstests

tifizieren, als auch übergreifende systemische Risiken zu betrachten. Nach der Risikoidentifikation kommt es zur Ableitung der Maßnahmen, also der Erstellung eines zunächst hypothetischen Maßnahmenarsenals, das dann zur Befriedigung des Handlungsbedarfs herangezogen werden kann. Im risikobasierten Resilienzmodell sprachen wir von „Aktion".

In Bezug auf Resilienz geht es beim Stresstest also darum, die Verlustanfälligkeit von Unternehmen zu betrachten und durch geeignete Untersuchungen sicherzustellen, dass sie in ihrem Bestand gesichert bleiben, dass sie im Krisenfall möglichst weitgehend handlungsfähig sind und die negativen Auswirkungen möglichst weitgehend kompensieren. Dazu wird im Verlauf des Stresstests das Szenario dahingehend simuliert, dass die Kenngrößen des Szenarios auf die relevanten KPI abgebildet werden.

Ein Beispiel

Die ABC AG stellt Pharmazeutika her und hat ihren Sitz in Aachen. Die derzeit 250 Mitarbeiterinnen und Mitarbeiter wohnen zu 40 % im Stadtgebiet, 40 % in einem Umkreis von 20 km, weitere 20 % im Umkreis von 60 km.

Das Unternehmen stellt drei Produkte her, wobei es sich ausschließlich um Generika handelt. 60 % der Produkte werden in Aachen hergestellt, 40 % werden von einem Drittunternehmen in Meiningen (Thüringen) hergestellt, welches üblicherweise zu 75 % ausgelastet ist.

Untersucht werden sollen die Auswirkungen durch einen Unfall im belgischen Kernkraftwerk Tihange. Es wird unterstellt, dass dort eine Kernschmelze eintritt, deren Folgen analog der Fukushima-Katastrophe einzuschätzen sind.

Folgende Alternativen sind zu berücksichtigen:

Best Case Evakuierungszone	20 km
Realistische Evakuierungszone	30–40 km
Worst Case Evakuierungszone	80 km

Ferner kommt es in der Folge des Unglücks über ein Jahr lang zu regelmäßigen Stromausfällen, die sich auf 100 Stunden pro Monat summieren. Das Bruttoinlandsprodukt sinkt im ersten Jahr um 3 %.

Die Entfernung zwischen Aachen und Tihange beträgt 64,6 km Luftlinie. Das Szenario kann also zu folgenden Ergebnissen führen:

- Der Standort ist in zwei der drei Alternativen nicht direkt betroffen, allerdings wohnen 5–8 % der Mitarbeiter in der roten Zone. Sie müssen evakuiert werden und leben in Notunterkünften. Dadurch haben sie über längere Zeit nicht die Möglichkeit, ihren Arbeitsplatz zu erreichen.

- Die Strahlenbelastung ist gleichwohl hoch. Viele Mitarbeiter sorgen sich um ihre Gesundheit. Die Behörden erwägen eine Vergrößerung der Evakuierungszone, wodurch die Produktion geschlossen werden müsste.
- Im Falle der Schließung ergäbe sich ein erheblicher Finanzierungsbedarf beim Neuaufbau einer Produktion. Ob staatliche Hilfen zur Verfügung stünden, ist nicht sicher.
- Der bestehende Auftragsfertiger hat nur noch 25 % freie Kapazität und kann nur geringe Teile der Produktion übernehmen. Ferner wäre die Marge der als Auftragsfertigung hergestellten Produkte womöglich geringer. Zudem wären Rüstzeiten für die Einrichtung der Produktion zu berücksichtigen.
- Zusätzliche freie Kapazitäten möglicher Auftragsfertiger sind kurzfristig womöglich gering, wenn großflächig viele Unternehmen betroffen sind.
- Stromknappheit kann zu verminderter Produktion führen.
- Fertigprodukte, Roh- und Hilfsstoffe könnten kontaminiert sein und müssten entsorgt werden.
- Obwohl die Wirtschaftsleistung sinkt, steigt die Nachfrage nach Medikamenten.

Im Rahmen des Stresstests sind nun die gegebenen Parameter heranzuziehen und im Übrigen so weit wie möglich Analogien aus dem historischen Referenzszenario heranzuziehen (z. B. Dauer der Evakuierungen) und auf die jeweils interessierenden KPIs abzubilden. Soweit keine zeitlichen Vorgaben im Szenario gemacht werden, sind kurz-, mittel- und langfristige Prognosen zu erstellen.

Beispiele für Ziel-KPIs:

- **Produktion:** Zählwerte, Taktrate und -zeit, OEE (Overall Equipment Effectiveness)
- **Finanzen:** Liquiditätskenngrößen (z. B. Working Capital), Cashflow, Rentabilitätsgrößen (z. B. Umsatzrentabilität), Ergebniskenngrößen (z. B. Earnings before Taxes (EBIT))
- **Prozesse:** Supply Chain (z. B. Beschaffungseffizienz), Qualitäts- und Projektkenngrößen (z. B. Cost Performance Index (CPI))
- **Kunden:** Handels-, Gewinnspanne
- **Personal:** Mitarbeiterproduktivität, Arbeitsausfälle, Fluktuation, etc.

Der Stresstest ist bestanden, wenn das Unternehmen am Ende der Simulation weiterhin Bestand hat und in Bezug auf die Ziel-KPIs zuvor definierte Schwellwerte nicht unter- oder überschritten wurden. Es kann natürlich sein, dass der Stresstest nur teilweise (also nur für das Best-Case-Szenario) bestanden wird. Sobald nur ein Wert nicht den Zielvorgaben entspricht, besteht Handlungsbedarf. In Bezug auf das risikobasierte Resilienzmodell bedeutet dies, dass aus dem Maßnahmearsenal geeignete Maßnahmen auszuwählen sind, die geeignet sind, die Folgen der Krise so weit wie möglich abzumildern.

9.2.4 Maßnahmenerhebung

Daher wird nach dem Stresstest mit der Maßnahmenerhebung begonnen. Hier befinden wir uns gleichsam in der Herzkammer der Resilienz, denn die Maßnahmen müssen dem Unternehmen folgendes ermöglichen:

- **Dem Schadensereignis auszuweichen, bzw. der Krise vorzubeugen.**
In unserem Beispiel könnte dies bedeuten, Vorsorge zu treffen, Teile der Produktion schnell verlagern zu können, z. B. durch vertragliche Regelungen mit möglichen Auftragsfertigern. Eine weitere Möglichkeit wäre die Planung eines zweiten Produktionsstandorts, sodass im Krisenfall nur ein Teil der Produktion betroffen wäre (vorausgesetzt der zweite Standort liegt nicht in der unmittelbaren Nachbarschaft), bzw. redundante Strukturen es erlauben, Teile der Produktion im Bedarfsfall zu verlagern. Vorbeugung ist ein besonders unbeliebtes Thema, da man sich mit Maßnahmen beschäftigen muss, die womöglich nie ergriffen werden müssen: Auch wenn uns gelegentlich besorgniserregende Nachrichten aus Belgien erreichen, dass es in Tihange jemals zu einer Kernschmelze kommt, ist höchst unwahrscheinlich. Sich gegen einen solchen Fall aber zu wappnen, kostet Geld und geht auf Kosten der in krisenfreien Zeiten erwirtschafteten Profite.
- **Im Krisenfall Schutz bieten.**
Ist die Krise einmal da, wird gerne unter Verwendung des Konjunktivs auf die Vergangenheit gesehen. „Hätte man doch rechtzeitig …" ist da noch eine harmlose Variante. Geht es ums Überleben, so muss schnell gehandelt werden. Dies gelingt indes meist nur, wenn die ungeliebte Vorsorge zuvor konsequent betrieben wurde. Ist dies nicht der Fall, kann es dann nur noch heißen „Rette sich wer kann" – mit ungewissem Ausgang. In unserem Beispiel könnte eine Schutzmaßnahme darin bestehen, im Krisenfall Medikamente (Jodtabletten) zur Verfügung zu stellen, dass Personen und Gegenstände rasch dekontaminiert werden können, oder dass Schutzräume zur Verfügung stehen und Evakuierungspläne existieren, um Mitarbeiter schnell in Sicherheit bringen zu können. Darüber hinaus könnte es bedeuten, dass bestehende Finanzpolster genutzt werden, um

resilienter gegen Produktionsausfälle, Arbeitsausfälle und damit krisenbedingt einhergehende sinkende Erlöse zu sein.

- **Reaktionsfähigkeit schaffen bzw. erhalten.**
Hier geht es darum, konkreten Bedrohungen zu begegnen. Dies kann zum einen bedeuten, dass im Fall der Unterbrechung von Lieferketten auf redundante Strukturen umgestellt werden kann, Vertriebswege angepasst werden können – zum anderen aber finanzielle Ressourcen genutzt und organisatorische Maßnahmen ergriffen werden können, um die akute Phase einer Bedrohung zu überstehen. Resilienz bedeutet jedoch nicht nur, akute Bedrohungen zu überstehen, sondern nach Möglichkeit auch gestärkt daraus hervorzugehen. Daher sollten hier auch Maßnahmen ergriffen werden, die über das reine Krisenmanagement hinausgehen, wie zum Beispiel Portfolio-Optimierungen, Digitalisierungsinitiativen und die Optimierung robuster Kundenbeziehungen.

  Natürlich sollten diese Tätigkeiten nicht nur in Krisenzeiten geschehen. In dieser Phase besteht aber ein entscheidender Unterschied im Vergleich zu krisenfreien Zeiten: Das Reflektieren über Optimierungsmaßnahmen angesichts einer Krise berücksichtigt aktuelle Lernerfahrungen, die in einer Phase entstehen, in der die Resilienz im Vordergrund steht, während es in sonst eher um die Optimierung des Profits geht. Von diesen Lernerfahrungen profitiert das Unternehmen auch nach der Krise, woraus man folgern kann, dass Krisenerfahrungen grundsätzlich geeignet sind, die Resilienzfähigkeit nachhaltig zu verbessern.
- **Letztlich geht es darum, die Erholung zu gewährleisten.**
Ist die konkrete Bedrohung vorüber, so droht einem Unternehmen dennoch Gefahr: Ist die Produktion unterbrochen, so bedarf es vieler Maßnahmen, um ein stillstehendes Werk wieder hochzufahren. Womöglich sind zum Hochfahren einer Produktion genügend Ressourcen vorhanden, aber nicht in den jeweils benötigten Bereichen. Bei der Erholung kommt es also zudem auf die Agilität der Organisation und ein passgenaues Sourcing an. Die organisatorische Agilität bezieht sich zum einen auf Humanressourcen: Vielleicht ist in den ersten Tagen die Kapazität in der Endfertigung nicht so essenziell, sodass Mitarbeiter aus dem Bereich in früheren Produktionsprozessen unterstützen können, wenn dort ein akuter Mangel herrscht. Vielleicht sind auch After-Sales-Tätigkeiten zunächst nicht so dringend, sodass diese Mitarbeiter bei Vertriebs- oder Presaletätigkeiten aushelfen können. Zum anderen ist hier das Finanzpolster wichtig, da zur Erholung auch finanzielle Durststrecken überwunden werden müssen, bis alles wieder rund läuft.
- **Ein weiterer Aspekt ist es, die Lerneffekte aus der Krise weiterhin zu nutzen und die oben beschriebenen Optimierungsmaßnahmen weiterzuführen, um die resilienzfördernden Effekte zu nutzen.** Dazu gehört es auch, das

eigene Geschäftsmodell zu hinterfragen und ggf. anzupassen. Strategische Entscheidungen, die daraus resultieren und die in Erwartung einer krisenfreien Zeit
getroffen werden, berücksichtigen die Kriseneffekte und die (positiven) Zu-
kunftsaussichten gleichermaßen. Somit ist die Überprüfung des Geschäftsmo-
dells zu diesem Zeitpunkt geeignet, eine Synthese aus den scheinbaren Gegen-
sätzen Resilienz und Profitstreben zu berücksichtigen und das Beste aus beiden
Welten mit in die Zukunft zu nehmen.

Während die Anforderungen an resilienzschaffenden und -steigernden Maßnahmen in den dargelegten Phasen der Krise unterschiedlich sind, zeigt sich dennoch
eine wichtige Gemeinsamkeit: Die Finanzen müssen stimmen, denn Maßnahmen
kosten Geld. Resilient zu sein heißt überdies, mitunter quälend lange Phasen des
wirtschaftlichen Ausnahmezustands zu überstehen. Das kann sogar heißen, resilient im Sinne eines passiven Erduldens zu sein. Um es einmal salopp zu sagen: Wer
schon vor der Krise auf dem letzten Loch pfeift, hat es schwer mit der Resilienz
oder: Liquiditätsengpässe und geringe Rücklagen schränken die Resilienz ein und
vermindern die Aussichten enorm, eine Krise weitgehend unbeschadet zu
überstehen.

9.2.5 Funktionale Anforderungen

Nachdem wir oben die methodischen Grundlagen zur Messung und Verbesserung
der Resilienz geschaffen haben, ist es im nächsten Schritt erforderlich, die funktionalen Anforderungen an ein Resilienzdashboard zu definieren. Dies erlaubt der
Unternehmensleitung und geeigneten weiteren Stellen im Unternehmen, Resilienzmanagement zu betreiben.
    Funktionale Anforderungen richten sich an ein zu erstellendes System, bzw. ein
zu erwerbendes Produkt und legen fest, was dies tun bzw. können soll (Seibert
Media 2018). In unserem Fall ist das System, für das es funktionale Anforderungen
zu definieren gilt, das Resilienzdashboard.
    Zur Definition von funktionalen Anforderungen empfiehlt sich, wie folgt
vorzugehen:

1. Definition der resilienzspezifischen funktionalen Anforderungen.
   Diese können wir bereits aus dem oben Gesagten herleiten.
2. Definition der generischen funktionalen Anforderungen.
   Diese resultieren aus den spezifischen funktionalen Anforderungen. Wenn also
   das System – unser Resilienzdashboard – die Messung und die Verbesserung

von Resilienz zum Gegenstand hat, so muss das System Funktionalitäten zur Verfügung stellen, die den Benutzer in die Lage versetzten, genau das zu tun: die Ist-Situation zu erkennen und resultierende Maßnahmen zu ermitteln.

3. Definition zukunftsgerichteter funktionaler Anforderungen.

Wie bereits oben erwähnt, folgt das Resilienzmanagement parallel der stufenweisen Entwicklung des selbstfahrenden Unternehmens (siehe Kap. 10). Da wir uns momentan in der Phase der Spezifikation eines ersten Resilienzdashboards befinden, liegt unser Fokus auf der Erhebung funktionaler Anforderungen. Diese basieren auf den Fähigkeiten von Unternehmen, die das Entwicklungsstadium des analogen Unternehmens verlassen haben und sich derzeit im Stadium des digitalen Unternehmens befinden. Dafür ist es im Hinblick auf die funktionalen Anforderungen unerheblich, ob sich ein Unternehmen am Anfang dieser Entwicklungsstufe befindet, oder innerhalb der Stufe schon fortgeschritten ist. Wichtig ist, dass das System offen ist für weitere Entwicklungen bzw. der Nutzung zukünftiger Softwareinnovationen.

Die folgenden funktionalen Anforderungen sind mithin in der skizzierten Vorgehensweise zu erheben:

9.2.6 Resilienzspezifische funktionale Anforderungen

Diese folgen aus den oben innerhalb der Konfigurationsphase und der Maßnahmenerhebung ermittelten Informationen. Dazu gehören:

- Fähigkeit zur Definition interner und externer Benchmarks.
- Modellierung von Messgrößen zur Messung der Resilienz bzw. eines Risikos, dem es resilient zu begegnen gilt.
- Eingabe von Daten zur Definition von Stresstests.
- Simulationsfähigkeit zur Analyse der Resilienzfähigkeit in zuvor definierten Szenarien.
- Ad-hoc Analysefähigkeit von Daten (Echtzeitanalyse) – zeitliche Verzögerungen bei der Datenerhebung könnten die Resilienz erheblich beeinträchtigen.
- Erstellung von Reports – das System muss zudem in der Lage sein, strukturierte Berichte zu erstellen, die dann geeigneten Stellen im Unternehmen zur Entscheidungsfindung zur Verfügung gestellt werden oder der externen Kommunikation dienen. Diese Berichte müssen je nach Anforderung des jeweiligen Unternehmens per Knopfdruck, nach Zeitplänen oder ereignisbasiert zu erzeugen sein. Mögliche Formate sind PDF-Dokumente, Excel-Workbooks o. ä.

9.2.7 Generische funktionale Anforderungen

Zu diesen Anforderungen gehören zunächst einmal Funktionalitäten, die die resilienzspezifischen funktionalen Anforderungen weiter ausformen, aber auch Anforderungen, die sicherstellen, dass ein System intuitiv und sicher bedienbar ist und unnötige Aufwände vermeiden hilft. Hierzu gehören:

Dashboard da wir ein Resilienzdashboard abbilden möchten, muss das System in der Lage sein, Dashboards darstellen zu können, also eine Oberfläche anzubieten, die Daten komprimiert und grafisch darstellen kann. Das Dashboard wird die eigentliche Benutzeroberfläche und damit der sichtbare Teil des Systems für den Großteil der Benutzer sein. Daher ist sicherzustellen, dass dieses möglichst weitgehend auf deren Bedürfnisse zugeschnitten ist. Sichergestellt wird dies einerseits durch die Befolgung von Best Practice Richtlinien (Justinmind 2020), andererseits durch eine rechtzeitige Verifikation gegenüber den Benutzern, zum Beispiel mittels so genannter Wireframes oder Mockups.

Ein Wireframe ist eine grafische Darstellung einer App oder einer Website, die nur die wichtigsten Elemente und den Inhalt enthält, während ein Mockup eine realistische Darstellung der späteren Erscheinungsweise darstellt (Mkrtchyan 2018).

Interface und Benutzerführung Das System muss intuitiv bedienbar sein. Aufwändige Schulungen behindern die Systemakzeptanz und stellen einen Aufwandstreiber dar. Insbesondere Nutzer aus den oberen Managementebenen von Unternehmen haben eine geringe technische Kompetenz in Bezug auf die Nutzung von Analysesystemen.

Workflows Das System muss Prozesse in Verbindung mit der Erhebung, Qualitätskontrolle, Auswertung und Kommunikation von Systemereignissen ermöglichen.

Datenmodell Das System muss in der Lage sein, multidimensionale Auswertungen zu ermöglichen, mit denen komplexe Sachverhalte aus verschiedenen Blickwinkeln analysiert werden können.

Schnittstellen Das System muss relevante Daten aus anderen Systemen nutzen können. Daher bedarf es der Möglichkeit einer einfachen Anbindung und Integration des Dashboards in die Systemlandschaft durch Standardschnittstellen.

Datenerhebung mittels Fragebögen (Booklets) Gegebenenfalls können resilienzspezifische Informationen nicht ausschließlich durch Schnittstellen erhoben werden, sondern müssen mittels eines Workflows von verschiedenen Stellen eingeholt werden. Dies ist insbesondere bei Informationen der Fall, die nicht rein faktenbasiert sind, sondern Einschätzungen, also Werturteile enthalten und womöglich überdies auf menschlicher Intuition oder Erfahrung beruhen. Das System muss also in der Lage sein, zunächst solche Fragebögen zu erstellen und diese darüber hinaus möglichst automatisch auszuwerten.

Konfigurierbarkeit ohne Programmierung Letztlich muss das System flexibel konfigurierbar sein, ohne dass die Eingabe von Programmcodes notwendig wird. Programmierung setzt Fachkenntnisse heraus, bedarf umfangreicher Qualitäts- und Testprozesse, resultiert in Zeitverzögerungen und wird dadurch zu einem erheblichen Aufwandstreiber.

Hinzu kommen weitere unternehmensspezifische Anforderungen hinsichtlich:

- Rollenkonzept
- Sicherheit und Access Management
- Release- und Wartungszyklen
- Support
- etc.

Zukunftsgerichtete funktionale Anforderungen Anforderungen aus diesem Bereich richten sich vor allem auf die folgenden Bereiche:

- **Dauerhaftigkeit**
  Aller Erfahrung nach haben Systeme in Unternehmen lange Lebenszyklen, die ein oder gar mehrere Jahrzehnte umfassen können. Sie müssen daher in der Lage sein, Innovationen zu integrieren, ohne dass fortwährend in kurzen Abständen eine Systemablöse erforderlich wird. Daher sind die funktionalen An-

forderungen an Schnittstellen, ein hoher Grad an Modularisierung und die Systemarchitektur auf Zukunftsfähigkeit zu prüfen. Ein Cloud-basiertes System beispielsweise könnte technische Neuerungen der Infrastruktur sowie die Erweiterbarkeit von Systemen in der Zukunft vereinfachen.

• **Flexible Erweiterbarkeit**
Auf Unternehmen von heute warten zahlreiche neue Anforderungen und Innovationen auf dem Weg zur selbstfahrenden Organisation. Daher sind auch alle funktionalen Anforderungen auf Zukunftsfähigkeit zu prüfen. „Hart verdrahtete" Funktionalität oder „Black Boxes" mit intransparenten Funktionsweisen sind auszuschließen. Diese Prüfung ist zunächst initial bei der Softwareauswahl durchzuführen, aber auch bei weiteren Releases dauerhaft sicherzustellen, z. B. anhand von verbindlichen Qualitätsrichtlinien.

9.2.8 Nicht-funktionale Anforderungen

Im Gegensatz zu funktionalen Anforderungen sind die nicht-funktionalen Anforderungen nicht produktspezifisch, legen aber fest, unter welchen Bedingungen die Funktionen zu erbringen sind (Heinrich 2016). Hierzu gehören die folgenden Kategorien:

• Ressourcenverbrauch
• Zeitverhalten
• Robustheit
• IT-Sicherheit

Da die nicht-funktionalen Anforderungen nicht produktspezifisch sind, sind sie zumeist unternehmensweit definiert. Insofern sind sie im Hinblick auf die Gültigkeit für das Resilienzdashboard zu prüfen und ggf. notwendige Abweichungen zu spezifizieren.

9.3 Abgrenzung des Resilienzdashboards von Bestandssystemen

In jeder größeren Unternehmung finden sich vorhandene Elemente, die sich für die Messung und Verbesserung von unternehmerischer Resilienz eignen könnten. Ob dies so ist, soll nachfolgend geprüft werden.

9.3.1 Risikomanagement

Da wir bisher häufig mit dem risikobasierten Resilienzmodell operiert haben, um Maßnahmen insbesondere zur Verbesserung der Resilienz zu ermitteln, bietet es sich an zu erörtern, inwieweit bestehende Risikomanagementsysteme von Unternehmen geeignet sind, Anforderungen von Unternehmungen an die Resilienz zu befriedigen, bzw. danach zu fragen, inwieweit dies schon heute der Fall ist. Bereits bei der Frage, wo im Unternehmen das, der Risikoidentifikation vorgeschaltete Risikobewusstsein angesiedelt ist, sind wir bereits auf die existierenden Risikomanagement-Abteilungen gestoßen (siehe oben, Abschn. 6.6). Nunmehr fokussieren wir auf die dort eingesetzten Daten und Systeme.

Das Risikomanagement ist heute in vielen Unternehmungen in der Aufbauorganisation verankert. Mit Inkrafttreten des Gesetzes zur Kontrolle und Transparenz im Unternehmensbereich (KonTraG) im Jahr 1998 wurde das Risikomanagement für Aktiengesellschaften, Kommanditgesellschaften auf Aktien und zum Teil für Gesellschaften mit beschränkter Haftung verpflichtend. Damit wurde sowohl das Aktiengesetz als auch das Handelsgesetzbuch um Vorgaben zum Risikomanagement erweitert, wie auch um Sanktionen bei Pflichtverletzungen, etwa von Geschäftsführern oder Vorständen (Fleig 2018, S. 37).

Die Ziele des Risikomanagements fasst § 91, Absatz 2 des Aktiengesetzes anschaulich zusammen. Dort heißt es:

> *„Der Vorstand hat geeignete Maßnahmen zu treffen, insbesondere ein Überwachungssystem einzurichten, damit die den Fortbestand der Gesellschaft gefährdenden Entwicklungen früh erkannt werden."*

Das Risikomanagement wird von verschiedenen Stellen im Unternehmen wahrgenommen. Ausgehend von einer Risikostrategie sind Risikoausschüsse und Risikomanager für die Umsetzung des Risikomanagements verantwortlich. Deren Kernaufgabe es ist, Risiken zu identifizieren, zu bewerten und zu dokumentieren (Fleig 2018, S. 38). Von besonderer Bedeutung im Hinblick auf die unternehmerische

Resilienz dürfte das Risikocontrolling sein, das zur Aufgabe hat, die Unternehmensführung bei Planung, Kontrolle des Risikomanagements zu unterstützen und die Risikoberichterstattung zu gewährleisten (Wolke 2008, S. 239).

Bereits in der Darstellung des risikobasierten Resilienzmodells haben wir gesehen, dass die Identifikation von relevanten Risiken für das Unternehmen von zentraler Bedeutung ist. Genau das tut das Risikomanagement in Unternehmen heute, woraus folgt, dass das Risikomanagement eine unverzichtbare Datengrundlage für das Resilienzdashboard bietet.

Wenn das Risikomanagement aber die relevanten Risiken so umfassend im Blick hat und regelmäßig überprüft, bedarf es da überhaupt noch eines Resilienzdashboards? Hierzu können wir folgende Aussagen treffen:

- Das Risikomanagement hat die Aufgabe, Risiken zu identifizieren und zu bewerten, sowie die Risikokosten zu senken, insbesondere um das weitere Überleben des Unternehmens sicherzustellen. Es ist somit ein wichtiger Lieferant von Grundlagen zur Definition von resilienzsteigernder Maßnahmen.
- Das Risikomanagement misst jedoch weder den aktuellen Stand der Resilienzfähigkeit, noch kann es Aussagen hinsichtlich des Resilienzbedarfs treffen, wie es das Winning Wheel ermöglicht.
- Ferner ist das reine Risikomanagement nicht in der Lage, Lerneffekte einer Unternehmung systematisch zu erfassen und zu bewerten. Es orientiert sich rein am Risikoportfolio.
- Zudem driften Risikomanagement und unternehmerische Resilienz dann auseinander, wenn es um Risiken von äußerst geringer Eintrittswahrscheinlichkeit geht, wie es bei systemischen Risiken der Fall ist. Derartige Risiken reihen sich ein in die Priorisierung des Risikoportfolios, während das risikobasierte Resilienzmodell derartigen Risiken eine eigene (verpflichtende) Bewertungsdimension einräumt.

Es bleibt also festzuhalten, dass das Risikomanagement ein wichtiger Datenlieferant ist, jedoch ist die Betrachtungsperspektive der unternehmerischen Resilienz breiter, sodass das Risikomanagement allein nur Teilbereiche dieser Perspektive abbilden kann.

9.3.2 Strategische Planung

Unter strategischer Planung versteht man die Institutionalisierung eines integrierten Prozesses, um zu entscheiden, in welche Richtung das Unternehmen insgesamt

oder Teile davon gehen sollen. D.h., welches Erfolgspotenzial genutzt und ausge-
schöpft werden soll und welchen Weg das Unternehmen einschlagen soll in Bezug
auf die zu ergreifenden Maßnahmen und die zur Verfügung stehenden Ressourcen
(Müller-Stevens 2021).

Der Schwerpunkt liegt auf dem Vergleich der Konsistenz zwischen den norma-
tiven Spezifikationen des Unternehmensmanagements (Unternehmensziele, Leis-
tungserwartungen, strategische Prioritäten usw.) und Geschäftsentwicklungsplä-
nen – beide stehen im Einklang mit den erwarteten Änderungen im sozialen und
wirtschaftlichen Umfeld des Unternehmens. Dieser Vergleich ist notwendig, um
auf dieser Grundlage Entscheidungen zur Ressourcenzuweisung treffen zu können,
was auch im Interesse des gesamten Unternehmens und seiner geplanten Entwicklung liegt (Müller-Stevens 2021).

In großen Unternehmen werden strategische Pläne normalerweise als jährlicher
Wiederholungsprozess installiert. Es beginnt damit, dass das Management des Unternehmens einen Rahmen (Aufgaben, Werte, Vision, Ziele) und strategische Ge-
schäftsabteilungen für das gesamte Unternehmen festlegt und auf dieser Grundlage
seine Geschäftsstrategie formuliert. Diese wird dann mit der Unternehmensleitung
verhandelt und schließlich wird eine Zielvereinbarung getroffen. Sobald die Strategie verabschiedet ist, wird sie in mehrjährige Finanzpläne und Budgets umgesetzt. Die Erfahrung zeigt, dass die Ausführung des Plans das eigentliche Problem
ist (Müller-Stevens 2021).

Die strategische Planung zeichnet also die gewünschte Entwicklung vor und ist
daher als Datengrundlage zur Bestimmung der Status der Resilienz bzw. der Identifikation möglicher Risiken, die sich in Form von Rückschlägen äußern könnten,
unerlässlich. Somit stellt auch die strategische Planung eine wichtige Quelle in
Bezug auf unser zu schaffendes Resilienzdashboard dar.

9.3.3   Business Intelligence-Systeme

Die Idee von Business Intelligence Systemen ist es, Entscheidungsträgern in verschiedenen Funktionsbereichen eines Unternehmens relevante Informationen im
Moment des Informationsbedarfs zur Verfügung zu stellen (Bauer und Günzel
2001, S. 11). Dies geschieht in Form von Managementinformationssystemen, die
Daten aus operativen Quellsystemen zumeist auf einer grafischen Oberfläche zur
Verfügung stellen. Diese erlauben je nach Zielrichtung (Informationsorientierung
oder Analyseorientierung (Bauer und Günzel 2001, S. 14 ff.) unterschiedlich weit-
gehende Interaktionen mit diesen Daten im Sinne von Analysen, Auswertungen
und Visualisierungen (Prisma Unternehmensgruppe 2021).

Herzstück dieser Systeme sind Kennzahlensysteme, insbesondere Key Performanceindikatoren, die aus den Basisdaten der operativen Systeme fortgeschrieben und berechnet werden (Prisma Unternehmensgruppe 2021).

Wenngleich man diesen Systemen unterstellen muss, dass ihre Existenz in der Sprache des Winning Wheels eher aus der Autonomie- denn aus der Resilienzdimension begründet ist und sie somit die Geschäftsentwicklung im Sinne der Profitabilität im Fokus haben, liefern Business Intelligence Systeme dennoch wertvolle Informationen zum Zustand des Unternehmens und seiner wirtschaftlichen Situation. Auf diese Informationen werden wir im Resilienzdashboard zurückgreifen müssen, denn das Resilienzmanagement mithilfe des Dashboards geschieht, wie bereits oben ausgeführt, mithilfe von Key Performance Indikatoren und Kennzahlen (siehe oben Abschn. 9.2.3). Der Zugriff erspart uns also, was im folgenden Kapitel zu verifizieren sein wird, den Zugriff auf operative Systeme. Somit können wir Strukturen der Business Intelligence-Systeme wiederverwenden und vermeiden Redundanzen in der Datenhaltung.

Mithin können wir folgendes zur Abgrenzung des Resilienzdashboards von den betrachteten Systemen festhalten:

- Keines der drei betrachteten Systeme deckt das Thema unternehmerische Resilienz a priori komplett ab.
- Jedes der betrachteten Systeme enthält Elemente, die für das Resilienzdashboard wichtig sind.
- Daher ist im Rahmen der Spezifikation zu prüfen, ob diese als Quellsysteme für das Dashboard dienen können (Schnittstellenanalyse).

9.4   Erstellung eines Scope-Dokuments

Die erarbeiteten Erkenntnisse aus den vorgenannten Schritten münden in konkreten Anforderungen im Hinblick auf die technische Umsetzung. Dabei können diese in Form eines Lastenhefts oder eines Scope-Dokuments erfolgen, abhängig davon, ob die technische Umsetzung in Form eines traditionellen Projekts nach dem Wasserfall-Modell oder in einer agilen Vorgehensweise erfolgen soll.

9.4.1   Wasserfall-Modell

Die meisten Wasserfall-Modelle beinhalten fünf oder sechs aufeinanderfolgende und strikt voneinander getrennten Phasen, welche bereits zu Beginn klar definiert werden. Die erste Phase solcher Projekte ist zugleich auch die Planungsphase und stellt die Grundlage für den weiteren Erfolg dar. Vorteilhaft an Wasserfall-Modellen ist die gute Planbarkeit, nicht nur in Bezug auf das zu liefernde Ergebnis, sondern auch hinsichtlich der zu erwarteten Kosten.

Insbesondere im Bereich der Anwendungsentwicklung haben sie aber auch enorme Nachteile, da diese Vorgehensweise recht unflexibel gegenüber Änderungen der Anforderungen ist. Im Verlauf des Projekts nachspezifizierte Änderungen lassen sich nur unter hohen Kosten berücksichtigen und machen damit die obigen Vorteile zunichte (Augsten 2018).

9.4.2   Lastenheft

Die Spezifikation für ein Wasserfallmodell wird in einem Lastenheft zusammengetragen, das im Regelfall vom Auftraggeber geführt wird. Es enthält den im Rahmen des Projekts zu erbringenden Leistungsumfang und dient als Grundlage zur Einholung von Angeboten, sei es in Form von Ausschreibungen oder Angebotsanfragen (Angermayer 2009) (vgl. Abb. 9.4).

9.4.3   Agile Vorgehensweisen

Der agile Projektansatz beruht auf einer iterativen, teambasierten Vorgehensweise zur Entwicklung von Anwendungen. Dieser Ansatz legt den Schwerpunkt auf die schnelle Bereitstellung einer Anwendung in vollständigen Funktionskomponenten. Anstatt Aufgaben und Zeitpläne zu erstellen, wird die gesamte Zeit in Phasen („Sprints") eingeteilt, wobei jeder Sprint im Regelfall eine definierte Dauer von zwei bis vier Wochen hat. Innerhalb der Sprints wird eine laufende Liste von so genannten Deliverables abgearbeitet, die zu Beginn eines jeden Sprints geplant werden. Die Deliverables werden nach dem vom Kunden festgelegten Geschäftswert priorisiert. Wenn nicht alle geplanten Arbeiten für den Sprint abgeschlossen werden können, wird die Arbeit neu priorisiert und die Informationen werden für die Planung zukünftiger Sprints verwendet (Lotz 2018). Ein typisches Vorgehensmodell bei agilen Projekten ist Scrum, das vor allem auf einem interdisziplinären

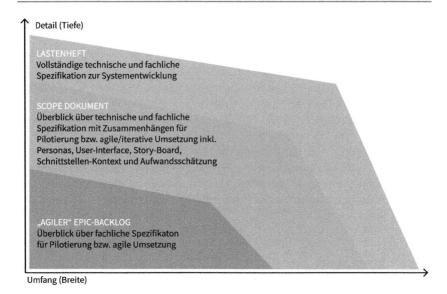

Detail (Tiefe)

LASTENHEFT
Vollständige technische und fachliche
Spezifikation zur Systementwicklung

SCOPE DOKUMENT
Überblick über technische und fachliche
Spezifikation mit Zusammenhängen für
Pilotierung bzw. agile/iterative Umsetzung inkl.
Personas, User-Interface, Story-Board,
Schnittstellen-Kontext und Aufwandsschätzung

„AGILER" EPIC-BACKLOG
Überblick über fachliche Spezifikaton
für Pilotierung bzw. agile Umsetzung

Umfang (Breite)

Abb. 9.4 Lastenheft, Scope-Dokument und Epic Backlog

Rollenmodell beruht, das die einzelnen Tasks, die in Scrum „User Stories" heißen, autark im Rahmen der zyklischen Sprints abarbeitet. Hinzu kommen Artefakte (Prozessdokumente) und Meetingstrukturen.

9.4.4 Scope-Dokument

Das Scope-Dokument bildet die Grundlage eines agilen Softwareprojekts und wird aus einer groben Themenzusammenstellung (Epic Backlog) heraus detailliert. Es definiert die fachlichen und technischen Bestandteile der Entwicklung und dokumentiert den Projektumfang. Ein Scope-Dokument ist im Vergleich zu einem Lastenheft weniger umfangreich, muss aber dennoch eine finanzielle und technische Bewertung durch Lieferanten ermöglichen. Es beinhaltet einen Überblick über technische und fachliche Spezifikation mit Zusammenhängen für die Pilotierung bzw. die agile iterative Umsetzung. Hinzu kommen Personas, also Usergruppen des zukünftigen Systems, die anhand einer oder mehrerer fiktiver Personen dargestellt werden. Darüber hinaus werden Skizzen des User-Interface und ein Story-Board hinzugefügt. Ein Story-Board ist ein grafisches Werkzeug, das dem Betrachter eine High-Level-Ansicht eines Projekts bietet. Eine Beschreibung des

Schnittstellen-Kontexts und eine grobe Aufwandsschätzung runden den Inhalt des Scope-Dokuments ab.
Es spricht einiges dafür, ein Resilienzdashboard in agiler Vorgehensweise zu realisieren. Maßgebliche Gründe hierfür sind:

- Wie die agile Projekt-Vorgehensweise selbst ist auch die Resilienz ein zyklisch zu betrachtendes Thema. Sowohl die Resilienzfähigkeit als auch die zur Stärkung der Resilienz notwendige Risikoanalyse sind nicht nur einmalig, sondern wiederkehrend zu erheben und die Erkenntnisse daraus agil in das Resilienzdashboard zu integrieren.
- Das Resilienzdashboard ist ein neues Thema in vielen Unternehmen, was dazu führt, dass sich Implementierungsprojekte nur auf wenige unternehmensinterne wie branchenweite Best Practices stützen können. Daher ist ein flexibles Vorgehensmodell zu wählen, das auf Lerneffekten aufbauen kann.
- Die Implementierung eines Resilienzdashboards erfolgt, wenn wir eine kurzfristige Implementierung (nach Lektüre dieses Buchs) annehmen, zu einem Zeitpunkt, in dem sich Unternehmen allenfalls auf der Stufe des digitalen Unternehmens befinden. Das Resilienzdashboard wird also mit der fortschreitenden Entwicklung zum selbstfahrenden Unternehmen gleichermaßen weiterentwickelt werden müssen. Auch hier sind erhebliche Erkenntnisgewinne zu erwarten, sowohl unternehmensintern, als auch durch technologischen Fortschritt begründet. Dies spricht insgesamt auch bezüglich weiterer Entwicklungsprojekte für die Nutzung agiler Vorgehensmodelle.

Folglich ist die Erstellung eines Scope-Dokuments unser Mittel der Wahl, um die Anforderungen für das Resilienzdashboard zu erfassen. Da sicherzustellen ist, dass die Anforderungen auch möglichst zügig und kostengünstig umgesetzt werden können, werfen wir anschließend noch einen Blick auf die Anforderungsdokumentation.

9.4.5   Anforderungsdokumentation

Bezogen auf die Realisierung eines innovativen Produkts wie dem Resilienzdashboard steht zu erwarten, dass das Anforderungsmanagement oder das Requirements Engineering einigermaßen komplex sein wird. Daher wollen wir im Folgenden die wesentlichen Grundzüge einer Anforderungsdokumentation beleuchten, die einen reibungslosen Implementationsprozess gewährleisten und teure Missverständnisse oder späte Änderungen vermeiden helfen.

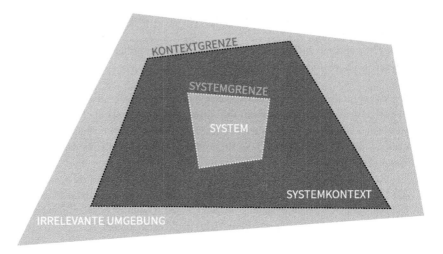

Abb. 9.5 Systeme und ihre Kontextgrenzen

Was soll dokumentiert werden?
Zunächst einmal ist die beinahe banale Frage zu stellen, welche Anforderungen zu dokumentieren sind. Bezogen auf das Resilienzdashboard operieren wir hier mit der Bezeichnung „System". Das Problem: Systeme können oftmals nicht klar abgegrenzt werden, da sie auch mit ihrer Umgebung in Beziehung stehen und insbesondere im unternehmerischen Kontext in eine mehr oder minder komplexe IT-Landschaft eingebettet sind. Der signifikanteste Kostentreiber bei Softwarelösungen überhaupt ist die Integration der Anwendungen in die bestehende IT-Landschaft.

Daher ist es hilfreich, sich initial über die Dimensionen Klarheit zu verschaffen, die Abb. 9.5 zeigt.

Das System ist in diesem Fall also unser Resilienzdashboard. Es ist hier mithin nicht nur zu dokumentieren, welche Anforderungen an das System bestehen, sondern auch wo seine Grenzen sind und wo die Interaktion mit dem Systemkontext beginnt. Dies können Schnittstellen zu umliegenden Systemen sein, aber auch Infrastruktur und organisatorische Einheiten, wie z. B. zum Identity- und Access-Management, also derjenigen Stelle im Unternehmen, die sich mit der Verwaltung und Pflege von Benutzerkonten, Netzwerkressourcen der Berechtigungsverwaltung für Benutzer auf Anwendungen und Systeme befasst.

Auch die Kontextgrenze ist konkret zu benennen, einerseits um projektintern den Scope des Vorhabens einzugrenzen, andererseits um Erwartungsmanagement

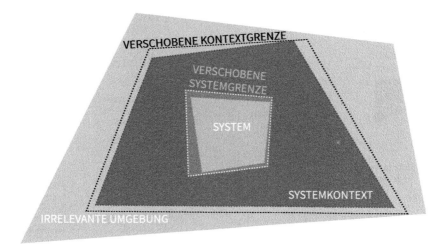

Abb. 9.6 Verschobene Systeme und Kontextgrenzen

an Stakeholdern (Anspruchsgruppen) zu betreiben, deren Wünsche in Bezug auf das System ggf. weitergehen, als es der Projektgegenstand und sein Budget zulassen.

Wichtig ist diese initiale Festlegung im Hinblick auf den weiteren agilen Projektverlauf, denn mit der Zeit können sich diese Grenzen verschieben (vgl. Abb. 9.6).

Wenn dies passiert, hat es enorme Auswirkungen auf das Projekt, die sich in Zeitverzögerungen, Budgetüberschreitungen, verstärktem Ressourcenbedarf oder massiven Änderungen des Anforderungsvolumens äußern können. Daher ist die initiale Festlegung von System und Systemkontext so wichtig. Fehlt sie, entfällt ein wesentlicher Transparenzmaßstab und schränkt die Projektbeteiligten in ihrer Handlungsfähigkeit gegenüber den Stakeholdern ein.

Bleiben wir bei der Frage nach dem „Was", also was genau dokumentiert werden soll. Es ist immer wieder erstaunlich zu sehen, wieviel unnütze Seiten an Spezifikation entstehen. Daher ist vor Beginn der eigentlichen Spezifikation zu evaluieren, welches Wissen zu spezifizieren ist. Die Frage ist also, auf welche informatorische Basis aufzusetzen ist und wie ein gemeinsames Verständnis der Beteiligten hinsichtlich der Anforderungen erzielt werden kann.

Einen Überblick gibt das Modell in Abb. 9.7.

In diesem Modell erkennt man anhand der Kontextgrenze die relevante informatorische Basis, die bezüglich der Anforderungen an unser Resilienzdashboard

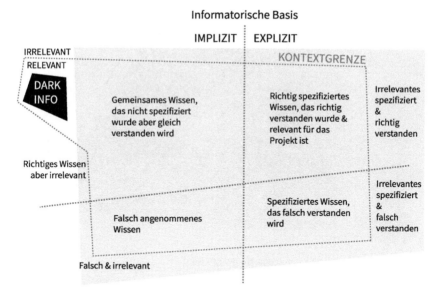

Abb. 9.7 Informatorische Basis für die Anforderungserhebung

besteht. Um die Informationen also richtig und vollständig zu spezifizieren, müssen wir uns über folgendes bewusst sein:

- Es gibt spezifiziertes Wissen, das falsch verstanden wird. Folglich gibt es Anforderungen bei der Spezifikation, die darauf abzielen, spezifiziertes Wissen verständlich und drittlesbar zu dokumentieren.
- Implizites Wissen ist gefährlich, da es entweder falsch angenommen wird, oder aber nicht dokumentiert wird, was sich im Verlauf des Projekts als Problem herausstellen kann, insbesondere wenn dritte Parteien mit der Implementierung beauftragt werden.
- Die „Dark Info" stellt ein besonderes Risiko dar, denn diese Informationen hat niemand buchstäblich „auf dem Radar". Daher bedarf es einer Technik, das Wissen möglichst vollständig zu identifizieren und nachfolgend zu spezifizieren.
- Die Kontextgrenze kann in der Praxis diffus sein und in vielen unnützen Seiten Spezifikation resultieren. Überflüssige Spezifikation resultiert nicht nur in unnützen Aufwendungen in Zeit, Ressourcen und Geld, sondern ist auch schädlich für das Verständnis der relevanten Anforderungen.

Wie soll dokumentiert werden?

Wenden wir uns also der Frage nach dem „Wie" zu. Nachfolgend klären wir zunächst die Frage, mit welchen Techniken Wissen erhoben wird. Danach betrachten wir genauer, wie wir die erhobenen Informationen ablegen.

Die Informationserhebung erfolgt auf drei Ebenen und vorzugsweise in der dargelegten Reihenfolge:

1. Dokumentenanalyse
   Dokumente sind eine erste Informationsquelle. Sie helfen dabei, den Kontext für die detaillierte Informationsaufnahme herzustellen. Hierbei kann es sich einerseits um allgemeine Dokumente wie Gesetze, Verordnungen, Normen, sonstige öffentliche Dokumente (White Papers, o. ä.), oder aber um unternehmensinterne Dokumente wie Systemdokumentationen, Organigramme, Prozessdokumentationen, Geschäftsberichte und Strategiepapiere handeln.
2. Stakeholderbefragung
   Das Gros der Informationen wird meist von Experten erhoben, die Wissen in Bezug auf die Ziellösungen haben. Dies können interne Mitarbeiter unterschiedlichster Unternehmensebenen sein (Sachbearbeiter, Systemnutzer, Administratoren, fachliche Experten).
3. In Bezug auf das implizite Wissen und die gefährliche „Dark Info" hat es sich in der Praxis bewährt, unternehmensfremde Requirements Engineers mit der Informationserhebung von Stakeholdern zu betrauen. Schon allein aufgrund der Tatsache, dass diese nicht durch eine mitunter jahrzehntealte „Betriebsbrille" schauen, sind sie geeignet, Dark Info und implizitem Wissen, das vielleicht unerwähnt geblieben wäre, auf die Spur zu kommen. Um es salopp zu formulieren: Es sind die „dummen Fragen", die hier ein erster Erfolgsfaktor sind.
4. Natürlich stellen wir keine dummen Fragen, sondern bedienen uns verschiedener Ermittlungstechniken, um die Informationen zu erheben. Je nach Zielrichtung der Informationserhebung kommen verschiedene Techniken zum Einsatz:

- Befragungstechniken
- Sie eignen sich zur Erhebung von explizitem Wissen. Hierzu gehören Interviews, geführte Workshops und Experteninterviews.
- Kreativitätstechniken
- Sie eignen sich zur Erarbeitung von Innovationen. Hierzu zählen Brainstorming, Brainstorming paradox (ein „umgekehrtes" Brainstorming mit dem Ziel, unterbewusste Gedanken zum Thema zu erfassen), Perspektivenwechsel, sowie die Analogietechnik (Bionik/Bisoziation) (vgl. Pohl und Rupp 2015, S. 28).

- Erweiterte Techniken
- Bei Bedarf bieten sich die folgenden Techniken an: Work-Shadowing (Feld-beobachtung), Apprenticing (das „in die Lehre gehen" des Requirements Engineers beim Stakeholder) und das Screening von Userverhalten.

5. Systemanalyse von Bestandssystemen (Code-Analyse)
   Eine weitere Möglichkeit zur Informationserhebung ist die Systemanalyse. Dazu werden bestehende Systeme unter die Lupe genommen, um relevante In-formationen hinsichtlich des neu zu erstellenden Systems zu erheben.
6. In Bezug auf das Resilienzdashboard ist davon auszugehen, dass es kein beste-hendes Resilienzmanagementsystem gibt. Aufgrund der bereits erörterten Nähe zu Risikomanagement-, Strategie- und Business Intelligence Systemen ist es jedoch denkbar, diese auf brauchbare Bestandteile zu untersuchen. Nicht zuletzt ist es denkbar, dass ein neues Resilienzmanagement eines oder mehrere der vorgenannten Systeme ablösen kann.

Die Analyse von Bestandssystemen hat mehrere problematische Aspekte:

- Sie birgt die die Gefahr, neue Anforderungen auf Basis eines Altsystems zu formulieren und somit Innovationspotenziale zu übersehen.
- Bei komplexen Systemen ist die Systemanalyse langwierig und teuer. Hinzu kommt die Gefahr, dass der Erkenntnisgewinn womöglich gering ist.

Dies führt uns bezüglich der Systemanalyse zu den folgenden Schlüssen:

- Bei Ablöseprojekten ist Vorsicht geboten. Die eigentliche Analyse sollte unbe-dingt nach einer Stakeholderbefragung erfolgen und nur ergänzend hinzugezo-gen werden.
- Die Systemanalyse sollte nur bei der begründeten Erwartung von zusätzlichem Erkenntnisgewinn durchgeführt werden. Bezüglich der Zeitintensität und mög-licher hoher Kosten ist zu prüfen, ob Systeme nicht mittels automatisierter Rou-tinen geprüft werden können. Unterstützen können hier Lösungen, die in der Lage sind, automatisierte funktionale, strukturelle und technische Analysen an Bestandssystemen durchzuführen (siehe Sysparency 2021).

Bevor die so erhobenen Informationen dokumentiert werden, stellt sich die Frage, in welchen Kategorien Anforderungen erhoben werden. Die dokumentierte Spezi-fikation muss ja auch bei größerem Umfang übersichtlich und verständlich bleiben.

Abb. 9.8 Spezifikation
ausgehend von der Vogel-
perspektive

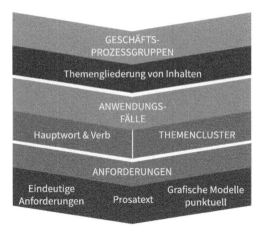

Daher orientiert sich die Struktur des Scope-Dokuments an der Fachlichkeit und geht aus der Vogelperspektive ins Detail.

Abb. 9.8 zeigt das Vorgehen.

Sind die Anforderungen einmal erhoben, so werden sie im Scope-Dokument abgelegt. Für das Dokument bietet sich folgende Struktur an, die dem IREB-Standard folgt (International Requirements Engineering Board 2021):

- **Glossar** – zur Definition einer gemeinsamen Sprache.
- **IST-System** – wie sieht das bisherige System aus?
- **Betreffende Geschäftsprozesse** – welche Prozesse müssen unterstützt werden?
- **Betreffende Geschäftsobjekte** – welche Daten werden im System bearbeitet?
- **Stakeholder** – wer hat Einfluss auf das System und dessen Entwicklung?
- **Funktionale Anforderungen** – Anwendungsfälle und funktionale Anforderungen an das System.
- **Schnittstellen** – Kommunikation mit externen Systemen.
- **Nicht-funktionale Anforderungen** – Qualitative Anforderungen.

Damit haben wir nunmehr alle Bausteine für die Anforderungserhebung und das Scope-Dokument für unser Resilienzdashboard zusammen. Die Gliederung eines Scope-Dokuments wird in Abb. 9.9 beispielhaft dargestellt.

Nachdem wir nun die Systematik zur Anforderungserhebung und ihre Dokumentation kennengelernt haben, stellt sich nunmehr die spannende Frage, welche Features oder Funktionen unser Dashboard denn haben soll.

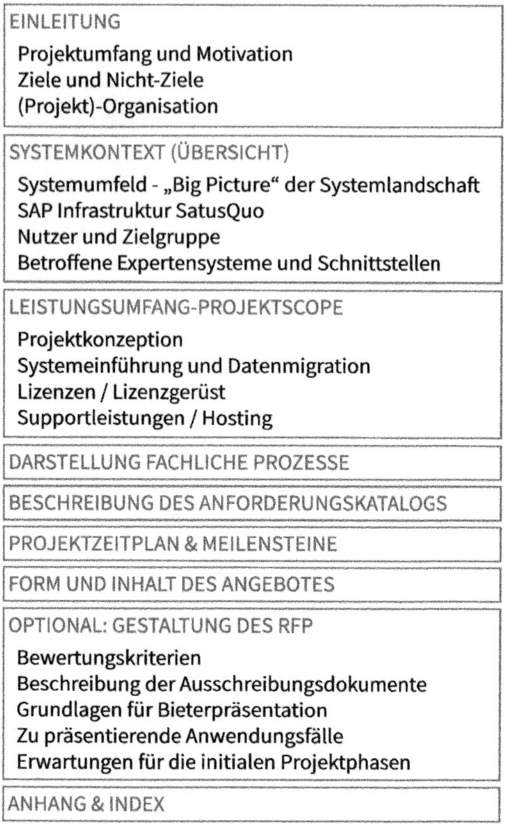

Abb. 9.9 Beispielhafte
Struktur eines Scope-
Dokuments

EINLEITUNG
Projektumfang und Motivation
Ziele und Nicht-Ziele
(Projekt)-Organisation

SYSTEMKONTEXT (ÜBERSICHT)
Systemumfeld - „Big Picture" der Systemlandschaft
SAP Infrastruktur SatusQuo
Nutzer und Zielgruppe
Betroffene Expertensysteme und Schnittstellen

LEISTUNGSUMFANG-PROJEKTSCOPE
Projektkonzeption
Systemeinführung und Datenmigration
Lizenzen / Lizenzgerüst
Supportleistungen / Hosting

DARSTELLUNG FACHLICHE PROZESSE

BESCHREIBUNG DES ANFORDERUNGSKATALOGS

PROJEKTZEITPLAN & MEILENSTEINE

FORM UND INHALT DES ANGEBOTES

OPTIONAL: GESTALTUNG DES RFP
Bewertungskriterien
Beschreibung der Ausschreibungsdokumente
Grundlagen für Bieterpräsentation
Zu präsentierende Anwendungsfälle
Erwartungen für die initialen Projektphasen

ANHANG & INDEX

Literatur

Angermayer, Georg (2009): Lastenheft. In: Projektmagazin. https://www.projektmagazin. de/glossarterm/lastenheft [Abfrage vom 04.08.2021]

Augsten, Stephan (2018): Definition „Waterfall Model" – Was ist das Wasserfallmodell? https://www.dev-insider.de/was-ist-das-wasserfallmodell-a-680501/ [Abfrage vom 04.08.2021]

Bauer, Andreas/Günzel, Holger (2001): Data-Warehouse Systeme. Heidelberg: dpunkt.

Bundesanstalt für Finanzdienstleistungsaufsicht (2017): Erläuterungen zu den MaRisk in der Fassung vom 27.10.2017, Bonn.

Das Wirtschaftslexikon (2021): Definition Balanced Scorecard. http://www.daswirtschaftslexikon.com/d/balanced_scorecard/balanced_scorecard.htm [Abfrage vom 27.07.2021]

Dönges, Jan (2020): Alte KI evolviert neue KI, in: Spektrum.de. https://www.spektrum.de/news/kuenstliche-evolution-soll-eigene-ki-algorithmen-schreiben/1722312 [Abfrage vom 28.z.2021]

Fleig, Jörg (2018): Risikomanagement – Risiken identifizieren. https://www.business-wissen.de/hb/risiken-identifizieren/ [Abfrage vom 04.08.2021]

Gabler Wirtschaftslexikon (2021): Definition Key Performance Indicator (KPI). https://wirtschaftslexikon.gabler.de/definition/key-performance-indicator-kpi-52670 [Abfrage vom 17.07.2021]

Heinrich, Jasper (2016): Nicht-funktionale Anforderungen. https://silo.tips/download/12-nicht-funktionale-anforderungen [Abfrage vom 05.08.2021]

International Requirements Engineering Board (2021): Zertifizierungsmodell für Mitarbeiter aus den Bereichen Requirements Engineering, Business Analyse oder Software- und Systementwicklung. https://www.ireb.org/de [Abfrage vom 08.08.2021]

Justinmind (2020): Dashboard Design: best practices and examples. https://www.justinmind.com/blog/dashboard-design-best-practices-ux-ui/ [Abfrage vom 03.09.2021]

Lotz, Mary 2018): Waterfall vs. Agile: Which is the Right Development Methodology for Your Project? https://www.seguetech.com/waterfall-vs-agile-methodology/ [Abfrage vom 04.06.2021]

Mkrtchyan, Raphael (2018): Wireframe, Mockup, Prototype: What is What? https://uxplanet.org/wireframe-mockup-prototype-what-is-what-8cf2966e5a8b [Abfrage vom 05.07.2021]

Müller-Stevens, Günter (2021): Definition: Was ist „Strategische Planung"? https://wirtschaftslexikon.gabler.de/definition/strategische-planung-44567 [Abfrage vom 05.08.2021]

Pedell, Burkhard; Seidenschwarz, Werner; Sondermann, Hans (2020): Vorausschauend Resilienz aufbauen, statt das Unternehmen durch kurzsichtiges Cost Cutting in einen Organizational Burnout zu treiben: Controlling – Zeitschrift für erfolgsorientierte Unternehmenssteuerung 2, 2020, S. 36–39

Pohl, Klaus; Rupp, Chris (2015): Basiswissen Requirements Engineering, 4. Auflage, Heidelberg: dpunkt.

Prisma Unternehmensgruppe (2021): Qlik – Self Service Business Intelligence und Data Discovery. Eine leistungsstarke Analyseplattform für alle Anforderungen. https://www.prisma-informatik.de/qlik/was-ist-ein-bi-system [Abfrage vom 05.08.2021]

Schnitzhofer, Florian (2021): Das Selbstfahrende Unternehmen. Ein Denkmodell für Organisationen der Zukunft. Wiesbaden: Springer Gabler

Seibert Media (2018): Qualität, funktionale und nichtfunktionale Anforderungen in der Software-Entwicklung. https://blog.seibert-media.net/blog/2018/05/14/qualitaet-funktionale-und-nichtfunktionale-anforderungen-in-der-software-entwicklung/ [Abfrage vom 05.08.2021]

Slapničar, Mirjana; Časni, Nenad (2018): Software-Entwicklung in der Medizintechnik: Mehr Tempo geht! https://mednic.de/software-entwicklung-in-der-medizintechnik-mehr-tempo-geht/10018 [Abfrage vom 20.07.2021]

Sysparency (2021): Automatisierte Analyse und Extraktion der Geschäftsprozesse und Fachlogik von komplexen Legacy Softwaresystemen. https://www.sysparency.com/loesungen-softwaredokumentation/ [Abfrage vom 09.08.2021]

Wolke, Thomas (2008): Risikomanagement. 2. Auflage. München: Oldenbourg.

Wübbenhorst, K. (2021): Definition: Was ist „Benchmarking"? Gabler Wirtschaftslexikon. https://wirtschaftslexikon.gabler.de/definition/benchmarking-29988 [Abfrage vom 17.07.2021]

Implementierung eines Resilienzdashboards

10

Zusammenfassung

Nach Abschluss der Spezifikation stellt sich die Frage, wie ein Resilienzdashboard umgesetzt werden kann, das in der Lage ist, ein Unternehmen bis hin zum selbstfahrenden resilienten Unternehmen zu begleiten. Dazu ist eine Kernfrage bereits früh zu beantworten: Ist eine Individualentwicklung notwendig, oder kann die Lösung auch mit Standardsoftware umgesetzt werden? Die Frage nach dem „Make or Buy" bestimmt maßgeblich Dauer, Kosten und Erfolgswahrscheinlichkeit der Einführung.

Als innovatives Produkt wirft das Resilienzdashboard zudem einige spezifische Fragen bei der Implementierung auf, die nachfolgend dargestellt werden.

Da nun die Spezifikation unseres Resilienzdashboards abgeschlossen ist, geht es nachfolgend um die technische Umsetzung und die nachfolgende Einführung des neuen Systems. Zuvor sind allerdings noch einige wichtige Entscheidungen zu treffen.

10.1 Make or Buy eines Resilienzdashboards

Grundsätzlich sind Make-or-Buy-Entscheidungen zu einem sehr frühen Zeitpunkt im Projekt zu treffen, da einerseits der Projektverlauf signifikant von dieser Entscheidung beeinflusst wird. Andererseits sind die Vor- und Nachteile gegeneinander abzuwägen und unterschiedliche Kostentreiber zu betrachten.

A. Röhe, *Das resiliente Unternehmen – Die Krisen der Zukunft erfolgreich meistern*, https://doi.org/10.1007/978-3-662-64815-5_10

Es gibt zwei mögliche Szenarien, die nachfolgend betrachtet werden sollen:

- **Kauf von Standardsoftware**
  Dieses Szenario kann immer dann in Betracht gezogen werden, wenn der erstrebte Zweck dadurch erreicht werden kann, dass sich die Prozesse so weit wie möglich an die Prozesse der Standardsoftware anpassen können und dies anhand einer prototypischen Konfiguration geprüft werden kann.
- **Individualentwicklung**
  Dieses Szenario ist immer dann zu wählen, wenn eine Individuallösung einen signifikanten Wettbewerbsvorteil bietet, etwa weil sie in der Lage sein wird, spezifische Prozesse abzubilden und damit einen einzigartigen Nutzen im Sinne des USP (Unique Selling Proposition, bzw. Alleinstellungsmerkmal) des Unternehmens zu erzielen. Hier will man sich eben nicht den Prozessen und Vorgaben einer Standardsoftware unterwerfen, sondern genau das Gegenteil erreichen. Die Frage nach dem Wettbewerbsvorteil ist entscheidend. Kann sie nicht bejaht werden, ist nahezu immer der Kauf von Standardsoftware zu bevorzugen, vorausgesetzt, es gibt überhaupt Softwareanbieter für den angestrebten Einsatzzweck.

Je nachdem, ob die Anforderungen initial umfassend erhoben und im Rahmen eines geregelten Scope-Managements über den Projektverlauf weitgehend stabil gehalten werden können, ist die Individualentwicklung in klassischer Vorgehensweise zu wählen (Wasserfallmodell, siehe oben Abschn. 9.4) oder aber eine agile Vorgehensweise zu bevorzugen.

Im Rahmen unserer Erörterungen zur Erstellung des Scope-Dokuments haben wir der agilen Vorgehensweise bereits den Vorzug gegeben, sodass wir nachfolgend die beiden unterschiedlichen Herangehensweisen der Beschaffung von Standardsoftware und die agile Entwicklung von Individualsoftware miteinander vergleichen wollen und auf die Betrachtung der klassischen Entwicklung nach dem Wasserfallmodell verzichten.

10.2 Einsatz von Standardsoftware

Im Verlauf dieses Buches haben wir verschiedene neuartige Modelle und Vorgehensweisen bis hin zur Konzeption eines Resilienzdashboards behandelt. Sind diese überhaupt durch Standardsoftware abzudecken?

Diese Frage ist unter den folgenden Voraussetzungen zu bejahen:

- Eine Marktanalyse ergibt, dass mindestens ein Softwareanbieter in der Lage ist, die funktionalen Anforderungen zu erfüllen. Nach einer Analyse, die im Rahmen der Recherche für dieses Buch durchgeführt wurde, ist dies bei mindestens einem Anbieter der Fall. Exemplarisch wird daher in Kapitel 11 die Softwarelösung „Solyp Enterprise Cloud für Strategie" der Düsseldorfer Firma Evolutionizer vorgestellt (vgl. Evolutionizer 2021).
- Alternativ ergibt eine Marktanalyse, dass mindestens ein Softwareanbieter der in Abschn. 9.3 behandelten Quellsysteme für ein Resilienzdashboard genügend Konfigurationsmöglichkeiten bietet, um diese Software als Grundlage zur Erstellung eines Resilienzdashboards zu nutzen.

Der Einsatz von Standardsoftware und der Rechercheaufwand geeigneter Anbieter kann insbesondere aufgrund der nachfolgend beschriebenen Vorteile lohnend sein:

- **Regelmäßige externe Weiterentwicklung des Softwareprodukts**
  Standardsoftware wird regelmäßig weiterentwickelt. Für die Entwicklung ist der Lieferant, also der Hersteller der Standardsoftware zuständig. Interne Ressourcen werden zumeist nur benötigt, um Konfigurationsänderungen im Falle der Einführung neuer oder der Änderung vorhandener Funktionalitäten zu planen und durchzuführen.
- **Teilung der Kosten mit anderen Kunden**
  Softwareupdates können neue und verbesserte, mitunter innovative Funktionserweiterungen mit sich bringen, die oftmals auf die Initiative eines Kunden oder mehrerer Kunden zurückgehen. War man selbst nicht der Initiator, so lässt sich die Produktverbesserung dennoch ohne Mehrkosten nutzen.
- **Implementierte Best-Practice Prozesse**
  Da sich Kundenanforderungen bezüglich eines Einsatzzwecks stets bis zu einem gewissen Grad ähneln, können die Softwareanbieter diese bündeln und als praxiserprobte Vorlagen neuen Kunden zur Verfügung stellen. Solche Vorlagen stellen zum einen ein Destillat der idealtypischen Vorgehensweise im Sinne einer Best Practice dar, aus der mögliche Irrwege und Ineffizienzen bereits getilgt wurden. Dies bietet zum anderen dem Kunden einen Zeitvorteil, der die Implementierung zeitmäßig verkürzt und Kosten spart.

Dem stehen jedoch auch zu berücksichtigende Kostentreiber gegenüber:

- **Lizenzkosten**
  Für die Nutzung der Software werden Nutzungsentgelte fällig, die in der Regel einmalig anfallen, im Falle von großen Versionsupgrades aber auch später er-

neut fällig werden können. Zudem können sich Lizenzmodelle mit der Zeit ändern und darüber einen weiteren nachteiligen Kosteneffekt haben.

- **Support & Wartung**
  Für laufende Änderungen und Erweiterungen, Supportdienstleistung und Systemwartung ist eine jährliche Wartungspauschale zu zahlen. Diese bemisst sich am Lizenzvolumen und beträgt üblicherweise um die 20 %.

- **Vom Standard abweichende Anpassungen am Produkt**
  Standardsoftware bietet üblicherweise umfangreiche Konfigurations- und Erweiterungsmöglichkeiten, um den USP von Kundenunternehmen möglichst weitgehend abbilden zu können. Das birgt die große Gefahr, dass Kunden sehr weitgehend vom Produktstandard abweichen, was zu hohen Wartungskosten führt und schließlich zur Folge haben kann, dass die Software so stark vom Standard abweicht, dass nicht mehr ohne weiteres auf neue Versionen aktualisiert werden kann. Im schlimmsten Fall werden dadurch die oben beschriebenen Vorteile für Standardsoftware zunichte gemacht.

Fraglich bleibt, in welchem Prozess man Standardsoftware für innovative Einsatzzwecke auswählen und einführen kann. Hierzu gibt die Software Excellence Methodik der strategischen Softwaremanagementberatung ReqPOOL, welcher der Autor angehört, Auskunft:

- **Scope-Definition & Nutzenbewertung**
  In einem ersten Schritt wird der Projekt Scope im Sinne von Art und Umfang des Projekts festgelegt und eine Nutzenabwägung wie in 10.1 dargestellt durchgeführt. Bietet die Individualsoftware einen erheblichen Wettbewerbsvorteil, so wird der Einsatz von Standardsoftware verworfen und mit dem Szenario der agilen Individualentwicklung fortgefahren.
- **Buy-Entscheidung**
  Bietet eine Entwicklung von Individualsoftware keinen wesentlichen Vorteil, so erfolgt die Buy-Entscheidung. Diese wird explizit durch die dafür zuständigen Projektsponsoren getroffen und dokumentiert.
- **Auswahl Softwareprodukt**
- Damit ein Softwareprodukt ausgewählt werden kann, ist es zunächst erforderlich eine Marktanalyse vorzunehmen und einen geeigneten Anbieter auszuwählen. Je nach Einsatzzweck, Art des einkaufenden Unternehmens und der Anzahl möglicher Lieferanten kann das Verfahren hierzu recht umfangreich werden. Die folgenden Schritte stellen eine nicht abschließende Übersicht über die notwendigen Tätigkeiten im Rahmen der Softwareauswahl dar:

- Erstellung eines Anforderungskatalogs.
- Der Katalog besteht aus den wesentlichen Anforderungen an die Software-lösung meist in Form einer einfachen Spiegelstrichliste.
- Definition von Minimalanforderungen an den Softwareanbieter.
- Dies können Informationen zur Dauer der Marktpräsenz, Marktanteilen, An-zahl Mitarbeiter, Marktkapitalisierung und ähnliches sein. Einen Überblick über die Dimensionen möglicher Minimalanforderungen an Lieferanten bie-tet Abb. 10.1.

• **Marktrecherche geeigneter Softwareanbieter, Abgleich mit den Minimal-anforderungen und Erstellung einer Long List**
  Versand einer Leistungsanfrage (Request for Information, bzw. RFI) an eine breite Liste an Softwareanbieter. Mithilfe eines RFI werden allgemeine Unter-nehmensinformationen und technische Produktspezifikationen Informationen zum Dienstleistungsportfolio erhoben.
• **Bewertung der Rückantworten**
  Die Bewertung wird häufig anhand eines zuvor definierten Bewertungsschemas durch unterschiedliche Stakeholder-Gruppen vorgenommen, z. B. Fachab-teilung und IT.

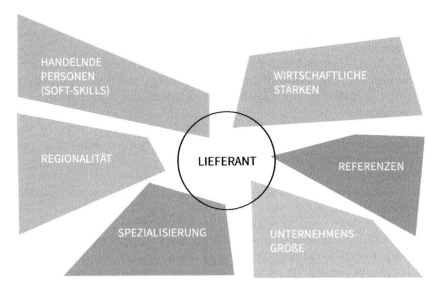

Abb. 10.1 Beispielhafte Dimensionen für Minimalanforderungen an Lieferanten

- **Erstellung einer Short List**
  Üblicherweise fokussiert sich das weitere Verfahren auf wenige Unternehmen, mit denen der weitere Prozess fortgesetzt wird. Hierzu werden die Unternehmen mit der besten Bewertung auf die so genannte Short List gesetzt.
- **Erstellung eines Leistungskatalogs**
  Der Detailgrad des Leistungskatalogs ist geringer als in der eigentlichen Spezifikation. Auch hierzu wird ein Bewertungsschema erarbeitet.
- **Erstellung einer Aufforderung zur Angebotsabgabe (Request for Proposal, RFP)**
  Ein RFP ist ein Dokument, das erforderlich ist, wenn ein Unternehmen technisches Fachwissen oder ein noch nicht vorhandenes Produkt benötigt. Dieses Dokument informiert potenzielle Lieferanten darüber, dass das Budget einem bestimmten Projekt zugewiesen wurde und das Unternehmen hierauf bieten können. Das Dokument sollte umfassend und vollständig sein, um den Käufer bei der Auswahl zu unterstützen. Eine Preisanfrage (RFQ) kann in eine Angebotsanfrage integriert werden, um die Anfrage zu vervollständigen. Nach Rücksendung durch die potenziellen Anbieter wird der Erfüllungsgrad nach dem zuvor erstellten Bewertungsschema durch die entsprechenden Stakeholder festgestellt.
- **Beauty Contest**
  Die führenden Anbieter werden daraufhin eingeladen, ihre Lösung den Stakeholdern vorzustellen. Es besteht die Möglichkeit, Fragen zu stellen und diese wiederum zu bewerten.
- **Sand Box**
  Mit den führenden beiden Anbietern wird eine Teststellung des Systems vereinbart, um die Funktionalitäten genauer zu untersuchen und zu bewerten. In dieser Phase inkludiert ist die Gap Analyse, die später zur Spezifikation herangezogen wird.
- **Kommerzielle Verhandlungen**
  Begleitend dazu werden kommerzielle Verhandlungen mit mindestens zwei Lösungsanbietern geführt.
- **Zuschlag**
  Schließlich werden alle Bewertungen zusammengeführt und ein Zuschlag erteilt.

Dieser Prozess stellt ein praxiserprobtes Vorgehen für privatwirtschaftliche Unternehmen bei der Beschaffung von Standardsoftware dar, die einer weitgehenden Konfiguration bedürfen. Bei wenig konfigurationsbedürftigen Softwarelösungen kann das Vorgehen deutlich abgekürzt und vereinfacht werden. Für Unternehmen, die nach öffentlichen Vorschriften ausschreiben müssen, gelten weitere Vorgaben, auf die nicht weiter eingegangen wird.

Nach dem Zuschlag geht das Implementationsprojekt wie folgt weiter:

- **Produktschulung Mitarbeiter**
  Wichtige Key User werden in der Softwarelösung geschult, um die notwendige Systemkonfiguration möglichst genau spezifizieren zu können.
- **Spezifikation**
  Die Spezifikation wird nachfolgend erstellt. Hierzu wird der Leistungskatalog detailliert und auf die ausgewählte Softwarelösung zugeschnitten. Die Spezifikation wird nachfolgend durch ein Testkonzept und Abnahmekriterien ergänzt.
- **Implementation im engeren Sinne**
  In dieser Phase wird die Konfiguration des Systems durch den Softwareanbieter oder einen Implementierungspartner vorgenommen. Soweit der Softwareanbieter nicht die eigentliche Implementierung, sondern nur Nutzungsrechte (Lizenzen) angeboten hat, ist bezüglich der Implementierung analog dem o. g. Verfahren bezüglich der Auswahl eines geeigneten Dienstleisters zu verfahren.
- **Scope-Management**
  Das Scope-Management ist ein fortwährender Prozess, der Änderungen der Anforderungen aufnimmt und bewertet. Ist eine Änderung notwendig, so wird diese in die Spezifikation übernommen. Da Änderungen meist in höheren Kosten resultieren, sind diese dem Business Case gegenüberzustellen. Folgende Grundregeln sind im Scope Management wichtig:
  - Keine Änderungen im Projektumfang erlaubt ohne bestätigten Change Request.
  - Change Requests, die nicht zum Projekt oder seinem Business-Case gehören, sollten nicht bestätigt werden (Scope-Creep-Gefahr).
  - Jeder Change muss auf seine Implikationen für die Projektdauer, die Projektkosten, das Projektrisiko, Qualität und Ressourcen überprüft werden.
  - Was im Projekt ist und was nicht sollte laufend überdacht, aber nur sehr vorsichtig geändert werden.
  - Die Arbeitspakete-Struktur bzw. Stories werden verwendet, um klarzustellen, wo Change Requests einzuordnen sind und ob sie überhaupt ins Projekt passen.
  - „Gold plating", also das Hinzufügen von zusätzlichen Funktionen, die nicht Teil des ursprünglichen Produktumfangs waren, ist nicht erlaubt (Gefahr von Scope-Creep).

Der Prozess des Scope Managements wird im ReqPOOL-SEM als „Continuous Scope Governance" bezeichnet, wonach die Change Requests stets gegen dem Business Case validiert werden und die in Abb. 10.2 skizzierten Schritte durchlaufen müssen, um akzeptiert und in den Scope aufgenommen zu werden.

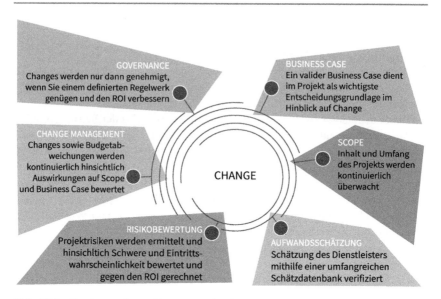

Abb. 10.2 Continuous Scope-Governance des ReqPOOL-SEM

- **Abnahme der Konfiguration und Anpassungen**
  Der Prozess zur Einführung einer innovativen Softwarelösung mittels Standard-software endet mit der Abnahme der Konfiguration bzw. erfolgter Produktanpassungen. Bei Standardsoftware ist zu beachten, dass die Abnahme die vertragliche Position des Auftraggebers zum Auftraggeber, also dem Liefe-ranten der Standardsoftware ändert. Es beginnen gesetzliche oder ggf. vertrag-liche Fristen zur Produkthaftung. Daher ist die Dokumentation der Abnahme und die Ablage der Dokumente von großer Wichtigkeit. Je nach Umfang und Komplexität von Konfiguration und Anpassungen kann eine Code-Analyse ana-log dem unten beschriebenen Vorgehen zur Abnahme von Individualsoftware in Erwägung gezogen werden.[1]

10.3 Individualentwicklung

Eine weitere Möglichkeit zur Implementierung des Resilienzdashboards stellt die Individualentwicklung dar. Diese bietet sich unter den folgenden Voraus-setzungen an:

---

[1] Siehe Abschn. 9.4.5.

- Es steht keine Standardsoftware zur Verfügung, die den angestrebten Einsatzzweck erreichen kann.
  Dies ist, wie bereits oben erläutert bezüglich unseres Resilienzdashboards nicht der Fall (siehe Abschn. 11.2).
- Die Anforderungen an die Software sind zu speziell, um die Vorteile einer Standardlösung nutzen zu können.
  Wie bereits gesehen, können Kosten- und Zeitvorteile nicht realisiert werden, wenn vom Produktstandard zu weit abgewichen werden muss. Ob dies der Fall ist, ergibt sich im Rahmen der Anforderungsanalyse.
- Es soll eigenes Know-how geschützt werden, beispielsweise der USP eines Unternehmens.
  Dies war der ausschlaggebende Punkt für die Entscheidung zur Individualentwicklung bei unserem resilienten Finanzdienstleister aus der zweiten Fallstudie (siehe Kap. 8).
- Ein Abhängigkeitsverhältnis zu einem Anbieter soll vermieden werden.
  Dies kann der Fall sein, wenn es nur wenige geeignete Anbieter gibt, was langfristig dazu führen kann, in einen so genannten „Vendor Lock" zu geraten.

Die Entwicklung von Individualsoftware bietet dementsprechend attraktive Vorteile:

- **Wettbewerbsvorteil durch Individuallösung**
  Dies ist der attraktivste Vorteil der Entwicklung von Individuallösungen, da der Nutzen der Software exklusiv dem Auftraggeber zugutekommt.
- **Lizenzgebühren entfallen**
  Damit entfällt ein erheblicher Kostenblock und auch ein Unsicherheitsfaktor bezüglich der Einsatzdauer der Individuallösung und einer etwaigen Änderung oder Anpassung von Lizenzmodellen.
- **Kosteneinsparungspotenzial**
  Standardsoftware enthält zudem üblicherweise Funktionalität, die zur Erreichung des Einsatzzwecks gar nicht benötigt wird. Individualsoftware bietet also die Möglichkeit, sehr viel fokussierter zu entwickeln und Kosten für nicht benötigte Funktionalität zu vermeiden.
- **Die Möglichkeit zur Entwicklung rascher Prototypen („Rapid Prototyping") und so genannter „Minimum Viable Products" (MVP)**
  Individualentwicklung, insbesondere wenn sie in einer agilen Vorgehensweise erfolgt, erlaubt es eine kundenindividuelle Priorisierung hinsichtlich der umzusetzenden Funktionalität vorzunehmen. Dadurch ist es möglich, diese frühzeitig in einer „abgespeckten" Version zur Verfügung zu stellen und damit zeitnah Individualsoftware produktiv zu nutzen.

Allerdings sind auch die möglichen Kostentreiber zu beachten. Hierzu gehören:

- **Unzureichende Scope-Definition**
  Bei der Entwicklung von Individualsoftware ist der Auftraggeber hinsichtlich des Scopes und der Anforderungserhebung im Wesentlichen auf sich allein gestellt, da Vorlagen oder Templates nicht zur Verfügung stehen. Ist der Scope indes nicht ausreichend definiert, drohen zahlreiche Change-Requests den Scope fortlaufend zu verwässern und die Anwendungsentwicklung zu verteuern. Im schlimmsten Fall werden die Ziele des Business Case nicht erreicht, und die Individualsoftware mündet in eine teure Fehlinvestition.
- **Fehlende Mitarbeiter des Fachbereichs**
  Dieses Risiko wird häufig unterschätzt. Wichtige Experten im Unternehmen (SME – Subject Matter Experts) stehen bei der Spezifikation und weiterer Projektphasen oftmals nicht in ausreichendem Maße zur Verfügung, da sie zum Beispiel mit dem Tagesgeschäft aus- oder überlastet sind, sie durch organisatorische Änderungen wie Umsetzungen nicht mehr zuständig sind, oder dass allgemein ihre Verfügbarkeit zu optimistisch eingeschätzt wurde, da die Kapazitäten für notwendige, jedoch informelle (also in der Stellenbeschreibung nicht dokumentierte) Tätigkeiten nicht berücksichtigt wurden. Bisweilen werden auch ganz banal Abwesenheiten wegen Krankheit, Elternzeit oder Fortbildungen nicht vorausgesehen.
- **Schwacher Produkt-Manager**
  Innovative Softwareanwendungen sind meist von einer hohen Dynamik gekennzeichnet. Nicht zuletzt aufgrund der Tatsache, dass Anforderungen bei Beginn der Spezifikation oft nur grob bekannt sind und sich im weiteren Verlauf insbesondere aufgrund von Lerneffekten verändern, haben wir uns zuvor schon für eine agile Vorgehensweise bei der Umsetzung der Software entschieden. Dynamische Anwendungen sind durch die nachfolgend beschriebenen Besonderheiten gekennzeichnet (vgl. Sneed 2015, Folie 9):
  - Anwendungen sind von Anfang an für eine dauerhafte Evolution zu konzipieren.
  - Dynamische Software, insbesondere innovative Lösungen sind modular zu konzipieren, sodass es möglich ist, bestehende Komponenten zu ändern bzw. auszutauschen ohne andere Komponenten zu beeinflussen.
  - Es muss ferner möglich sein, neue Komponenten jederzeit einzubauen, ohne dass die Einsatzfähigkeit der Software negativ beeinflusst wird.
  - Deshalb ist ein dynamisches Produktmanagement erforderlich, welches besondere Anforderungen an den Produktmanager stellt.

In diesem unsicheren Umfeld im Hinblick auf das Zielbild der Applikation wird der Produktmanager zur zentralen Schaltstelle und einem wesentlichen Erfolgsfaktor von Softwareprojekten.

Zu den Aufgaben von Produktmanagern gehören die folgenden Tätigkeiten:[2]

- **Begleitung der Produktentwicklung**
  Der Produktmanager ist eine zentrale Schaltstelle zwischen den Fachabteilungen, welche die Anforderungen formulieren und der Entwicklung. Sowohl die Anforderer als auch die Entwickler verfolgen oftmals gegenläufige Interessen, sodass die Person im Konfliktmanagement erfahren sein muss und über ein hohes Maß an persönlicher Resilienz verfügen muss. In manchen Situationen kann es erforderlich sein, eine „spanische Wand" zwischen den Parteien einzusetzen, sodass Konflikte bilateral jeweils mit dem Produktmanager gelöst werden müssen.
  Ferner ist die Anforderungsdefinition unter diesem Punkt zu subsumieren. Der Produktmanager muss sicherstellen, dass die Anforderungen in einer hinreichenden Qualität dokumentiert wurden, sodass die Entwicklung ohne kostenträchtige Reibungsverluste auf diese Dokumentation aufsetzen und die Umsetzung beginnen kann.[3]

- **Vorbereitung und Durchführung der Markteinführung**
  Hier benötigt der Produktmanager ein gutes Verständnis über Einführungsprozesse und -risiken. Ferner muss er in der Lage sein, die Einflussfaktoren für eine umfassende Akzeptanz der Software zu ermitteln und gegenüber der Entwicklung zu vertreten.

- **Laufende Produktbetreuung**
  Die Produktentwicklung im Bereich der Entwicklung innovativer Softwarelösungen endet niemals. Daher muss der Produktmanager in der Lage sein, seine „Schäfchen" zusammen und über lange Zeiträume produktiv zu halten. Auch wenn die Entwicklung irgendwann zur Routine wird, muss er die „innovative Brille" aufbehalten und dafür sorgen, dass sein Produkt dauerhaft ein Maximum an Mehrwert bietet.

- **Marktbeobachtung**
  Diese Aufgabe gehört mit zur „innovativen Brille" und bedeutet, dass der Produktmanager Markttrends und Innovationen anderer Unternehmen im Auge behält, um daraus neue Ideen zu entwickeln.

---

[2] Zu den Oberpunkten der Aufgaben eines Produktmanagers siehe Matys, Erwin ohne Jahresangabe, S. 1 f.
[3] Zur Vorgehensweise bei der Anforderungsdefinition siehe Abschn. 9.2.5.

- **Produktcontrolling**

  Beim Produktmanager laufen alle Informationen zusammen. Daher ist er auch ein zentraler Ansprechpartner, wenn es um Auswertungen und Budgetierungen geht.

Wie gesehen, hat der Produktmanager zahlreiche wichtige Aufgaben, die wesentlich für den Projekterfolg sind. Es gibt jedoch zwei Phänomene, die ihm das Leben schwer machen.

Zum einen gilt häufig der Grundsatz, dass der Prophet im eigenen Land nichts wert ist. Das heißt bezogen auf den Projektmanager, dass er, soweit er Angestellter eines Unternehmens ist, über unterschiedlich starke Bindungen zu einzelnen Unternehmenseinheiten verfügt, die ihn zum Teil eines politischen Geflechts machen. Sobald aber Abhängigkeiten zur einen oder anderen Seite offenbar werden, wird er nicht mehr als neutrale Instanz angesehen. Dies erschwert sein Konfliktmanagement und lässt seine Entscheidungen nicht als objektiv erscheinen. Auch in puncto Fairness kann er als voreingenommen wahrgenommen werden.

Zum anderen kann die Erfahrung des Produktmanagers ein weiteres Problem sein. Wenn er sich auch in zahlreichen Projekten bewährt haben mag, ist dennoch die Frage zu stellen, ob er geeignet ist, in diesem speziellen Projekt tätig zu werden. Es handelt sich wie gesagt um die Entwicklung innovativer Softwarelösungen und es besteht die Möglichkeit, dass der interne Produktmanager keine ausreichende Erfahrung in derartigen Softwarelösungen hat oder zumindest nicht über den notwendigen Marktüberblick bzw. über Lernerfahrungen anderer Unternehmen verfügt.

Daher bietet es sich an, insbesondere bei innovativen Softwareprojekten einen externen Produktmanager zu beauftragen, der über die erforderlichen Erfahrungen verfügt und nicht in der Unternehmenshierarchie angesiedelt ist. Er hat als unabhängige Persönlichkeit die Kompetenz und die Autorität, neutral, fair und erfolgsorientiert tätig zu werden.

Ist die Entscheidung zur Erstellung von Individualsoftware gefallen, so empfiehlt der ReqPOOL-SEM die folgende Vorgehensweise:

- **Scope-Definition & Make-Entscheidung**

  Hier kann auf die obigen Erläuterungen zur Einführung von Standard-Software verwiesen werden (siehe Abschn. 10.2).
- **Aufwandsschätzung & Planung**

  Die Einführung von Standard-Software lässt sich in der Regel gut schätzen, da wesentliche Rahmenparameter zu einem frühen Zeitpunkt bekannt sind (z. B. Anzahl der Systembenutzer) und das Lizenzmodell idealerweise bereits im RFI erläutert wird. Als wirklich variable Parameter bleiben dann lediglich Konfigurations- und Erweiterungsanforderungen, die nur einen Teil der Kosten ausmachen und zeitlich im Rahmen bleiben, da ja die Core-Anwendung bereits vom Softwarehersteller zur Verfügung gestellt wird. Schwieriger ist dies bei Individualsoftware. Wesentliche Parameter sind hier zunächst unbekannt. Daher empfiehlt es sich auch hier, externe Experten hinzuzuziehen, die über Referenzwerte verfügen und so eine Analogieschätzung oder Expertenschätzung vornehmen können.

- **Erstellung des agilen Epic-Backlogs**
  Bei Epics handelt es sich um eine oder mehrere User Stories, die noch nicht detailliert wurden, oder die noch voller Unsicherheiten stecken und daher noch nicht umgesetzt werden können. Der Epic-Backlog ist eine Sammlung dieser noch undetaillierten Epics, der jedoch schon einige Zeit im Voraus die weitere Entwicklung der Anwendung vorherzusehen und im gegenseitigen Dialog mit den Fachbereichen und der Entwicklung Priorisierungen vorzunehmen und den Backlog ggf. mit neuen Epics zu ergänzen.
- **Iterative prioritätsgetriebene Softwareentwicklung**
  Wie schon erwähnt, ist der Weg zum Produkt in der agilen Vorgehensweise nicht geradlinig, sondern einigen Änderungen unterworfen, die zum Beispiel aufgrund von Lernerfahrungen zu einem bestimmten Zeitpunkt notwendig werden. Daher ist bezüglich des Backlogs stets festzulegen, mit welcher Priorität neue Themen umgesetzt werden.
- **Scope-Management**
  Bezüglich des Scope-Managements kann auf die obigen Ausführungen verwiesen werden (siehe Abschn. 10.2). Anzuraten ist hier auf jeden Fall auch die konsequente Anwendung des „Continuous Scope Managements".
- **Iterative Abnahme pro Release**
  Die Abnahme ist stets ein heikles Thema, da es zu diesem Zeitpunkt gilt, „Farbe zu bekennen". In traditionellen Projekten nach dem Wasserfall-Modell kann sich die Abnahme über längere Zeiträume erstrecken, die die Einführung verzögern und mitunter auch in längeren Rechtsstreitigkeiten münden. Die agile Vorgehensweise bietet den Vorteil, auch die Abnahme iterativ zu gestalten und somit kleinere „verdauliche" Häppchen zur Abnahme anzubieten.

Diese Vorteile lassen sich jedoch nur unter den folgenden Voraussetzungen umfänglich nutzen:

- Die Projektbeteiligten arbeiten konstruktiv zusammen.
- Immer wieder ist zu beobachten, dass das Klima in länger laufenden Projekten irgendwann einmal kippt, was dazu führen kann, dass umgesetzte User Stories nicht mehr abgenommen werden und sich der Projektverlauf immer weiter verzögert. Der gleiche Effekt kann auch durch das Ausscheiden von alten und dem Onboarden von neuen Projektmitgliedern entstehen, welche die Teamdynamik nachteilig beeinflussen.
- Es gibt ein transparentes Releasemanagement mit entsprechenden Strukturen.
- Mit dem ersten Release wird eine Anwendung entstehen, die einerseits produktiv ist und vom Hersteller gewartet wird und Teilen, die sich noch in der Entwicklung befinden und zu einem späteren Zeitpunkt produktiv gehen. Es ist unbedingt sicherzustellen, dass sowohl bestehende als auch neue Bestandteile nahtlos ineinandergreifen und funktionieren. Dies stellt besondere Anforderungen an die Architektur, das Release- und das Testmanagement. In letzterem sind auch umfangreiche Regressionstests vorzusehen, um sicherzustellen, dass Neuerungen funktionierende Bestandteile der produktiven Anwendung nicht negativ beeinflussen.

Literatur

Evolutionizer (2021): Enterprise Strategy Suite. URL: https://www.evolutionizer.com/warum-solyp [Abfrage vom 9. 8. 2021]

Matys, Erwin (ohne Jahresangabe): „Was sind meine Aufgaben als Produktmanager?", URL: https://www.praxisausbildung-produktmanagement.de/Produktmanager%20Aufgaben.pdf [Abfrage vom 3.9.2021]

Sneed, Harry (2015): „Softwareproduktmanagement", URL: http://st.inf.tu-dresden.de/files/teaching/ws15/ring/SoftwareProduktMgt.pdf [Abfrage vom 5. 8. 2021]

Dritte Fallstudie: Umsetzung eines Resilienzdashboards mithilfe von Standardsoftware auf Basis der Solyp-Plattform

11

Zusammenfassung

Gibt es eigentlich Standardsoftware, in der sich ein Resilienzdashboard abbilden lässt? Eine Marktanalyse führt uns zu einem Unternehmen aus Düsseldorf, das es sich zur Aufgabe macht, das strategische Management von Unternehmen mithilfe einer integrierten Unternehmensplattform zu unterstützen, welche die Entwicklung von Strategien ermöglicht und den strategischen Entscheidungsprozess begleitet.

Auf Basis dieser Plattform lässt sich ein durchgehender Krisenmanagementprozess aufsetzen, der es ermöglicht, Störungen und Maßnahmen dezentral zu erfassen, sie zentral zu koordinieren und in regelmäßigen Abständen einen aktualisierten Businessplan und Reportings zu erstellen.

Spätestens mit den weltweit implementierten Kontaktbeschränkungen am Anfang der Coronakrise 2020 wurde klar, dass in den meisten Unternehmen der bis dahin gültige Businessplan nicht zu halten war. In der ersten Phase der Pandemie war jedoch unklar, wie stark die jeweiligen Unternehmen betroffen sein würden und an welchen Stellen Störungen auftreten würden. Sprich: Es war völlig offen, wie resilient Unternehmen auf diese weltweite Bedrohung reagieren können. Das Wissen um die unternehmerische Resilienz war jedoch notwendig, um die richtigen Gegenmaßnahmen treffen zu können und vor allem, um Liquidität und Substanz der Unternehmen zu sichern.

Wie sich zeigte, war es zudem wichtig, in Szenarien zu denken: Wird es eine schnelle Erholung in einem V-Szenario geben, eine langsame in einem U-Szenario oder womöglich sogar eine dauerhafte Krise im L-Szenario (vgl. Abb. 11.1)? An dieser Stelle wird deutlich, dass die Untersuchung schnell eine enorme Komplexität erhält. Denn es gilt zunächst, relevante Unternehmensdaten zu identifizieren und nachfolgend zu erheben, die Rahmenparameter für die genannten Krisenszenarien zu bestimmen und schließlich die erhobenen Daten auf die jeweiligen Krisenszenarien zu extrapolieren.

In einer solchen Situation stoßen Tabellenkalkulationen schnell an ihre Grenzen. Zudem birgt die manuelle Zusammenstellung und Berechnung in Excel-Arbeitsmappen ein erhebliches Fehlerpotenzial. An dieser Stelle zeigt sich die Überlegenheit von Standardsoftware: Ist eine Krisensituation einmal eingetreten, ist für die Spezifikation und die Umsetzung einer entsprechenden Software im Rahmen einer Individualentwicklung schlicht keine Zeit mehr.

Wie bereits geschildert, ist ein Resilienzdashboard nah verwandt mit dem Risikomanagement, der strategischen Planung und den bestehenden Business Intelligence-Anwendungen. Diese werden auch als Datenquelle benötigt, denn:

- Business Intelligence liefert die aktuellen Ist-Daten.
- Die strategische Planung liefert Informationen zum Business Case.
- Das Risikomanagement liefert Kennzahlen und ein Maßnahmenportfolio.

In vielen Fällen stellt sich jedoch heraus, dass keine der drei Alternativen als Plattform für ein Resilienzdashboard dienen kann, da einerseits die Flexibilität fehlt, situative Bedrohungsszenarien schnell abzubilden, andererseits schlicht die benö-

Abb. 11.1 Entwicklung von Krisenszenarien

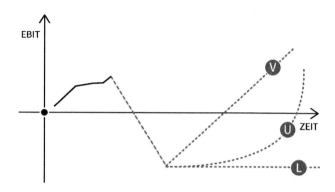

Abb. 11.2 Workflow der
Solyp-Lösung für Krisenmanagement und Trans-
formation

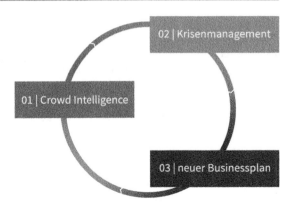

tigte Funktionalität fehlt, eine Lösung mit Bordmitteln bedarfsgerecht abzubilden.
Bisweilen scheitern Vorhaben schlicht an IT-organisatorischen bzw. Governance-
Richtlinien, sodass der beabsichtigte Personenkreis keinen Zugriff auf derartige
Systeme hat oder bekommt und Änderungen hier ohne entsprechende Qualitätsma-
nagementmaßnahmen nicht vorgenommen werden dürfen, da sie Auswirkungen
auf andere Anwendungen haben können.

Eine Marktanalyse führt uns zu einer „Lösung für Krisenmanagement und
Transformation" des Software-Entwicklers Evolutionizer aus Düsseldorf. Das Un-
ternehmen hat es sich zur Aufgabe gemacht, das strategische Management von
Unternehmen zu unterstützen und hat mit seiner Plattform Solyp ein Produkt ge-
schaffen, das als integrierte Unternehmensplattform fungiert, die Entwicklung von
Strategien ermöglicht und den strategischen Entscheidungsprozess unterstützt.

Auf Basis von Solyp lässt sich ein durchgehender Krisenmanagementprozess
aufsetzen, der es ermöglicht, Störungen und Maßnahmen dezentral zu erfassen, sie
zentral zu koordinieren und in regelmäßigen Abständen einen aktualisierten Businessplan und Reportings zu erstellen (vgl. Abb. 11.2).

Dabei sieht der Workflow der Lösung die in den folgenden Abschnitten behandelten Schritte vor.

11.1 Crowd Intelligence

Die Lösung stellt mithilfe von digitalen Fragebögen („Booklets") Werkzeuge zur
Verfügung, mithilfe derer dezentral Informationen aus betroffenen Teilen des Unternehmens abgefragt werden können. Dies dient erstens dazu, Störungen zu erheben, um die Auswirkung der Krise quantifizieren zu können, zweitens Gegenmaß-

nahmen zu identifizieren und drittens Risiken zu identifizieren, die in künftigen Störungen münden könnten. Der Vorteil dieser digitalen Fragebögen ist, dass Befragungen mit wenig Aufwand häufig wiederholt werden können, sodass stets aktuelle, strukturierte Informationen vorhanden sind.

Die Vorgehensweise dieser Lösung erinnert stark an unser risikobasiertes Resilienzmodell, neu ist jedoch die Crowd Intelligence Komponente. Hinzu kommt, dass die Solyp-Lösung in der Cloud zur Verfügung steht. Beide Elemente, digitale Fragebögen und Cloudbasis führen zu zwei entscheidenden Vorteilen:

- Befragungen können mit wenig Aufwand häufig wiederholt werden, sodass stets aktuelle, strukturierte Informationen vorhanden sind.
- Die Anwendung läuft in einer sicheren und hochskalierbaren Microsoft Azure Cloudumgebung und muss so nicht aufwändig in eine bestehende IT-Landschaft integriert werden.

Diese Vorteile versetzen ein Unternehmen in die Lage, die Lösung als Anwendung mit minimalem Funktionsumfang (Minimum Viable Product) als so genanntes Stand-Alone-System zu betreiben, was einen schnellen Einsatz und Rollout ermöglicht. Dennoch können aktuelle Daten erhoben und analysiert werden. In einem weiteren Schritt können dann die genannten Quellsysteme (z. B. Business-Intelligence-Systeme) angebunden werden.

11.2   Krisenmanagement

Auch ohne Anbindung an externe Systeme ergeben die mittels Booklets erhobenen Informationen ein umfassendes Bild der Lage und ermöglichen so ein Krisenmanagement, das Antworten auf die folgenden zentralen Fragen gibt:

- Wie stark schlagen sich die Störungen in Summe auf die Liquidität und den Gewinn des Unternehmens nieder?
- Was kann mit Gegenmaßnahmen erreicht werden?

Solyp bietet zusätzlich die Möglichkeit, mehrere Szenarien der Krise zu planen. Für jedes Szenario können passende Maßnahmenpakete entwickelt werden, sodass damit auf Veränderungen der Lage sofort mit ausgereiften Antworten reagiert werden kann, was wertvolle Zeit und Ressourcen spart.

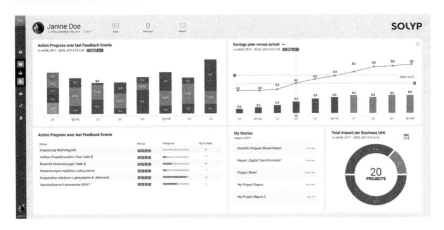

Abb. 11.3 Dashboards in der Solyp-Lösung. (Quelle: Evolutionizer)

11.3 Neuer Business Plan

In der Gesamtbetrachtung lassen sich aus diesen Informationen die Daten für einen aktualisierten Businessplan erhalten. Dieser lässt sich in einer weiteren zentralen Komponente der Lösung analysieren: Dem Krisencockpit (vgl. Abb. 11.3).

In ihm erhalten die User einen sofortigen Überblick über Liquiditätssituation, EBIT und weitere Kennzahlen.

Auf diese Weise lassen sich also die im Rahmen des risikobasierten Resilienzmodells definierten Kennzahlen abbilden. Und auch das oben vorgestellte Winning Wheel lässt sich mit geringem Aufwand umsetzen.

11.4 Fazit

Die beispielhaft untersuchte Lösung bietet die technischen und funktionalen Grundlagen zur Implementierung der vorgenannten Modelle des Winning Wheels sowie des risikobasierten Resilienzmodells und erfüllt die Anforderungen, die wir an ein Resilienzdashboard formuliert haben.

Somit bleibt festzuhalten, dass Resilienzdashboards nicht nur im Wege der Individualentwicklung, sondern auch mittels Standardsoftware umgesetzt werden können. Dies gilt auch für spezielle Visualisierungen wie das in Abschn. 3.4 beschriebene „Winning Wheel als Messinstrument" (vgl. Abb. 11.4).

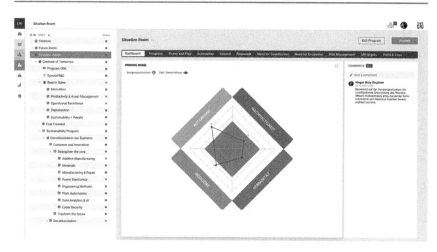

Abb. 11.4 Das Winning Wheel – abgebildet auf der Solyp Plattform. (Quelle: Evolutionizer)

Zusammenfassung 12

Zusammenfassung

Im Rahmen dieses Buches wurde unterstellt, dass das selbstfahrende Unternehmen ein wahrscheinliches Zielbild der Digitalisierung ist. Damit aber solche Unternehmen nicht bei nächster Gelegenheit buchstäblich „vor die Wand fahren", bedarf es einiger Überlegungen in Richtung der unternehmerischen oder organisationalen Resilienz, die sich stark von den bisher in der Literatur beschriebenen Modellen unterscheiden. Zum Schluss fassen wir einige der wichtigsten Erkenntnisse hinsichtlich der organisationalen Resilienz zusammen. Dazu gehören die Aussagen, dass analoge Unternehmen nicht resilient im Sinne der vorgestellten Überlegungen sein können und dass der Mensch auch in selbstfahrenden resilienten Unternehmen stets die letzte Instanz sein wird.

Ich freue mich, dass Sie mich im Rahmen dieses Buches auf der Reise von der Digitalisierung bis hin zum resilienten Unternehmen begleitet haben. Wir haben unterstellt, dass das selbstfahrende Unternehmen ein wahrscheinliches Zielbild der Digitalisierung ist, und dass wir derartige Unternehmen, in denen mindestens 80 % der Entscheidungen mithilfe von Software getroffen werden, ab 2035 sehen werden.

Damit aber solche Unternehmen nicht bei nächster Gelegenheit buchstäblich „vor die Wand fahren", bedarf es einiger Überlegungen in Richtung der unternehmerischen oder organisationalen Resilienz, die sich stark von den bisher in der Literatur beschriebenen Modellen unterscheiden:

© Der/die Autor(en), exklusiv lizenziert durch Springer-Verlag GmbH, DE, ein Teil von Springer Nature 2022
A. Röhe, *Das resiliente Unternehmen – Die Krisen der Zukunft erfolgreich meistern*, https://doi.org/10.1007/978-3-662-64815-5_12

Da ist zunächst das Winning Wheel zu nennen, dass die Fliehkräfte, die auf Unternehmen einwirken, benennt und eine Positionsbestimmung des Unternehmens in Bezug auf die Resilienz ermöglicht. Das Modell erlaubt es, das Winning Wheel einerseits für eine grobe Positionierung und auch als Messinstrument im Rahmen des Resilienzmanagements zu nutzen.

Resilienz reicht im unternehmerischen Kontext von der Vorbeugung, über die aktive Bekämpfung von Bedrohungen bis hin zum passiven Erdulden von schädigenden Ereignissen möglichst verbunden mit dem Ziel, aus Krisen gestärkt hervorzugehen. Es gilt dabei stets, den Fortbestand der Unternehmung zu sichern und die Balance zwischen mitunter kostenintensiver Vorbeugung und dem Gewinnstreben zu finden. Dazu lässt sich das in diesem Buch skizzierte risikobasierte Resilienzmodell nutzen, das den Vorteil hat, auch wenig beachtete systemische Risiken mit zu berücksichtigen.

Bereits bekannte Werkzeuge wie das Resilience Engineering Modell oder die ISO-Norm 22316 lassen sich hierbei ergänzend nutzen.

Ziel des Resilienzmanagements ist das Resilienzdashboard, das bereits auf der Stufe aktueller digitaler Unternehmen ähnlich wie das übliche Unternehmensreporting genutzt bzw. ergänzend dazu herangezogen werden kann. Wichtig ist, dass das Dashboard auf dem Weg zum selbstfahrenden Unternehmen mitwächst und die technologischen Fortschritte und den mit der Zeit gewonnenen Erkenntnisgewinn nutzen kann.

Das Resilienz-Dashboard kann also bereits jetzt geschaffen und genutzt werden. Dazu stehen grundsätzlich zwei Wege offen: Eine klassische Implementierung nach dem Wasserfall-Modell, oder aber eine agile Vorgehensweise. Dabei ist zu berücksichtigen, dass sich das Resilienzmanagement erheblich vom bis dato üblichen Risikomanagement unterscheidet, da es breiter aufgestellt ist und auch selbstfahrende Unternehmen unterstützen soll. Auf dem Weg dahin, wird es viel zu lernen geben, was grundsätzlich für einen agilen Ansatz spricht. Allenfalls Roll Outs bestehender Lösungen auf Landesgesellschaften und andere verbundene Unternehmen werden sich daher für ein Vorgehen nach dem herkömmlichen Wasserfallmodell anbieten.

Bei der Frage, ob für ein Resilienzdashboard Standardsoftware genutzt werden, oder lieber eine Individualentwicklung angestrebt werden soll, gilt es zu differenzieren: Eine Individualentwicklung bietet sich zumeist dann an, wenn das Resilienzmanagement umfangreiche Besonderheiten zu berücksichtigen hat, die vornehmlich aus dem Geschäftsmodell, dem USP des Unternehmens, herrühren. In allen anderen Fällen bietet Standardsoftware gewichtige Vorteile, da man hier vom allgemeinen technologischen Fortschritt und funktionalen Erweiterungen der Hersteller profitiert.

Um die jeweiligen Entscheidungen in Bezug auf das Resilienz-Dashboard zutreffend und kostensparend treffen zu können, ist das Anforderungsmanagement – oder Requirements Engineering – entscheidend. Externe Berater können in der frühen Phase der Spezifikation des Dashboards helfen, Anforderungen abseits der „Betriebsbrille" umfänglich zu erheben, zu dokumentieren und Lastspitzen auszugleichen.

Im Rahmen dieses Buches sind wir zu einigen Erkenntnissen gekommen, mit denen wir die Betrachtung dieses Themas abschließen möchten:

- Für eine Positionsbestimmung in Bezug auf unternehmerische Resilienz ist keine „exakte Wissenschaft" nötig. Das einfache Modell des Winning Wheels reicht hierzu aus.
- Analoge Unternehmen, in denen weniger als 80 % der Daten digital vorliegen und einer softwarebasierten Analyse zugänglich sind, können per se nicht resilient im Sinne unserem Verständnis von unternehmerischer Resilienz sein, da Daten nicht schnell genug ausgewertet werden können.
- Für selbstfahrende Unternehmen ist es unumgänglich, dass entscheidungsrelevante Fakten zur Maßnahmeerhebung gegen schädigende Ereignisse mess- und quantifizierbar sind. Bauchgefühle haben dort keinen Raum.
- Investitionen in die unternehmerische Resilienz beugen politischer Regulierung vor und erleichtert die Kommunikation an die Stakeholder im Falle von Krisen.
- Der Mensch wird auch in selbstfahrenden resilienten Unternehmen stets die letzte Instanz darstellen, allerdings wandelt sich seine Rolle zunehmend vom Entscheider zum Kontrolleur, der im Zweifel sein Veto einlegt.

Glossar

Agiles Projekt Zyklisches, iteratives Projektvorgehen, das eine größere Flexibilität im Vergleich zu Projekten nach dem → Wasserfallmodell aufweist. Eine typische Projektmethode ist → Scrum.

Artefakt Prozessdokument im Rahmen der agilen Projektvorgehensweise → Scrum.

Aufforderung zur Angebotsabgabe → Request for Proposal

Automatisiertes Unternehmen Herkömmliche Unternehmen, bei denen weniger als 80 % der Daten noch in analoger, z. B. papierbehafteter Form vorliegen. Grundform der Entwicklung des Modells zum → selbstfahrenden Unternehmen.

Automatisiertes Unternehmen Unternehmen, bei denen die Prozesse zu 80 % automatisiert sind. Weiterentwicklung des → digitalen Unternehmens.

Autonomie Dimension des → Winning Wheels. Sie umfasst alle Maßnahmen von Unternehmen zur Steigerung des unternehmerischen Erfolgs.

Backend Datenbank-Server oder Dateizugriffssysteme von digitalen Anwendungen.

Backlog Der Backlog ist eine Liste von Anforderungen und Aufgaben, die abgearbeitet werden sollen. In agilen Projekten gibt es sie üblicherweise in den Ausführungen Produkt-, Release- und → Sprint-Backlog.

Balanced Scorecard (BSC) Bindeglied zwischen Strategieformulierung und -umsetzung. Konzeptionell werden traditionelle Finanzindikatoren durch die Perspektiven der Kunden, interne Prozesse sowie Lernen und Entwicklung ergänzt. Das Konzept der BSC wurde Anfang der 1990er-Jahre von Robert S. Kaplan und David P. Norton entwickelt.

© Der/die Herausgeber bzw. der/die Autor(en), exklusiv lizenziert an
Springer-Verlag GmbH, DE, ein Teil von Springer Nature 2022
A. Röhe, *Das resiliente Unternehmen – Die Krisen der Zukunft erfolgreich
meistern*, https://doi.org/10.1007/978-3-662-64815-5

Business Intelligence Systeme zur flexiblen Datenanalyse basierend auf einer Datenquelle, die Daten aus operativen Systemen bezieht. Meist werden die Daten in separate Systeme geladen und können dort auch redundant vorgehalten werden, wenn dies der Verbesserung der Analysefähigkeit dient. Die separate Datenhaltung geschieht meist in einem → Data Warehouse.

CRUD Abkürzung für die vier fundamentalen Operationen des Datenmanagement Create – neue Daten erstellen, Read – bestehende Daten selektieren und zur weiteren Verarbeitung bereitstellen, Update – bestehende Daten aktualisieren und Delete – veraltete Daten löschen.

Customer Relationship Management (CRM) Strategischer Ansatz, zur Planung, Steuerung und Durchführung aller interaktiven Prozesse.

Data Lake Ein System oder ein Repository von Daten, die im Rohdatenformat gespeichert sind.

Data Mart Teildatenbestand eines → Data Warehouse, der für einen speziellen Zweck als Kopie gehalten wird.

Data Warehouse Datenlager für → dispositive Daten.

Deliverable Eindeutig identifizierbares, als auch verifizierbares Ergebnis eines Projekts oder einer Projektphase.

Digitales Unternehmen Unternehmen, bei denen Daten zu mindestens 80 % in digitaler Form vorliegen und einer Auswertung durch Software zugänglich sind. Weiterentwicklung des → analogen Unternehmens.

Dispositive Daten Daten, welche zum Zweck der Datenanalyse aus → operativen Systemen extrahiert werden.

Enterprise Resource Planning (ERP) Zentrales System zur Abdeckung operativer Unternehmensprozesse (Personal, Kapital, Betriebsmittel).

Epic Aufgabeneinheit, die ausgehend von Anforderungen in einem → agilen Projekt in bestimmte einzelne Tasks (→ User Storys) unterteilt werden kann.

Epic Backlog Gesamtheit der Aufgabeneinheiten in einem → agilen Projekt. Grundlage für ein → Scope-Dokument

Fat-tailed Risks Risiken, die an ihren Extremen eine höhere Eintrittswahrscheinlichkeit aufweisen als normalverteilte Risiken. Die extremen Folgen solcher Risiken werden meist vernachlässigt. Beispiele sind Pandemien oder Kriege.

Frontend Benutzeroberfläche digitaler Anwendungen.

Humanität Dimension des → Winning Wheels. Sie beschreibt innerhalb des Modells die Entwicklung der Menschheit entlang einer Idealvorstellung des Menschseins und das Wirken im Sinne von „humanitär" also auf die Linderung menschlichen Leids gerichtet.

Key Performance Indikator (KPI) Betriebswirtschaftliche Kennzahl, die sich auf Erfolg, Auslastung oder Leistung eines Unternehmens, bzw. seiner einzelnen organisatorischen Einheiten oder auch einzelner Maschinen bezieht.

Lastenheft Leistungsverzeichnis eines Projekts oder Vorhabens, das im Rahmen des → Wasserfallmodells in der Regel durch den Auftraggeber erstellt wird.

Leistungsabfrage → Request for Information

Materielle Resilienzkennzeichen → Resilienzkennzeichen

Microservice Architekturprinzip in der Anwendungsentwicklung, wonach sich eine große Anwendung aus einer Reihe kleiner modularer Komponenten zusammensetzt.

Minimum Viable Product Ein brauchbares Produkt mit minimalen Eigenschaften. Instrument zur Risikominimierung bei der Softwareentwicklung.

Mockup Digitaler Entwurf einer Softwareoberfläche, der dazu dient, Ideen und Konzepte hinsichtlich des Designs im Verlauf der Konzipierung des Softwareprojekts zu visualisieren und zu evaluieren.

MVP → Minimum Viable Product.

Natural Language Processing (NLP) Software zur Erkennung und Transkription von natürlicher Sprache.

Objektive Resilienzkennzeichen → Resilienzkennzeichen

Operative Daten Daten eines operativen Systems. Gegensatz zu → dispositiven Daten.

Operative Systeme Systeme, in denen Daten vorgehalten werden, die im Rahmen von Unternehmensprozessen erhoben werden. Beispiel für ein operatives System ist ein → Enterprise Resource Planning System.

Optical Character Recognition (OCR) Software zur Erkennung von Text. Wird meist beim Einscannen von Schriftstücken eingesetzt.

Product Owner Der Product Owner nimmt eine zentrale Rolle im → Scrum Prozess ein. Ihm „gehört" das Produkt und er verfügt idealerweise auch über das Budget zur Produktentwicklung. Er ist zudem Eigentümer des Product → Backlogs und priorisiert die einzelnen Backlog Items.

Request for Information Ein Dokument, Unternehmen bei der Suche nach neuen Lieferanten oder einem bestimmten Produkt unterstützt. Im Rahmen des RFI werden allgemeine Informationen über das Unternehmen sowie technische Spezifikationen über ein Produkt oder eine Dienstleistung erhoben.

Request for Proposal Dokumente im Softwareauswahlprozess, die verbindliche Informationen zu Vertragsspezifikationen und anderen Verhandlungsgegenständen enthalten, die vor der eigentlichen Ausarbeitung des Lizenz- und Servicevertrags festgelegt werden.

Requirements Engineering Vorgehensweise beim Spezifizieren und bei der Verwaltung von Anforderungen an ein System, bzw. ein Produkt oder eine Software.

Resilienzkennzeichen Kategorie, die im Hinblick auf das Bestehen von Resilienz bejaht oder verneint werden kann. Bei den objektiven Resilienzkennzeichen ist dies ohne weiteres möglich. Bei den materiellen Resilienzkennzeichen ist eine wertende Betrachtung erforderlich.

Resilienz-Prüfschema Mehrstufige Vorgehensweise zur Bewertung der unternehmerischen Resilienz.

REST API Auch RESTful API – eine Programmierschnittstelle, die sich an den Paradigmen und dem Verhalten des World Wide Web orientiert und einen Kommunikationsansatz zwischen Servern und Clients in Netzwerkumgebungen beschreibt.

RFI → Request for Information

RFP → Request for Proposal

Risikobasiertes Resilienzmodell Modell zur Ableitung von Maßnahmen zur Steigerung der Resilienz aufgrund von spezifischen oder systemischen Risiken. Die Maßnahmen können initial sein (Setup und Prävention) oder wiederkehrend (Aktionen). Besonderer Aufmerksamkeit wird finanziellen Maßnahmen gewidmet, da Krisen, soweit sie die Liquidität von Unternehmen beeinflussen, diese akut in ihrer Existenz gefährden.

Scope-Dokument Spezifikation von Anforderungen, die im Rahmen eines → agilen Projekts bearbeitet werden sollen. Es baut auf dem → Epic Backlog auf und enthält weniger Details als ein → Lastenheft.

Scrum Framework für agile Produktentwicklung und agiles Projektmanagement.

Scrumban Kombination von zwei populären agilen Projektmethoden → Scrum und Kanban

Selbstfahrendes Unternehmen Unternehmen, bei denen die Entscheidungen zu 80 % basierend auf Algorithmen getroffen werden. Weiterentwicklung des → automatisierten Unternehmens.

SME → Subject Matter Expert, Fachexperte.

Sprint Zyklus eines agilen Projekts, der zumeist mehrere Wochen umfasst.

Stakeholder Anspruchsgruppen, die sich innerhalb des Unternehmens oder in seinem Umfeld befinden und eigene Interessen verfolgen.

Subject Matter Expert Eine Person, die sich mit einem Produkt besonders gut auskennt, bzw. ein Experte im Unternehmen für einen bestimmten Bereich.

SWOT-Analyse Stärken-Schwächen-Chancen-Risiko-Analyse ist eine Positionierungsanalyse der eigenen Aktivitäten im Vergleich mit dem Wettbewerb.

Technologiestack Eine Liste aller Technologiedienste, die zur Erstellung und Ausführung einer Anwendung verwendet werden.

Ticketsystem System zum Management von Kundenanfragen und -aufträgen.

Unique Selling Proposition (USP) Einzigartiges Verkaufsversprechen bei der Positionierung einer Leistung.

Unternehmerische Resilienz Resilienz in Bezug auf das Unternehmen. Hierbei ist weniger auf die handelnden Personen als vielmehr auf die Resilienz als Organisation abzustellen. Neue Fragen beziehen sich auf die unternehmerische Resilienz mit Blick auf die derzeit entstehenden → Selbstfahrenden Unternehmen.

User Story Aufgabeneinheit (Task) in einem → Agilen Projekt. Untereinheit eines → Epics.

UI/UX Abkürzung für User Interface, also das grafische Design einer digitalen Anwendung und User Experience. Letztere hat zum Ziel, dem Benutzer ein positives Nutzungserlebnis zu ermöglichen.

Wasserfallmodell Vorgehensmodell für Projekte, das in der Regel fünf oder sechs aufeinander folgenden Phasen vorsieht. Das Projektergebnis wird bereits am Anfang in Form eines → Lastenhefts definiert.

Winning Wheel Modell für Unternehmen zur Positionierung gegenüber den Bestrebungen von Organisationen zur Autonomie und Anforderungen der Gesellschaft im Hinblick auf Nachhaltigkeit und Humanität. Das Modell geht davon aus, dass ein idealer Ausgleich dieser drei Dimensionen gleichzeitig Resilienz herstellt.

Youtrack System zur Nachverfolgung von Softwareproblemen.

Printed by Printforce, the Netherlands